Nach achtzehn langen Tory-Jahren steht Großbritannien an der Schwelle einer neuen politischen Ära. Der Sieg der Labour Party bei den Unterhauswahlen im Mai 1997 markiert die Abkehr der Briten von den rückwärtsgewandten Experimenten, dem rauhen Klima der jüngsten Vergangenheit. Von Tony Blair, dem neuen Premierminister, wird erwartet, daß er die Insel ins 21. Jahrhundert führt – daß er ihr Anschluß verschafft an die europäische Entwicklung, an soziale Standards, an grüne Grundsätze, an den Demokratiebedarf im Innern.

Für sein Porträt der Insel im Jahre 3 vor der Jahrtausendwende hat der Autor sich gründlich umgesehen im Lande – auf der Gartenparty der Königin ebenso wie in den Baumhäusern der Öko-Krieger. Das Parlament hat er inspiziert, die Klippen von Dover, die Londoner Ringautobahn, ein Cyber-Pub, den alten Mythos Summerhill. In Wales ist er auf eine neues regionales Selbstbewußtsein gestoßen und in Schottland gar auf die Forderung nach völliger Unabhängigkeit. In Nordirland hat er auf einer katholisch-protestantischen Hochzeit getanzt und Politiker beider Seiten befragt. In Brüssel verschaffte er sich ein Bild von der Euro-Front und in Hongkong vom Abschied Großbritanniens von seinem Empire.

Peter Nonnenmacher ist seit 18 Jahren Korrespondent der *Frankfurter Rundschau,* der Badischen Zeitung und des Zürcher *Tagesanzeigers* in London. Er veröffentlichte Berichte aus der Thatcher-Ära (›Das blau-rote Königreich‹) und, zusammen mit Rosaleen O'Neill, ›Geschichten aus der Geschichte Nordirlands‹. 1989 wurde er mit dem deutsch-britischen Journalisten-Preis ausgezeichnet.

PETER NONNENMACHER

INSEL SUCHT ANSCHLUSS

Wohin treibt Großbritannien?

FISCHER TASCHENBUCH VERLAG

Lektorat: Oliver Thomas Domzalski

Originalausgabe
Veröffentlicht im Fischer Taschenbuch Verlag GmbH,
Frankfurt am Main, Juli 1997

Gesamtherstellung: Clausen & Bosse, Leck
Printed in Germany
ISBN 3-596-13289-4

Gedruckt auf chlor- und säurefreiem Papier

INHALT

ANSCHLUSS ZUR INSEL

Statt eines Vorworts

Es muß gewesen sein auf der Fahrt von Brüssel nach London, im Tunnel-Zug, der einen nun nach England bringt. Ich war auf ein Foto gestoßen, in einem Stapel alter Bilder, die ich mitgebracht hatte auf die Reise, Bilder eines neuen und eines alten Großbritannien. Dieses spezielle Foto zeigte einen Bahnhof, irgendwo auf der Insel, und einen Passagier, der mit dem Rücken zum Fotografen auf seinen Zug wartete. Schirm und Aktentasche hatte er dabei, und einen Bowler auf dem Kopf, was den Eindruck des Unwirklichen verstärkte. Ein leichter Nebel tat sich vor ihm auf, in den er unverwandt blickte, aber sein Zug war nirgendwo zu sehen.

Das Bild – ein Bild aus einer anderen Zeit – erinnerte mich an etwas. Es erinnerte mich an das England meiner Schulbücher, die voll waren von Themse-Nebeln und Melonenträgern, von Schirm und Charme und schwarzen Taxis und von roten Doppeldecker-Bussen. Da waren Big Ben und der Buckingham-Palast, der Londoner Bobby und der stille englische Sonntag, Fleet Street und Downing Street, Dovers Kreidefelsen, verschrobene Lords und Robin Hood. Mit einem Mal fiel mir das ganze Panorama der Versatzstücke wieder ein, aus denen sich mein Schulbild Großbritanniens zusammensetzte. Und ich fragte mich, was eigentlich aus ihnen allen geworden war. Und wohin der Zug, der irgendwann ja wohl in den Bahnhof eingefahren war, jenen steif und geduldig wartenden City-Gent gebracht haben mochte.

Dieses Buch sucht einen Blick zu werfen hinter unser altes Bild von Großbritannien. Es sucht ein neues Panorama zu entfalten, das zeitgenössische Gesicht der Insel zu skizzieren, die gegenwärtigen Züge der britischen Entwicklung anschaulich zu machen. Was ist aus Großbritannien in der langen Tory-Ära, unter Margaret Thatcher und John Major, geworden? Was für eine Art von Gesellschaft präsentiert sich uns hier, im Morgendämmer einer neuen Labour-Regierung? Seit Tony Blair auf so spektakuläre Weise das »alte Regime« abgelöst hat, schauen auch die Briten mit gänzlich neuer Überraschung in den Spiegel und sehen, statt der alten Insel-Hüte, eine im Auf- und Umbruch befindliche, lebendige, debattierende, verjüngte, mit neuem Interesse zum Kontinent hinüberschauende Nation.

Diese Insel sucht Anschluß. Diese Insel will Teil der europäischen Entwicklung sein: Sie will selbst Impulse geben für den Start ins neue Jahrtausend, und nicht mehr nur reagieren auf Geschichte. Ihre Ausgangsposition 1997, die politischen Koordinaten der Reise, die Hindernisse auf dem Weg zum Wandel, die Ideen derer, die das Land vorwärts zu bewegen suchen: Das, auf der Basis meiner Zeitungsarbeit hier in London, habe ich im vorliegenden Buch dokumentieren wollen. Es ist, wie meine Sammlung über die Thatcher-Jahre, das »Blau-rote Königreich«, wieder eine persönliche Bilanz geworden – eine Art journalistische Entdeckungsfahrt. Den Anspruch, eine »objektive« oder gar vollständige Darstellung der britischen Entwicklung zu geben, habe ich mir dabei nicht gestellt. Das überlasse ich gern ernsteren Begutachtern und systematischeren Geistern.

Bleibt noch ein Wort des Dankes an die, die allen voran diese Entdeckungsfahrt möglich gemacht haben: Meinen Eltern, Rosalinde und Herbert, die mir die Fahrkarte zusteckten und meine Reise auf allen Wegen begleitet haben.

P.N. London, Mai 1997

I:

VON THATCHER ZU BLAIR

Grundrisse eines neuen Großbritannien

ANKUNFT IN WATERLOO

Doch, doch: Es gibt ihn noch, den alten Bahnhof in den Western Docks, Dover Marine Station, wie sein ursprünglicher Name war, den Ankunftspunkt für Zugpassagiere vom Kontinent. Achtzig Jahre lang, von 1914 bis 1994, trafen hier, in der südenglischen Hafenstadt, die Fähren ein, die die Reisenden über den Kanal nach England brachten. Europäische Touristen, wohlhabende Weltenbummler, heimkehrende Briten, Seeleute und Soldaten gingen hier an Land und lösten an den Holzschaltern ihre Fahrkarten nach London. Dampfzüge pafften unter den Stahlbögen und Pfeilern, im *Golden Arrow Pullman* nahmen die Reichen Platz, auf die Lazarettzüge wurden die Verwundeten zweier Weltkriege geschoben. Von Dover Marine träumten die britischen Landser, draußen in den Schützengräben Frankreichs. Mit Dover Marine verbanden Bahn-Touristen den Beginn ihrer Reise.durch das britische Königreich. Erst als der Luxus der Fähren vom schnelleren Insel-Sprung der Flugzeuge abgelöst wurde, als die Reiselustigen nicht mehr Dover, sondern den Großflughafen London-Heathrow anpeilten, geriet der Bahnhof in die Krise. Der *Eurotunnel* unter dem Ärmelkanal gab ihm den Rest. Nun ist Dover Marine eingemottet, wie ein Museumsstück, und wartet auf eine Entscheidung darüber, ob er noch einmal Verwendung finden kann, etwa als Abfertigungsgebäude für Keuzfahrten und große Linienschiffe. Falls das nichts wird, wird man Dover Marine wohl irgendwann abreißen.

Heute kommen die Zugpassagiere, die früher in den Western Docks umgestiegen wären. in *Waterloo International* an, dem neuen Londoner Südbahnhof, der just zur Zeit der Schließung von Dover Marine dem alten, ursprünglichen Waterloo-Bahnhof zur Seite gestellt wurde. Hier fahren die Eurostars ein, die in drei Stunden direkt aus Paris, in dreieinhalb Stunden aus Brüssel kommen. Keine Fähre ist mehr nötig, die Entfernung zwischen den beiden kontinentalen Hauptstädten und der britischen Metropole zu überwinden. Keine Zollkontrolle fragt mehr nach dem Woher und Wohin. (Die Zollformalitäten werden vor Beginn der Reise abgewickelt.) Kein Dampf, kein Nebel hüllt die Ankömmlinge ein. Statt dem Geschrei der Möwen hört man nur das diskrete Knirschen der Gepäckkarren auf dem lang sich dahinwindenden Bahnsteig.

Hier, in Waterloo, holt einen die britische Neuzeit ein. Man steigt aus dem Zug, findet sich in einem überdachten und lichten Raum zugleich, in einem genial konstruierten, weitgehend transparenten, kurvenförmigen, zum Ende hin breit auslaufenden Bahnhofsgebäude. Ein bißchen fühlt man sich ans Palmenhaus von Kew Gardens erinnert, oder ans Naturhistorische Museum in Süd-Kensington. Bilder von Crystal Palace, dem viktorianischen Glanzstück der »Great Exhibition« von 1851, tauchen vor dem inneren Auge auf. Aber das Ganze ist völlig modern, in großer, englischer Gelassenheit zu etwas Neuem zusammengewirkt: Der Architekt Nick Grimshaw hat eine fabelhafte Schaubühne entwickelt, auf der die Eurostar-Züge wie riesige, leuchtende Raupen sich herein- und herauswinden, für jedermann sichtbar, vom Kontinent her und in Richtung Kontinent.

So, denkt man, könnte das also sein, die Sache mit England und Europa. Die Übergänge könnten fließend sein, die Ankünfte faszinierend. Die stürmischen Nächte auf dem Kanal, das endlose Schlangestehen an den Paßhäuschen – passé. Man packt sein Köfferchen, tritt durch die automatische Tür. Draußen ist Großbritannien. Draußen ist Blair-Land. Draußen liegt Thatchers Erbe. Draußen wird man sehen müssen, was auf einen zukommt. Aber so fern, ganz so fern wie früher, ist es schon nicht mehr, dieses

Großbritannien. Und während einem ein kräftiger Cappucino-Duft um die Nase weht, stolpert man gleich, vor der Tür, über den ersten Bettler

»DIE VERGANGENHEIT IST EIN ANDERES LAND«

Bettler und Cappucino, Eurostars und Museumsstücke. Was also, fragen wir uns, ist aus diesem Großbritannien geworden, in den letzten 18 Jahren, in denen die Konservative Partei die Geschicke des Landes in ihren Händen hielt? Das Gesicht des Landes hat sich stark verändert. Alte Lebensgewohnheiten sind einem umfassenden Wandel zum Opfer gefallen. Wirtschaftliche Basis und soziale Struktur Britanniens sind längst nicht mehr die der sechziger, der siebziger Jahre.

Schon ein Spaziergang durch London gibt einen ersten Eindruck der Veränderungen, ein Gefühl fürs Neue. Das Leben ist rascher geworden, viel gedrängter. Der Verkehr, die Autodichte, läßt einen atemlos. An den Zebrastreifen muß man sich sputen, seine Fersen in Sicherheit zu bringen. In den Kaufhäusern bekommt man Ellenbogen zu spüren, wie früher nur in Deutschland. An den Bushaltestellen kann man Glück oder Pech haben, was das Anstehen betrifft: Nicht zufällig ist eine alte gesetzliche Vorschrift zum Schlangestehen vor ein paar Jahren aufgehoben worden. Einkaufen kann man jetzt zu jeder Zeit, eine Menge Rund-um-die-Uhr-Geschäfte stehen zur Verfügung. Tankstellen verkaufen Brot und Milch, auch einige der großen Supermärkte experimentieren mit durchgehender Ladenöffnung. Die kleinen indischen oder pakistanischen Lebensmittel-Läden wiederum kämpfen nicht selten ums Überleben. Viele suchen sich durch elektronischen Anschluß an die Lotterie, eine Neuheit auf der Insel und ein Riesengeschäft, über Wasser zu halten.

Konsum ist natürlich, wie anderswo auch, zur Freizeitbeschäftigung Nummer eins geworden. Die High Streets sind überfüllt, auch wenn das Geld knapp ist. Ihr Charakter ist einförmiger geworden: Überall trifft man inzwischen dieselben Ladenketten, dieselben Marken wieder. Bankautomaten sind schon in den achtziger Jahren Mode gewesen, London hatte hier die Nase vorn. Die Kreditkarte war der Stolz der Briten, lange bevor der Kontinent sie entdeckte. Es wurden Restaurants eröffnet, wie man sie in der Zeit intimen Kerzenlichts nicht kannte: »Conrans«, mit 750 Plätzen, ist unter Europas Speisehäusern das größte und mondänste. Pubs haben ihre altbackenen Namen abgelegt und sich als Cocktail-Kneipen wiedererfunden. Öffentliche Toiletten, einstmals ein Zeichen bürgerlicher Zivilisation, sind aus Geldgründen eine nach der anderen geschlossen worden. In den alten kommunalen Pieselstuben haben sich Sandwich-Bars oder Klein-Friseure eingenistet: Die große Privatisierungs-Welle konnte an diesen strategisch plazierten Klein-Bauwerken nicht spurlos vorübergehen.

Werfen wir einen Blick in die Schulen, um zu sehen, wie der Nachwuchs vorankommt: Uniformen sind wieder »in«, auch in Staatsschulen, die ehedem auf individuelle Kleidung hielten: Das Schulprestige ist wichtig für das Ansehen, für den Marktwert einer Schule, im Kampf um Ressourcen. Die Schulgebäude bröckeln derweil, man hat vergessen, in sie zu investieren. Ältere Schüler kommen mit dem »Handy« in den Unterricht und werden gebeten, es abzuschalten. Einen »Benimm-Vertrag« wollen die Schulen gern mit den Eltern ihrer Zöglinge abschließen: Die Eltern sollen fürs Verhalten ihrer Kinder direkt verantwortlich, direkt haftbar sein.

Die Zahl der Verbrechen, nicht nur derer von Kindern an Kindern, ist gestiegen – Drogenkriminalität steht ganz obenan. Der frühere gute Ruf Londons als einer relativ friedfertigen Weltstadt ist gefährdet. In vielen Vierteln haben sich »Neighbourhood Watch«-Gruppen gebildet, um »kriminelle Elemente« in Schach zu halten. Armut ist, wie alle einschlägigen Verbände bekräftigen, keineswegs abgeschafft worden. Die Kluft zwischen Arm und Reich, zwischen Spitzeneinkommen und Mittellosigkeit, hat sich geweitet statt verengt.

Die Welt der Arbeit, die wirtschaftliche Grundlage des Landes, ist natürlich auch nicht mehr die von 1979, dem Jahr des Amtsantritts von Margaret Thatcher. »Die Vergangenheit ist ein anderes Land«, überschrieb jüngst der Londoner *Guardian* die historischen Umbrüche, die sich seither ergeben haben. 1979 war Großbritannien noch ein Land hoher Steuern, amtlicher Preiskontrol-

DAS TORY-ERBE: Lady Thatcher, die Protagonistin einer Ära einschneidender Veränderungen in Großbritannien

© Central Office of Information

len, bitterer Regierungsfehden mit mächtigen Gewerkschaften: Es war ein Land, in dem die produzierende Industrie, mit Kohle und Stahl und vielen anderen Großbetrieben, eindeutig im Mittelpunkt der Wirtschaft stand. Seither hat sich die britische Ökonomie, angetrieben von der dritten technischen Revolution, entschieden in Richtung Dienstleistungs-Wirtschaft entwickelt. 1979 beschäftigte der Service-Sektor nicht mehr als 7 Prozent der arbeitenden Bevölkerung. Heute nimmt er den doppelten Anteil für sich in Anspruch. Der Anteil der Beschäftigten im produzierenden Gewerbe ist dagegen im selben Zeitraum von 29 auf 19 Prozent gesunken.

Londons Docklands, die alten Hafengebiete im Osten der Londoner City, geben den besten Eindruck von der Macht dieser mählichen Veränderung. In den späten siebziger Jahren noch Heimat alter Lagerhallen, mit Container-Kais und Kränen und kleinen Hafenarbeiter-Pubs, sind die Docklands in den achtziger Jahren in einem gemeinsamen Kraftakt der konservativen Regierung und der Privatwirtschaft zu einem Schaufenster der britischen Neuzeit umgemodelt worden – zu einer Auslage super-moderner Büro-Hochhäuser, keimfreier Kleinbetriebe, mit Velours ausgelegter Luxus-Geschäfte und eines Verbundsystems privat betriebener Hochbahnen. Und wie in den Docklands sind überall im Lande »Enterprise Parks« entstanden, und riesige Shopping Centres auf der grünen Wiese, von denen sich die Generation der Siebziger nichts hätte träumen lassen. Die Stahlwerke und Werften dagegen, und natürlich die Kohlezechen, haben zum größten Teil den Betrieb eingestellt – die Niederlage der Kumpel im historischen Bergarbeiter-Streik von 1984/85 markierte, für alle Welt sichtbar, den Wendepunkt.

Parallel zu diesen Strukturveränderungen, und mit wachsender Arbeitslosigkeit, sank der gewerkschaftliche Organisationsgrad der Briten. 1979, als die Tories zur Macht kamen, sahen sich die »Trade Unions« mit 13 Millionen Mitgliedern auf dem Höhepunkt ihrer Macht. Heute tendiert die Zahl der gewerkschaftlich Organisierten gegen acht Millionen. Immer neue restriktive Gesetze haben die »Unions« zudem in enge Grenzen verwiesen – Grenzen, die auch die neue Labour-Regierung beizubehalten gelobt, wiewohl Premier Blair verspricht, die gewerkschaftliche

Betätigung erstmals in der britischen Geschichte auf eine gesetzliche Grundlage zu stellen. Immerhin zwang der staatliche Druck die »Dinosaurier« der alten Arbeiterbewegung zur Modernisierung. Neue Verhältnisse auf dem Arbeitsmarkt forderten neue gewerkschaftliche Ansätze und Strategien. Ein gewaltiges, immer noch wachsendes Reservoir langfristig Arbeitsloser etwa kannte man in den siebziger Jahren noch nicht. Auch die zunehmende Zahl arbeitender Frauen veränderte das Gesicht der Belegschaften. Immer mehr Teilzeitarbeit mit schwacher sozialer Absicherung hat die konventionelle Arbeitsweise mit der ihr eigentümlichen Organisation durch militante Gewerkschaftskolonnen in industriellen Großbetrieben ersetzt. Auch Heimarbeit ist immer stärker verbreitet: zwischen 750000 und 1,5 Millionen Briten sollen, heißt es, schon heute »Teleworkers« sein.

Einen revolutionären Wandel hat zugleich die City, das britische Finanz-Establishment, durchgemacht. Übernahmen alter britischer Firmen durch ausländisches Kapital, die Einführung neuer Arbeitsweisen in der »Golden Mile«, enorme Wertsteigerungen der an den Börsen gehandelten Unternehmen und die Schaffung gänzlich neuer Märkte, wie 1982 der Londoner Internationalen Terminbörse, die heute täglich 450 Milliarden Mark umschlägt, haben zum Abgang des legendären, melonen-behüteten, nadelstreifen-nüchternen Gentleman geführt – und zum Auftritt einer Generation überbezahlter »Wizz-Kids«, die mittags mit Champagnergläsern klingeln und abends im Porsche in die Schlafstädte im Londoner Umland röhren. Gerade die Entwicklungen in der City haben freilich auch Unbehagen ausgelöst und Kritik provoziert. Daß die City-Einkommen heute um 80 Prozent über dem britischen Durchschnittseinkommen liegen und daß die Bosse einiger Großbetriebe sich selbst Millionen-Gehälter bewilligen, während ihre Kundschaft nicht mehr das Geld für die Abzahlung der Häuschen-Hypothek findet, hat die langjährige Duldsamkeit in sozialen Fragen nach und nach untergraben.

War es ein Wunder, daß den Briten irgendwann der Kragen platzte, daß sich der angestaute Zorn auch über die sozialen Probleme Bahn brach, als erstmals die wirtschaftspolitische Kompetenz der Konservativen in Frage stand? Nach 18 Jahren hat sich ein auf vielfältige Weise verändertes Land dafür entschieden, die weitere Modernisierung mit dem Anspruch politischer Reform mit einer bewußten Annäherung an Europa zu verbinden. Den Cappucino wollen die erneuerten Regionen England, Schottland und Wales ja gern behalten: Der Bettler, der Kriminalität, der anachronistischen Aspekte seiner jüngsten Vergangenheit würden sie sich auf dem Weg ins neue Jahrtausend lieber entledigen.

LOB DER MELONE

Die Melone übrigens – um auf ein Stück altes England zurückzukommen – ist noch nicht völlig ausgestorben auf der Insel. Zwar bekommt man sie, wenn man durch die Londoner City spaziert, nicht mehr sehr häufig zu Gesicht: Die Zeiten, in denen der »Bowler Hat« sozusagen zur gehobenen Berufs-Ausrüstung gehörte, sind, wie gesagt, Geschichte. Aber produziert wird das gute Stück noch, und exportiert auch, sei's um ungewöhnliche Geschmäcker auf dem Kontinent zu befriedigen, oder um afrikanischen Häuptlingen eine zusätzliche Aura von Autorität zu verleihen. Deutsche Touristen vor allem, berichten die Bowler-Hersteller, seien geradezu verrückt nach dem »typisch englischen« Kleidungsstück, das ihnen Patrick Macnee als John Steed in »Mit Schirm, Charme und Melone« nahebrachte, oder Liza Minelli in »Cabaret«. Japaner seien ebenfalls scharf auf den Besitz eines Bowlers, berichtete jüngst Roger Hulme, Manager von Christy's Hat Factory im nordenglischen Stockport, einem staunenden Besucher aus der Hauptstadt: »Ich nehme an, es ist eine Frage der Statur, da die Japaner so klein sind von Natur.«

Wie aber steht es in Großbritannien, wo die glorreiche Kombination aus Schellack und Kaninchenfell erfunden wurde, wo der Bowler erst die Aristokratie zierte, dann die Administratoren des Empire, später die Gentlemen der City und zuletzt Steuereintreiber und andere ehrenwerte Mitglieder der Kleinbourgeoisie? Natürlich, räumt Roger Hulme ein, sei die heutige Produktion nur noch ein Bruchteil dessen, was Christy's Hat Factory zur Jahrhundertwende auf den Markt gebracht habe: Von damals rund 50 000 Hüten pro Jahr ist die Fertigung auf gerade 5 000 gesunken.

Die Hoffnung auf eine Bowler-Renaissance aber will Hulme nicht aufgeben: »Zur Zeit können wir nicht genug davon herstellen. Der Hut ist ein Gedicht. Es ist sehr gut möglich, daß er ein Comeback feiert.«

Bestellungen jedenfalls gehen weiter ein, von amerikanischen Anwälten, von Jazzmusikern aus New Orleans, von nigerianischen Geschäftsleuten, die auf ihr Äußeres halten. Vor nicht allzu langer Zeit habe man eine Bestellung erhalten für 250 rosafarbene Melonen, berichtet Hulme, zur Ausfuhr nach Lagos. »Erst mußten wir erklären, daß wir keine rosafarbenen Bowlers herstellen, aber dann kamen wir überein, schwarze Hüte zu produzieren und sie weiß anzumalen.« Tausend Mark pro Melone erhielt der Mittelsmann jenes Geschäfts für jeden weißen Bowler: Wirtschaftliche Flexibilität eröffnet immer neue Märkte.

EIN BLICK NACH VORN, NACH EINEM BLICK ZURÜCK

Von seinem Büro aus kann Will Hutton zur City hinüberschauen, wo Märkte und Mammon sich auf die neuen Zeiten einzustellen suchen. Was denkt der Chefredakteur des liberalen *Observer* über den Gezeitenwechsel, den das Jahr 1997 Großbritannien beschert hat – über das Ende der Tory-Ära und über Tony Blairs neue Labour-Regierung im Lande, die den Briten »eine bessere Gesellschaft« und eine konstruktivere Rolle in Europa bescheren will? Nun, Hutton, der einer der Vordenker des progressiven Lagers auf der Insel ist, hat einen Wechsel lange für überfällig gehalten. »Zeichen der Unzufriedenheit hat es ja schon seit vielen Jahren gegeben. Und trotz dieser Zeichen haben die Konservativen einfach weitergewurstelt, all diese Jahre, weil sie glaubten, das politische System würde für immer zu ihren Gunsten arbeiten. Aber diesmal hat sie eine politische Lawine erwischt. Vielleicht wird man das Jahr 1997 einmal als einen der Wendepunkte unserer Geschichte betrachten – wie 1906, wie 1945, wie 1979. Als eine stille Revolution sozusagen.«

Den Wechsel hat Labour, das muß man der Partei lassen, auf spektakuläre Weise bewerkstelligt. Die Labour Party errang bei den Unterhauswahlen am 1. Mai 1997 nicht nur die größte Parlaments-Mehrheit ihrer Geschichte, sondern bescherte den Konservativen auch die schlimmste Niederlage seit den Zeiten des Herzogs von Wellington im frühen 19. Jahrhundert. Mit 419 Abgeordneten – fast einer Zweidrittel-Mehrheit – zog Labour nach diesen Wahlen ins Unterhaus ein. Die Zahl der Tory-Sitze halbierte sich praktisch, auf nur noch 165. Die Liberaldemokraten brachten es auf 46 Westminister-Repräsentanten: Keine schlechte Leistung, im britischen Mehrheits-System, für eine kleine Partei, die es schwer hat, sich gegen die Großen durchzusetzen.

Für die Konservativen endeten die Wahlen wahrlich mit einer Katastrophe. Aus Schottland und aus Wales wurden sie buchstäblich vertrieben: Keinen einzigen Abgeordneten haben sie mehr in diesen beiden Ländern. Reduziert zur englischen Rumpf-Partei, verloren sie bürgerliche Bastionen, wie weite Teile »Middle Englands« und fast ganz London an Labour und die Liberalen. Sieben Kabinettsminister des konservativen Regierungschefs John Major, darunter der Außen- und der Verteidigungsminister, sprangen in der Wahlnacht über die Klinge. Major selbst mußte mit Schimpf und Schande abtreten – auch wenn er es im Stile eines perfekten Gentleman zu tun wußte. Wie, frage ich Will Hutton, konnte es zu dieser Demütigung kommen? Hatten die Konservativen seit 1979 nicht, wie sie beharrlich betonten, nach Jahren »linker Schluderei« die britische Wirtschaft und Gesellschaft auf Vordermann gebracht? »Sie haben, so viel ist wahr, das Marktprinzip in geradezu bessesener Manier zur Anwendung gebracht. Aber zugleich haben sie sich von den sozialen Folgen ihrer Besessenheit vollkommen abgekoppelt. Was die Tories zur Strecke gebracht hat, war genau dies, nämlich ihre totale Vernachlässigung der Gesellschaft. Heute haben wir hier im Lande eine Ungleichheit, die wohl der am unmittelbarsten ins Auge springende Aspekt der zeitgenössischen britischen Gesellschaft ist: Und für die haben sich die Konservativen stets vollkommen blind gestellt.«

Was für eine Art von Modernisierung haben John Major und vor ihm Margaret Thatcher mit ihrer »konservativen Revolution« dem Königreich beschert? »Eine regressive Modernisierung, würde ich sagen, auch wenn das paradox klingt – eine Modernisierung, die auf wunderliche Weise nach vorn blickt, indem sie zurückschaut.« Statt Ungleichheit auszugleichen, statt die Dinge vorwärts zu bewegen, hätten die Tories, unter kluger Verwendung eines modernen Vokabulariums, die Uhr zurückgedreht. »Nehmen wir zum Beispiel das Bildungssystem: Rückzug des Staates war hier die Parole, Verminderung des Regierungseinflusses auf das Schulsystem, mehr Wahlmöglichkeiten für Eltern. Und was hat es gebracht? Die Rückkehr zu einer Situation, in der den Privatschulen immer mehr Gewicht zufiel, und nicht weniger. Sieht man sich die letzten Prüfungs-Resultate an, so sind 180 der 200 besten Schulen Großbritanniens Privatschulen. Ich glaube nicht, daß irgendwo anders in Europa so eine Dominanz besteht. Oder Landbesitz: Zum Ende des 19. Jahrhunderts gab es 24 Herzöge in Großbritannien, die im Oberhaus saßen und denen ein Viertel des gesamten Landes gehörte. Heute, dank Thatcher, besitzen die führenden 24 Herzöge wieder genau denselben Anteil an Grund und Boden.«

Woran man es auch messe, meint Hutton, ob an Grundbesitz oder Bildungschancen, an Klassengefüge oder Wohlfahrtsstaat, man komme immer zum gleichen Ergebnis: »Das Ganze war eine Rückkehr zu viktorianischem Individualismus, zu viktorianischem Laissez-Faire, zu viktorianischen Maßen von Ungleichheit.« Das gelte auch für die Außenpolitik der Tories. »Im Streit um Europa etwa hat man mit Worten wie Globalisierung operiert und behauptet, man schaue nach vorn. In Wirklichkeit bestand das konservative Projekt aber darin, Großbritannien als eine Art Nationalstaat des 19. Jahrhunderts zu rekonstruieren, mit einer zentralen Rolle für die Staaten des alten Commonwealth und mit einem Netz an Handels- und diplomatischen Beziehungen, und sonst nicht viel, zum Rest der Welt.« Gewiß, räumt Will Hutton ein, habe Margaret Thatcher in den achtziger Jahren einige Arbeitsmarkt-Reformen in Gang gesetzt, die überfällig waren. Und sie habe, mit ihrer Privatisierungs-Initiative, zu einem effizienteren Einsatz des Stammkapitals von Unternehmen beigetragen: »Beides war notwendig, und beides bedurfte wahrscheinlich einer Figur wie Thatcher.« Andere von den Tories beanspruchte Errungenschaften, wie der Fall der Inflationsrate, gingen aber nicht notwendig auf eine »konservative Revolution« zurück: »Das war eine internationale Entwicklung, bei der Britannien schlicht mitzog.«

Die Bilanz, die der *Observer*-Chef und frühere Börsenmakler Hutton zum Ende der Tory-Ära zieht, bringt nicht viel Sympathien auf für diese Ära. Die Arroganz, mit der die Tories in dieser langen Zeit die sich weitende soziale Kluft im Lande ignorierten, bringt den Fürsprecher radikaler Reform noch heute in Rage. »Was man auf dem europäischen Kontinent kaum versteht, das ist, wie unglaublich ideologisch die Konservative Partei ist. Die Leute kann man mit Honeckers Kommunisten vergleichen, so unglaubliche Scheuklappen haben die. Soziale Ungerechtigkeit? Die gibt es nicht, weil sie es nicht geben darf. Und wenn es sie doch gibt, dann ist jemand anders an ihr schuld, nur nicht konservative Politik.«

Wie kommt es dann, daß die Tories sich so lange an der Macht halten konnten? Dafür sieht Hutton mehrere Gründe, nicht zuletzt den »stoischen« Charakter seiner Landsleute, der lange vieles toleriere, bevor er sich endlich einmal in einer monumentalen Strafaktion – wie bei den letzten Wahlen – seiner »Bösewichter« entledige. Vor allem aber sieht Hutton im Mehrheits-Wahlrecht und im politischen System Britanniens insgesamt eine Barriere gegen Reformen. Das System, meint er, halte vor und hinter den Kulissen das traditionelle Establishment an der Macht; und es blockiere die wirtschaftliche und soziale Entwicklung, die die Insel brauche, um Anschluß an den Rest der Welt zu finden.

Politische Reform, Verfassungs-Reform ist denn auch eines der wichtigsten Vorhaben der neuen Labour-Regierung unter Tony Blair. Labour will, in Zusammenarbeit mit den Liberalen, die Adelskammer des Parlaments, das britische Oberhaus, demokratisch auffrischen, die Europäische Menschenrechts-Konvention ins britische Rechtssystem inkorporieren, eine »Bill of Rights«, eine Erklärung bürgerlicher Grundrechte, verabschieden, und eine »Freedom of Information Bill«, zur erstmaligen, historischen Absicherung der Pressefreiheit, erlassen. Darüber hinaus hat Labour gelobt, Macht zu dezentralisieren, der Bevölkerung mehr direkte Kontrolle über ihr Leben zu verschaffen. Ein Parlament für Schottland steht auf dem Programm, nach Art der deutschen

Länder-Parlamente, eine parlamentarische Versammlung für Wales, Regionalräte (wenn gewünscht) für die englischen Regionen, ein Großstadtrat für London und direkt gewählte Oberbürgermeister für alle britischen Großstädte. Last not least will die Regierung das britische Mehrheits-Wahlrecht zur Disposition stellen. In einem Referendum sollen die Bürger Britanniens entscheiden, ob sie ihre Volksvertreter im neuen Jahrtausend lieber mit einem Proportional-Wahlrecht, nach kontinentalem Muster, bestimmen wollen.

Woher, frage ich, kommt dieses Gefühl der absoluten Dringlichkeit solcher Reformen bei Labour? Hält Hutton die Generalüberholung britischer Insitutionen ebenfalls für so vordringlich? »Von außen sieht das natürlich anders aus«, meint Hutton. »Ein Deutscher schaut sich Britannien an und sagt, das ist eine Demokratie, die seit mehr als 300 Jahren besteht, das Unterhaus gibt's sogar schon 800 oder 900 Jahre lang, das ist toll, das ist echte, gewachsene Tradition.« In Wirklichkeit, meint Hutton, sei die Monarchie, die dem System zugrundeliege, dem Land im Jahre 1066 von den Normannen aufgezwungen worden: Und der monarchistische Grund-Charakter des Regierungssystems, zusammen mit dem Klassencharakter der britischen Gesellschaft, verhindere bis heute an allen Ecken und Enden den Fortschritt – was die jüngste Tory-Ära mit ihrem Extremismus erst so recht ins Bewußtsein gehoben habe. »Ich weiß nicht, ob man das im Ausland verstehen kann, wie unglaublich dieses System ist. Da sitzen im Oberhaus Leute, Erbadelige, die machen mit bei der Gesetzgebung, nur weil ihre Vorfahren – buchstäblich – mit den Normannen, mit Wilhelm dem Eroberer, herüberkamen. Nun kann man natürlich sagen, das ist Kontinuität, das ist englische Eigenart, das ist so was Vertrautes wie der Wachwechsel vorm Buckingham-Palast.« Als aber Margaret Thatcher die »Poll Tax« einführte, jene Kopfsteuer, die jedem Briten auf kommunaler Ebene dieselbe Abgabe abverlangte, gleichgültig, ob der Betreffende in einem Schloß lebte oder im Slum – »was geschah da? Da kamen diese Leute zu Hunderten nach London gefahren, um sicherzustellen, daß es im Oberhaus für die Kopfsteuer eine parlamentarische Mehrheit gab.« Das Ganze, meint Hutton, sei »tief eingebettet ins englische Klassensystem«, ebenso wie die britische Tradition der Titel-Verleihung, die weniger mit echten Verdiensten zu tun habe als mit ererbten Privilegien, erkaufter Bildung, sozialem Status, fetten Gehältern, der Zugehörigkeit zum Establishment.

Bis zur Sprache gehe das noch immer, klagt der Chefredakteur. »Hochdeutsch, zum Beispiel, hat in Deutschland einfach nicht denselben Klassen-Beigeschmack wie gestochenes Oberklassen-Englisch in England. Wer diese Art von Englisch spricht, schleppt das Gewicht von 500 Jahren Teilhabe an der Spitze der Gesellschaft mit sich. Und wer es hört, der weiß, daß der Sprecher jemand Einflußreiches und Mächtiges ist. All diese Dinge aber hängen zusammen und grenzen persönliche Freiheit, den Volkswillen, wirtschaftliche und soziale Entwicklung ein.« Auch anti-industriell und anti-wissenschaftlich sei das System, meint Hutton: »Zum Beispiel gibt es hierzulande keine Institutionen, die den Mittelstand unterstützen würden. Berufsschulen wären in Britannien undenkbar.« Für die Elite auf der Insel seien die Privatschulen da: Die Kinder »normaler« Leute könnten sehen, wo sie bleiben. In vielfacher Hinsicht sei darum Verfassungsreform in Großbritannien »Voraussetzung für allen anderen Wandel«. Erst wenn sich die Form der Demokratie geändert habe, und damit die Form der politischen Kultur, werde eine »Koalition für den Wandel« Fuß fassen können, wie sie das Land brauche – auch mit neuen Wertesystemen in der Wirtschaft, mit einem neuen Verhältnis zwischen Busineß und Beschäftigten.

Ob er, frage ich Will Hutton, bei Labour einen echten Willen zu solcher Reform sehe? »In ihrem Wirtschafts- und Sozialprogramm ist Blairs Labour Party ja ziemlich konservativ – rechts von Chirac, rechts von Kohl, würde ich sagen. Aber dieser Teil des Regierungsprogramms, die Reform des politischen Systems, ist hochinteressant und radikal.« Auch daß Labour und die Liberalen einen förmlichen Verfassungs-Pakt geschlossen hätten, vor den Wahlen, sei ein gutes Zeichen: »Das hat's bisher noch nie gegeben, so eine Kooperationen zwischen Parteien, das ist schon ganz erstaunlich.« Welche praktischen Folgen aber hätten solche Reformen? Was würde sich verändern, beispielsweise, in der politischen Szene Großbritanniens, wenn das Mehrheits-Wahlrecht durch ein Proporz-System ersetzt würde? »Ich glaube, das würde dazu führen, daß Britannien sehr viel europäischer würde –

europäischer im besten Sinne des Wortes, im Sinne eines Einschwenkens auf europäische Grundwerte. Und ich könnte mir durchaus vorstellen, daß die Konservative Partei in einer solchen Situation auseinanderbricht. Was wir vielleicht erleben werden, ist die Entstehung einer Art Regierungs-Koalition der Mitte, aus gemäßigten Tories, einer sozialdemokratischen Labour Party und den Liberaldemokraten. Und daneben könnte es auf der Linken zu einer eher sozialistischen Labour Party kommen, und auf der Rechten zu einer Art nationalistischer, fremdenfeindlicher Konservativer Partei. So könnte sich das Parteiengefüge entwickeln.«

Wäre das wirklich denkbar, in den nächsten Jahren – eine Spaltung der Konservativen, der »angestammten« Regierungspartei Großbritanniens? »Nun, zwischen 1845 und 1905 waren die Tories ja schon einmal prinzipiell Oppositionspartei, rund 60 Jahre lang. Das heißt, sie hatten kurze Perioden an der Regierung, aber in der Regel immer nur für eine Legislaturperiode. Und worüber hatten sie sich gespalten? Über die Corn Laws. Im wesentlichen wollten die Grundbesitzer in der Partei hohe Mieten und hohe Preise für Nahrungsmittel, die Fabrikanten aber billige Nahrungsmittel. Und ein Kompromiß darüber, was für eine Art von Staat Britannien sein sollte, war schlicht nicht möglich. Jetzt aber haben wir, denke ich, eine ganz ähnliche Situation. Auf der einen Seite steht eine Gruppe von Eigentümern, kleinen Geschäftsleuten, Dienstleistungen, eine Art pujadistischer Dienstleistungssektor, der glaubt, daß seinen Interessen am besten gedient ist durch Deregulation auf dem Arbeitsmarkt und durch niedrige Steuern, der also Thatcherismus will. Auf der anderen Seite steht ein anders gelagertes Besitzer-Interesse, nämlich das der 200 größten Firmen im Lande, die in der Europäischen Union dabei sein wollen und mit französischen, deutschen, italienischen Firmen konkurrieren müssen. Und die Kluft zwischen beiden Interessen läßt sich nicht überbrücken. Die Tory Party kann diese zwei Flügel der Geschäftswelt nicht unter einen Hut bekommen.«

Stehen den Tories also wieder zwei Generationen Opposition ins Haus? »Die nächsten zehn Jahre werden sie mit Sicherheit nicht an der Regierung sein, und es ist gut möglich, daß sie für die Dauer eines Vierteljahrhunderts Downing Street eher von außen als von innen zu sehen bekommen. Zur Zeit, glaube ich, werden wir Zeugen einer Neu-Erfindung der liberalen Bewegung in Großbritannien, das heißt, der besten Tradition des britischen Liberalismus.« Für Europa sei das eine gute Nachricht: »Ich glaube, daß wir hierzulande eine sehr positive Einstellung zur europäischen Integration finden werden, und eine pragmatische dazu.«

»Es mag ja komisch klingen«, meint Will Hutton, »aber ich glaube allen Ernstes, daß wir eines Tages, auch wegen unseres Pragmatismus, die besten EU-Partner sein werden.« Ein Lachen kann sich Hutton nicht verkneifen: »In Deutschland mag das, im Jahr 1997, kurios klingen. Aber warten wir's ab. Die Dinge hier sind in Bewegung geraten.«

WIE TONY AUSZOG, DIE TORIES DAS FÜRCHTEN ZU LEHREN

»Trust me!« Keine anderen Worte hat er so oft gesprochen wie diese, vor den Unterhauswahlen. Bittend, beschwörend, in drängender Feierlichkeit hat er sie vorgebracht, auf dem hohen Podium wohlinszenierter Wahlveranstaltungen wie in Schulräumen oder Krankenhäusern: »Trust me!« Vertrauen hat er sich erbeten von den unsicheren Bürgern Großbritanniens, die der Tory-Ära überdrüssig waren, und doch zugleich zögerten, Labour ihre Stimme zu geben: »Trust me! Trust me!« Ohne Vertrauen, das wußte Tony Blair, waren die Briten nicht umzustimmen, war diese Wahl nicht zu gewinnen. Sein Kontrahent, John Major, trat immerhin mit sechsjähriger Berufserfahrung als Premierminister und mit langjähriger ministerieller Schulung an. Und konservative Politik war den Briten hinreichend vertraut, aus den letzten 18 Jahren. Blair dagegen, der junge Führer einer lange unwählbaren Labour Party, konnte keinerlei Erfahrung im Regierungsgeschäft vorweisen.

Er selbst, noch keine drei Jahre Parteichef, war eine weitgehend unbekannte Größe. Seine Politik war vielen Wählern durchaus unklar. Labour, so versuchten die Tories, zu suggerieren würde den Gewerkschaften wieder zur Macht im Staate verhelfen, würden die Union mit Schottland zerstören und britische Souveränität auf dem Altar der europäischen Integration leichtfertig und für alle Zeiten opfern. Gegen solch massive Attacken stand das Wort eines Politikers, dessen jungenhaftes Erscheinen ihm einmal den Beinamen »Bambi« eintrug, und der wenige Tage nach den Wahlen tatsächlich erst seinen 44. Geburtstag feierte: Eines Mannes, der als jüngster Premierminister seit Lord Liverpool in Downing Street einziehen sollte.

Was er hatte, warf Blair allerdings im Wahlkampf gegen Major in die Waagschale. Seinen jugendlichen Elan, das kecke Blitzen seiner Augen suchte er durch Gravitas, durch eine Aura perfekter Selbstkontrolle zu ergänzen. Den grauen – und im Wahlkampf immer mehr ergrauenden – Tory-Regierungschef spielte er aus mit einem Stil, der frisch und energisch war und ohne Zweifel Bill Clinton einige Tricks abgeschaut hatte. »Offen, amerikanisch, rücksichtsvoll nach außen hin« sei er schon vor den Wahlen »rübergekommen«, meint sein Biograph John Rentoul. Nun, im Wahlkampf, zog er alle Register eines mediengerechten Verhaltens – wobei noch sein legerstes Auftreten kühl kalkuliert war, wie ihm Freund und Feind bescheinigten.

In einer Rollenvielfalt, wie sie bis dahin in der britischen Politik unbekannt gewesen war, suchte er sich seinen Wählern nahe zu bringen: »Trust me!« In Zeitschriften für das ländliche Leben spielte er, gummigestiefelt, den Liebhaber der Countryside: »Wenn ich die Wahl hätte, würde ich wirklich nicht in der Großstadt leben, sondern auf dem flachen Land.« In Sonntagsblättern war er der urbane Intellektuelle, der seinen Kierkegaard und seinen Kant zu schätzen wußte. In der Regenbogenpresse präsentierte er sich als solider Proletarier, der eigentlich Anzüge haßt, sich am liebsten mit einer Portion Fish 'n Chips vor dem Fernseher lümmelt und abends gern »auf einen Sprung« ins Pub an der Ecke geht, »um die Kumpel zu treffen«. In Jugendprogrammen traf er den lockeren Ton, und in Altersheimen den fürsorglichen. Radiohörern gewährte er Einblick in unschuldige kleine Geheimnisse seiner Jugend, und Fußballfans erfreute er mit der Nachricht, daß er Newcastle unterstütze und seine beiden Söhne Liverpool und Manchester – was zusammen ziemlich vollständig den englischen Norden abdeckt. Bissig bemerkte der *Daily Telegraph*, Blair suche ein Premierminister nach jedermanns Geschmack zu werden: »Ob man nun Beethoven bevorzugt oder die Beatles, Coca Cola oder Chianti, Wittgenstein oder wilde Fernsehserien – für jede Situation gibt es einen Tony Blair.« Von einem »Identitäts-Baukasten« für Blairs Charakter sprachen zynische Stimmen: Und, parallel, von der »historisch beispiellosen Elastizität« seiner Politik. Blair nahm die Kommentare achselzuckend zur Kenntnis. In gewisser Weise waren sie Indiz für die Unfähigkeit seiner politischen Gegner, den Labour-Vorsitzenden in den Griff zu kriegen. Andererseits sah er sich selbst, wie er oft sagte, als »Modern Man«, als den zeitgenössischen Politiker par excellence. Mit der alten britischen Klassengesellschaft sei nicht länger Staat zu machen, beteuerte Blair. Die alten Gegensätze seien längst Geschichte. Was Großbritannien brauche, sei rasche Modernisierung, sei Technologie, seien Computer, seien neue Institutionen. Zwischen moralischen Werten und modischer Aufmachung sah er keinen Widerspruch.

Im Spannungsfeld zwischen Moral und Mode, nicht aber in der spezifischen Kultur der alten Arbeiterquartiere Großbritanniens war dieser Labour-Vorsitzende aufgewachsen. Aus einem Bergarbeiter-Häuschen, einem Wohnblock über den Werften stammte Anthony Charles Lynton Blair nicht. Die Familienverhältnisse, aus denen er kam, droben im nordenglischen Durham, waren gutbürgerlich. Der Vater, ein Anwalt, war Anhänger der Tories. Die örtliche Grundschule war ein friedliches Plätzchen. Und Fettes College, das Internat, in das er später geschickt wurde, galt als die beste – und rundum konservativste – schottische Privatschule ihrer Zeit. In Oxford, beim Jura-Studium, ließ sich der junge Tony Blair von den akademischen Anforderungen nicht erdrücken. Als »ein Kerlchen mit schulterlangem Haar und mit dem Glimmstengel in der Hand«, als jemanden, »der immer in Gruppenfotos herumalberte«, haben ihn Freunde aus jenem Abschnitt seines Lebens in Erinnerung. Er spielte Gitarre in einer Rock-Band namens »Ugly Rumours« und war bekannt für das Geschick, mit dem er, auf steter Suche nach abendlicher Unterhaltung, über College-Mauern kletterte. Darüber hinaus fand er allerdings auch Zeit fürs Bibelstudium: Seine stark religiöse Prägung, aus deren Tiefen hin und wieder eine rhetorische Figur fließt, erfuhr er hier, in Oxford.

Politisch war Kommilitone Blair dagegen ziemlich unbeleckt. Für Labour-Ideen begann er sich erst zu interessieren, als er nach dem Studium an seiner ersten Arbeitsstelle, in der Londoner Anwaltspraxis Lord Irvines, Cherie Booth begegnete, seiner künftigen Frau. Sie und Irvine waren engagierte Labour-Leute, die Tony das ABC der großen Politik und der praktischen Parteiarbeit beibrachten. Da er schnell lernte und an dieser Art von Arbeit Gefallen fand, war Blair schon bald zu Hause in der neuen Partei. Ehrgeiz, Enthusiasmus und erstaunliche Selbstdisziplin verhalfen ihm zu einem rasanten Aufstieg in den folgenden Jahren – 1975 Parteibeitritt, 1983 Unterhaus-Abgeordneter, 1994 Vorsitzender der Partei. Kein Labour-Produkt war er also, kein Enkel Clement Attlees, des legendären Nachkriegs-Premiers Labour. Ein Self-Made-Sozialdemokrat eher, mit dem nötigen Selbstbewußtsein, und einer Spur missionarischen Selbstgefühls. War das der Parteichef, den sich Labour wünschte, als der Posten 1994 plötzlich vakant wurde, und den die Genossen als Premierminister in Downing Street sehen wollten? Sein Selbstbewußtsein kam ihm zweifellos zugute. Der jugendliche Elan, mit dem er als »Bambi« auf die politische Wiese gestürmt war, beeindruckte viele. Daß er, mit seinem burschikosen Zähneblecken, dazu geeignet war, die Herzen der Nation zu erobern und die Tories das Fürchten zu lehren – das machte ihn damals zum unangefochtenen Helden der Partei.

Mittlerweile sind die Gefühle für ihn in den eigenen Reihen schon etwas gemischter. Daß Labour nicht dahin gekommen wäre, wo es heute ist: Das wird ihm neidlos zugestanden. Aber wohin er die Partei und die Nation nun führen werde, darüber herrscht eine gewisse Ratlosigkeit. Ist Blair ein Reformer? Ist er ein Bewahrer sozialer und wirtschaftlicher Strukturen? Schreckt er, bei aller Feuerwerks-Rhetorik, vor einer Ummodelung des zähen Klassengefüges der britischen Gesellschaft zurück? »Er ist mit Sicherheit der am weitesten rechts stehende Führer, den wir bei Labour je hatten«, urteilt Ken Livingstone, der prominente Labour-Linke. Aber auch als ein solcher könne er, solange er nur an klaren Prinzipien festhalte, »Großbritannien transformieren und modernisieren«. Mißtrauischere Geister räumen Blair soviel Vertrauensvorschuß nur ungern ein. Im Herzen, glauben sie, sei Blair ein Konservativer, kein Radikaler. Schließlich spreche er oft wie ein Konservativer. Er kleide sich wie ein Konservativer. Er vertrete konservative Ansichten, etwa in der Familienpolitik. Tory-Kolumnisten wie Paul Johnson bestärken diesen Argwohn: »Wie Margaret Thatcher mir einmal gesagt hat – von einer Blair-Regierung brauchen wir nichts zu fürchten.« In Blair, so Johnson, habe die Eiserne Lady »den Sohn gefunden, den sie gern gehabt hätte«.

Wer könnte auch den Schock vergessen, den Blair seinen Genossen versetzte, als er kurz vor den Wahlen Reportern die Tür zu seinem und Cheries Wohnzimmer im Nord-Londoner Künstler-Stadtteil Islington öffnete? Keine hellen Kiefernmöbel, keine munteren Einrichtungsgegenstände des späten 20. Jahrhunderts enthüllte die Präsentation – sondern viktorianische Bilderrahmen, schwere Polstergarnituren, Plissee-Vorhänge und Kristall-Kronleuchter. »Zum Foyer des Hyde Park Hotel« paßten wohl solche Lüster, spottete die Wohnungs-Dekorateurin Lizzie O'Prey. Aber zu einer »New Labour«-Familie in Islington, mit drei Kindern? Auch an seinem Führungsstil als Parteichef stoßen sich viele Labour-Leute. Daß er der Labour Party den Kurs, die Programmatik, die Strategie auf dem Weg zur Macht vorgab, unbekümmerter als je ein Parteivorsitzender vor ihm, daß er seinen Beratern oft mehr Gehör schenkte als ordentlich gewählten Vorstands-Mitgliedern, daß er Proteste der Linken, auf der Reise ins Neue-Labour-Land, schlicht ignorierte: Das brachte den Fürsprecher einer »breiter angelegten Demokratie« zusehends in den Ruf eines cleveren Diktators. »In was unterscheiden sich denn unsere Entscheidungsprozeduren noch von denen Kim Il Sungs?«, wollte einmal der Labour-Abgeordnete Austin Mitchell wissen. Einen »Faustischen Deal« habe Labour mit Tony Blair geschlossen, der der Partei die Rückkehr an die Regierung versprach: »Wir haben dafür in seine Hände, die im Grunde nicht einmal Labour-Hände sind, unsere Seelen, unsere Partei, unsere Träume gelegt.«

Blair, der Champion der Stunde, der neue Labour-Premierminister Großbritanniens, ist sich im klaren darüber, daß nur Erfolg langfristig die Loyalität der Fußtruppen sichert. Vertrauen hat er von der Partei verlangt. Vertrauen forderte er von den Wählern. »Trust me!« war sein feierlicher Appell, noch am Tag vor den

ZUKUNFTS-HOFFNUNGEN: Premierminister Tony Blair im Wahlkampf 1997, vor der Labour-Rosette.

Wahlen. »Ich biete der britischen Bevölkerung einen Pakt an. Ich fordere sie auf, mich an diesem Pakt zu messen, mich an ihm zu beurteilen. Ich übernehme die volle Verantwortung. Was ich versprochen habe, werde ich auch halten.«

HINTER DER TÜR MIT DER NUMMER ZEHN

Premierminister zu werden, war für Tony Blair also kein Problem – eher schon, für seine Familie ein neues Heim zu finden. Bei einer ersten Inspektion des Regierungssitzes in Downing Street nämlich entdeckten Tony und Cherie Blair mit ihren Kindern Euan, Nicholas und Kathryn, daß die Dienstwohnung in No.10 Downing Street schlicht zu klein war für eine fünfköpfige Familie plus Nanny. Die Blairs standen vor der Wahl, in ihrem Haus in Islington zu bleiben, oder mit Schatzkanzler Gordon Brown, der in Downing Street im angrenzenden Haus No.11 seinen Amtssitz hat, die Wohnung zu tauschen – dem Schatzkanzler steht mehr Wohnraum zur Verfügung als dem Premierminister, und als Junggeselle (und Freund der Blairs) zeigte sich Brown »selbstverständlich« tauschbereit.

Zweifel daran, daß No.10 Downing Street groß genug sei für die Seinen, hatte Blair ja schon vor längerem einmal, vertraulich, einer Labour-Kollegin gegenüber geäußert. Die Privatwohnung des britischen Regierungschefs, droben im Dach des Regierungssitzes, ist nämlich nicht für große Familien mit kleinen Kindern angelegt worden. Die »Wohnung überm Laden«, wie Margaret Thatcher sie zu nennen pflegte, war eher dazu gedacht, Regierungschefs älteren Semesters und ihre in Ehren ergrauten Gattinnen (oder Gatten) zu beherbergen. Ursprünglich wurde das Haus in Whitehall, heute eine der berühmtesten Postadressen der Welt, als Herrensitz geführt, als Stadthaus wohlhabender Landlords. Schon um 1680 herum existierte es, als Reihenhaus in einer vom dem Cromwell-Günstling und Immobilien-Spekulanten Sir George Downing gebauten Straße. 1735 machte König Georg II. das Haus seinem Premier Sir Robert Walpole zum Geschenk: Walpole nahm es, in seiner Eigenschaft als »Schatzmeister der Nation«, an, weshalb bis heute das Schildchen an der Tür die Aufschrift »First Lord of the Treasury« trägt. Walpoles Einzug in das Haus mit der Nummer zehn machte das Gebäude zum nationalen Eigentum: Von dieser Zeit an symbolisierten die beiden Messingzahlen über dem Türklopfer mit dem Löwenkopf in der kleinen Londoner Seitenstraße, auf der schwarzlackierten Tür, die britische Staatsmacht. In den zweieinhalb Jahrhunderten seit damals haben die vielen Bewohner dem Haus natürlich ihren Stil aufgeprägt. Und den Bedürfnissen der Zeit entsprechend, ist der Regierungssitz im Innern gründlich um- und ausgebaut worden: Hinter der schwarzen Tür mit dem klassizistischen Bogen verbirgt sich heute ein weitreichender Komplex, der Kabinettsräume, Empfangssäle und Bürofluchten umfaßt und auch das dahinterliegende Gebäude, zur Horse Guards Parade hinüber, einbezieht.

Zugleich blieb »Number Ten« immer auch Residenz, bewohntes Staatsgemäuer, da es die meisten Premierminister letztlich einfacher fanden, im »Laden« selbst zu wohnen, als in ihre Landsitze oder in andere Londoner Dependencen zu pendeln. Auch Kinder der jeweiligen Clans waren es gewohnt, im Regierungssitz ein und aus zu gehen. Lady Elliot of Harwood beispielsweise, eine junge Stiefschwester der Premierminister-Gattin Margot Asquith, machte 1911 von sich reden, als sie von einem der oberen Fenster aus demonstrierende Sufragetten mit ihren Teddybären bombardierte. Sie erhielt später Hausverbot, als eins ihrer Modellflugzeuge, das sie in den Garten von »Number Ten« hinuntersausen ließ, einen Polizisten ins Land der Träume beförderte. Auch Sheila Lochhead, Tochter des Labour-Premiers Ramsey Macdonald, erinnert sich wehmütig an die Zeit um 1929, als sie als Dreizehnjährige »das Geländer im Haus drinnen herunterrutschte und mit den Bediensteten in den Gängen Golf spielte«. Der Earl of Stockton, ein Enkel Harold Macmillans, wohnte als kleiner Junge zeitweise mit einer ganzen Schar von Cousins in Downing Street. »An Regentagen pflegten wir unten im kleinen Empfangssaal zu spielen. Und wenn die Enten im Garten Nachwuchs hatten, eskortierten wir sie über die Straße, in den St.James's Park hinüber.« Wann immer nötig, hängte Macmillan Schilder mit dem Hinweis auf: »Heute kein Rollschuhlaufen im Korridor, Kabinettssitzung.« Wurden hohe Gäste erwartet, räumte man Kinderwagen vorher aus dem Weg.

Daß auch die Blair-Kinder einmal solch traute Erinnerungen an ihre Zeit in Downing Street haben werden, ist nicht allzu wahrscheinlich – egal ob sie nun in No.11 über Onkel Gordons Schatzkanzlei herumtollen oder in No.10 bei Papa auf dem Schreibtisch sitzen. Mit all den neuen Sicherheitsvorkehrungen, die in der Ära Thatcher hier installiert wurden, den Toren und Sensoren, den Alarmen und Fang-Armen, stellt sich die Downing Street nicht gerade als Familienparadies und kinderfreundliches Ambiente dar. In einer modernen Festung wie dieser zu wohnen, wie diskret sie sich auch geben mag, kann für Euan, Nicholas und Kathryn kein Vergnügen sein. Und wenn die Kinder nicht Kidnappern oder Sicherheitsbeamten in die Hände fallen, wartet vor der Tür mit der Nummer Zehn noch immer das unersättliche Rudel der Reporter und Fotografen auf sie, heißhungrig auf die kleinsten Nachrichten-Krumen vom Tisch der Großen.

2:

BUSINESS AS USUAL?

Das Establishment und seine Widersacher

JEMAND SEIN ODER NICHT SEIN: DAS IST HIER DIE FRAGE

Wer ist wer im neuen Großbritannien? Wer hat welche Bedeutung, welchen Einfluß, welchen Status? Auf diese Frage sucht noch immer, wie seit 149 Jahren, das Standardwerk »Who's who« eine Antwort zu geben. Rot eingebunden, jährlich neu aufgelegt und mittlerweile 2168 Seiten oder 30000 Einträge stark, ist *Who's who* das traditionelle Nachschlagewerk des britischen Establishments. Es ist die Instanz, die Auskunft gibt über Namen, Titel, Karrieren und Privatinteressen der Prominenz im Königreich – jedenfalls solcher Prominenz, die für *Who's who* in diese Kategorie fällt. Denn das unter strengster Geheimhaltung zusammengestellte Buch hat seine eigenen Ansichten über die soziale Rolle einzelner Briten und Britinnen.

Nicht von der öffentlichen Meinung läßt sich *Who's who* seine Einträge diktieren. Wer jemand ist, und warum, das wird noch immer nach soliden Regeln des 19. Jahrhunderts entschieden. Nur selten schlüpfen populäre Gestalten wie der Fußballer Gary Lineker oder der Sänger Tom Jones durch die Maschen dieses Netzes. Die meisten der Erwählten sind noch immer Adlige, Parlamentarier, Spitzen-Anwälte, Richter, leitende Staatsbeamte, hohe Offiziere und Kirchenfürsten vom Range eines Erzdiakons aufwärts. All diese Personen, plus sämtliche Professoren Oxfords und Cambridges, werden automatisch ins *Who's who* aufgenommen. Lehrkräfte anderer Hochschulen und sonstige Bürger, die sich für erwähnenswert halten, müssen um einen Eintrag nachsuchen. Die Entscheidung über ihre Aufnahme trifft ein Auswahl-Ausschuß im Zusammenwirken mit dem Herausgeber des Buches, auf Vorschlag eines Redaktions-Ausschusses und mit Hilfe wissenschaftlicher Berater aus verschiedenen Bereichen. Wer dem Redaktions-Ausschuß angehört, wird geheimgehalten. Ebenso, wie viele Berater für *Who's who* Dienst tun. Ebenso, wer im Auswahl-Ausschuß sitzt. Ebenso, wer die letzte Entscheidung trifft.

Diskretion ist Ehrensache: Man will sich nicht von unwürdigen Individuen unter Druck setzen lassen bei der Montage dieses Modell-Baukastens eines funktionierenden Establishments. Die Auswahl aber und der den Auserwählten zugehende Fragebogen enthüllen einiges über die Kriterien, die *Who's who* bei seiner Bastelei anlegt. Der Fragebogen orientiert sich immer noch am ursprünglichen Fragebogen von vor hundert Jahren und fragt außer nach Titeln, Rang und (vollem) Namen beispielsweise nach den jeweiligen »Club-Mitgliedschaften«. Im übrigen läßt die Redaktion den Betroffenen freie Hand bei der Niederschrift ihres Eintrags: Wer will, kann, wie die Romanzen-Verfasserin Barbara Cartland, alle Titel der eigenen schriftstellerischen Produktion auflisten, die je veröffentlicht wurden – Cartland kommt auf immerhin rund 600.

Andererseits kann, wer will, auch Wichtiges verschweigen: Niemand ist gezwungen, vom eigenen Leben ein getreues Abbild zu geben. Was sich bei *Who's who* zwischen den roten Buchdeckeln sammelt, ist also eher Selbstdarstellung als eine Sammlung objektiver Biographien. Ränge gelten mehr als reale Bedeutung. Die meisten Ikonen der zeitgenössischen Kulturszene bleiben ausgespart. »Wenn *Who's who* die Vitalität und Vielseitigkeit des gegenwärtigen Britannien reflektieren würde«, meint der *Who's who*-Kritiker Paul Vallely, »dann müßte es ein vollkommen anderes Geschöpf sein.«

Warum, fragt Vallely, finde etwa die Chefredakteurin des Kirchenblattes *Catholic Herald* (mit einer Auflage von unter 20000) in das Werk Eingang, nicht aber der Chefredakteur der Computer-Zeitschrift *PC MAGAZINE* (Auflage über 120000)? *Who's who,* beantwortet Vallely seine Frage selbst, »will einfach weiterhin daran glauben, daß Macht noch immer da sitzt, wo sie schon immer saß«.

OXBRIDGE BLUES

Daß unter den Gestirnen der Tradition die von Oxford und Cambridge bis heute mit besonderer Leuchtkraft strahlen, ist nicht zu übersehen. Noch immer versorgen die Prestige-Universitäten des Landes das britische Establishment allsommerlich mit dem erforderlichen Nachwuchs. 40 Prozent der Angehörigen der »nationalen Elite«, schätzt die *Sunday Times*, haben in einer der beiden Städte ihre akademische Ausbildung absolviert. Den Anspruch der Thatcher-Ära, ererbtes Privileg durch erarbeitetes Verdienst ersetzt zu haben, könne man getrost vergessen, spottet der frühere Lord Wedgwood und heutige Labour-Linksaußen Tony Benn. Wie Oxbridge beweise, sei Britannien »noch immer eine von krassen Klassengegensätzen geprägte Gesellschaft«. Andere sehen es anders – wie etwa der Kunst-Doyen Melvyn Bragg, der für den unbestreitbaren Erfolg und anhaltenden Einfluß Oxfords und Cambridges »gerade deren Anpassung an die neuen Zeiten« verantwortlich macht. Die Öffnung beider Unis für die Top-Absolventen aller möglichen britischen Lehranstalten habe das meritokratische Prinzip in die Hochschulen selbst getragen: »Eine Großzahl der Studenten kommt heute nicht mehr von Privatschulen, sondern von Staatsschulen. Und natürlich ist die Hälfte der Studenten mittlerweile weiblichen Geschlechts.« Den Absolventen selbst ist durchaus bewußt, welchen Elite-Einrichtungen sie angehören: Wie eine simultan veranstaltete Umfrage in den Studenten-Zeitschriften *Cherwell* (Oxford) und *Varsity* (Cambridge) jüngst enthüllte, ist die Mehrheit der Studenten beider Hochschulen davon überzeugt, daß sie »die beste Bildung im Lande« genieße, sich einen Paß für eine erfolgreiche Reise in die Berufswelt verschaffe und in wenigen Jahren die eigenen Eltern an Einkommen und Status übertreffen werde. Zugleich räumen zwei Drittel der Oxbridge-Studenten allerdings ein, daß sie weder

Vertrauen ins britische System noch Vertrauen in britische Politiker hätten. Nur jeder achte bekennt sich zur Konservativen Partei. Und jeder Dritte würde gern die Monarchie abschaffen. »Es mag ja sein, daß das Old Boy Network noch existiert«, interpretiert die *Varsity*-Herausgeberin Imogen Wall die Lage. »Aber verlassen will sich die überwältigende Mehrheit unserer Studenten darauf lieber nicht.«

NOCH EIN GLÄSCHEN VOM SELBEN, JAMES

Wahrhaftig – man kann es dem britischen Gentleman nicht verdenken, daß er die Stirn in Falten legt, wenn er nach dem Verzehr eines erlesenen Lunchs zur Lektüre seines *Daily Telegraph* das Gläschen Port an die Lippen setzt. Die Nachrichten der Neuzeit sind schließlich besorgniserregend. Die natürliche Ordnung der Dinge kommt zunehmend ins Wanken. Nicht genug, daß immer mehr Frauen in die alten Elite-Universitäten, auf die Richterbänke der High Courts, in die Chefetagen der Londoner City drängen. Oder daß bei *British Airways* neuerdings Frauen nach dem Steuerknüppel greifen – statt, wie es sich gehört, der reisenden Männlichkeit mit gefälligem Augenaufschlag das Frühstück zu servieren. Selbst den Bischofsstab darf das schwache Geschlecht im Königreich nun schwingen. Und wer hätte es für möglich gehalten, daß einmal eine Frau zum Boß des britischen Geheimdienstes bestellt würde?

Da seufzt der britische Gentleman und läßt sich müde in seinen Ledersessel zurücksinken, wo ihm, auf einen Wink hin, ein Schlückchen Port nachgeschenkt wird. Zum Glück, weiß er, ist England noch nicht ganz verloren. Zum Glück gibt es ein Zufluchtsplätzchen, an dem er sich einigermaßen sicher fühlen kann vor dem Vormarsch der feministischen Stoßtrupps, der rücksichtslosen Emanzenbrigade. In seinem Club kann dem britischen Gentleman nichts passieren. Hier, am offenen Kamin, Blick über die Pall Mall, ist die Welt noch in Ordnung: Hier haben Frauen nichts zu suchen, zumindest nicht in den Club-Refugien, den Restaurants, den Bibliotheken, den Billardräumen der alten Gentleman-Kultur. Frauen, die in diese heiligen Hallen vorzudringen wagen, kommen nicht weit. Ihnen senkt sich eine schwere Hand auf die Schulter, und eine tiefe Stimme bedeutet ihnen, doch, bitte, draußen zu bleiben. Der Club, der traditionelle Club der britischen Hauptstadt jedenfalls, an der Pall Mall und an St. James's Street, ist nach wie vor Männersache.

Ein einziger des runden Dutzends dieser historischen Einrichtungen in London hat, sehr zum Bedauern des britischen Gentleman, den stillen Schwur der Club-Exklusivität gebrochen. Natürlich war es der »Reform Club«, diese Gründung aus dem liberalen Geiste des 19. Jahrhunderts, der 1981 Frauen volle Mitgliedschaft einräumte: Was konnte man von den Liberalen anderes erwarten! In »White's« dagegen, dem ältesten und grandiosesten Club der Hauptstadt, anno 1693 gegründet, ist auch dreihundert Jahre später keine Rede von radikaler Änderung. Keine Frau setzt bei »White's« den Fuß über die Schwelle – selbst die Mäuse und Küchenschaben in diesem Club, hört man gelegentlich, seien ausschließlich männlichen Geschlechts.

In den anderen Clubs hat man(n) sich, unter dem Druck der Zeit, zu einer Art internem Apartheid-System bereit gefunden. Hier wird Frauen Zutritt als Begleitpersonal gewährt, in unterschiedlichem Maße und unter unterschiedlichen Bedingungen. In den meisten Clubs – wie im »Brook's Club« oder im »Athenaeum« – dürfen Frauen als Gäste mitgebracht werden, sich aber nur in bestimmten Räumen aufhalten oder nur an bestimmten Abenden erscheinen.

Bei »Boodle's« gibt es einen Hintereingang für die Ladies. Zum Essen werden weibliche Besucher in einen Seitenflügel des Club-Restaurants geführt. Im »Royal Automobile Club« werden die Damen gebeten, sich von der Gentleman's Bar, dem Billardzimmer und dem Raucherzimmer fernzuhalten. Dafür steht den Verbannten ein eigener Raum zur Verfügung, in dem sie nach Lust und Laune plaudern können, ohne die männliche Mitgliedschaft zu stören.

Im renommierten »Garrick«, in der Nähe Covent Gardens, ist Gästen vom »anderen Geschlecht« ein rosaroter Salon zugeteilt. Frauen dürfen im »Garrick« zur Lunchzeit weder die Haupttreppe benutzen noch im zentralen Restaurant, dem Coffee Room, Platz nehmen. Im »Oxford and Cambridge University Club« verwehrt man den assoziierten Akademikerinnen den Zugang zur Bücherei – schließlich haben sie in Oxford und Cambridge ja schon genügend Bücher zu Gesicht bekommen.

Auch im »Carlton Club«, dem feinen Stammclub der Tories, in dem nur Mitglied werden darf, wer die Konservative Partei unterstützt, gibt es einen Speisesaal und eine Bar, die rein männlichem Müßiggang vorbehalten sind. Weibliche Konservative haben in diesen Räumen nichts verloren – selbst Ministerinnen ist der Zutritt untersagt. Daß Frauen den »Carlton Club« überhaupt betreten dürfen, ist übrigens keine Selbstverständlichkeit. Vor fünfundzwanzig Jahren noch dachte niemand im Traum daran, den Club für Frauen zu öffnen. Eine kleine Bestimmung in den Statuten aber wurde den traditionsbewußten Mitgliedern des »Carlton« zum Verhängnis.

Der Parteichef der Konservativen nämlich ist kraft Amtes Ehrenmitglied. Und als die Tories 1975 statt eines Parteichefs eine Parteichefin wählten, konnten die Gentlemen die Lady (und spätere Premierministerin) schlecht draußen vor der Tür stehen lassen. So wurde Margaret Thatcher die erste Frau, die im »Carlton« Einlaß fand. Danach änderten die Club-Mitglieder notgedrungen ihre Statuten und ließen Frauen als »angeschlossene Mitglieder« zu – mit begrenzter Bewegungsfreiheit im Clubgebäude. Trotz dieses Zugeständnisses fochten die Clubs freilich erbittert um den Erhalt ihrer separaten, frauenfreien Zone. Im »Garrick« beispielsweise, dem Treffpunkt der etablierten Literaten, Journalisten und Anwälte der Hauptstadt, scheiterte vor wenigen Jahren ein Öffnungs-Vorstoß mit 363 zu 94 Stimmen kläglich. Nicht nur alteingesessene Portwein-Trinker, auch viele junge Tweed-Träger beschlossen, daß sie für ihren Jahresbeitrag von 2000 Mark in sexueller Hinsicht lieber unter sich wären. Man habe ja in anderen Clubs gesehen, wohin das führe mit der Reform, erklärte ein vehementer Garrick-Verteidiger: »Die Frauen dort haben nur immer mehr Platz für Toiletten verlangt, sich militant aufgeführt und sind jedermann auf die Nerven gegangen.«

Kleine Kringel aus seiner Dunhill-Pfeife paffend, und wieder leise mit dem *Telegraph* raschelnd, entnimmt der britische Gentleman seinem Blatt mithin in schmerzlicher Verwunderung, daß neuerdings seinesgleichen – Gentlemen von rechtem Stand und gutem Ruf – der ehrwürdigen Institution den Rücken kehren; und das mit dem unerhörten Argument, eben ihr guter Ruf sei durch die Club-Zugehörigkeit gefährdet. Erst gab ein Oxforder Dozent, der Doktor David Butler, seinen Abgang aus dem »Oxford and Cambridge University Club« bekannt (den immerhin sein Großvater 1830 mitbegründet hatte). Für einen »Hochschullehrer mit Selbstrespekt« sei es nicht länger vertretbar, einem Verein anzugehören, der sich taub stelle »für die Normen der zeitgenössischen Gesellschaft«. Dann erklärte Lord Lester, ein führender Londoner Anwalt für Menschenrechte, seinen Austritt aus dem »Garrick«. Es sei einfach nicht zumutbar, meinte der Lord, daß sich ein Club wie der »Garrick« in den neunziger Jahren noch gegen die Aufnahme »der anderen Hälfte der menschlichen Rasse« sperre.

Die andere Hälfte der menschlichen Rasse scheint die Meinungsverschiedenheiten unter den Gentlemen eher belustigt zur Kenntnis zu nehmen. »Wer will schon Mitglied in so einem Club sein? Ich bestimmt nicht«, meint, stellvertretend für viele ihrer Geschlechtsgenossinnen, die britische Baronin Jay. »Laßt doch die Gentlemen in ihren Clubs in Frieden verrotten«, lacht die Journalistin Vicky Ward: Daß in »Clubland« noch immer wichtige Geschäftsinformationen ausgetauscht, daß hier zentrale Entscheidungen gefällt würden, sei schlicht »ein Mythos«.

Auch die *Times*-Kolumnistin Janet Daley plädiert dafür, den »selbstzufriedenen Snobismus« der Club-Welt links liegen zu lassen. In ein paar Jahren, meinen die Club-Kritikerinnen, werde wachsende Geldnot eh zur Schließung einiger der umstrittenen Einrichtungen führen – oder die Clubs, wie ehedem den »Reform Club«, zur Aufnahme weiblicher Mitglieder zwingen. Bis dahin aber könne, wer verzweifelt an Club-Ambiente interessiert sei, sich in den neuen, den modernen Clubs umtun, die seit einiger Zeit im Londoner Stadtteil Soho florierten. Bei »Black's« (statt »White's«) beispielsweise, oder beim »Groucho Club« in Dean Street sind männliche Geschlechtsmerkmale kein Erfordernis für die Mitgliedschaft.

Mit der Klientel dieser Häuser möchte der wahre britische

Gentleman natürlich nichts zu tun haben. Ihn, den echten Gent, hält es in geschichtsträchtigem Terrain, in kultivierten Häusern, in denen ihm keine Janet und keine Vicky zu nahe kommt. Lieber läßt er sich, im »Beefsteak Club«, von Charles bedienen, oder bei »Pratt's« von George, wie in diesen Etablissements die Kellner einheitlich genannt werden. So war es schließlich schon im 18., im 19. Jahrhundert. Noch ein Gläschen vom selben, bitte, James: Mag die Welt draußen, an der Schwelle zu einem neuen Jahrtausend, tun und denken, was sie will.

GLENDAS SCHWERT

Und was tut sich in der Welt draußen? In der Welt draußen, versichert uns Glenda Jackson, deute sich ein Wandel an – langsam, aber stetig, und mit einem kleinen Qualitätssprung nach den jüngsten Wahlen. Die international gefeierte Schauspielerin und Labour-Abgeordnete für Hampstead hält jedenfalls den Anstieg des Frauenanteils in der neuen Labour-Fraktion auf rund ein Viertel aller Fraktionsmitglieder für Fortschritt: Noch im letzten Parlament betrug der Anteil der weiblichen Abgeordneten im Unterhaus keine zehn Prozent. Im »angeblich besten Gentlemen's Club in London« rühre sich nun endlich was, glaubt Glenda Jackson: »Auch wenn wir weiter beharrlich drängen und organisieren müssen, weil die andere Seite immer einen Grund finden wird, uns unsere Rechte vorzuenthalten.«

Jackson, vor fünf Jahren selbst zum ersten Mal ins Parlament gewählt, hat ihre Ankunft in der »Mutter der Parlamente« im Frühsommer 1992 noch nicht vergessen. »Als ich zum ersten Mal in die Abgeordneten-Garderobe kam, bemerkte ich, daß bei jedem Mantelhaken von einem kleineren Haken eine lange Schlinge herabhing. Diese Vorrichtung, ließ man mich wissen, sei dazu da, mein Schwert in der Garderobe aufzuhängen. Da ich mein Schwert versehentlich zu Hause gelassen hatte, hängte ich statt dessen meinen Regenschirm dort auf. Nun ist es wahr, daß das Parlament einen Schießstand hat, und dafür keine Krippe. Damals, 1992, fand ich das halbwegs amüsant. Heute finde ich es schlicht geschmacklos.«

Eher anachronistisch als sexistisch komme ihr freilich die Sache mit dem Schießstand und der Schlinge vor, bekannte Jackson kürzlich in einem Interview. Und ein Lächeln habe sie sich auch nicht verkneifen können, als ihr, nach all den Warnungen vor der Männerwelt des Unterhauses, an ihrem ersten Tag im Parlament als erster Unterhäusler »ein Mann in Perücke und Strumpfhose« begegnete – er gehörte der Prozession des Speakers an. Offenbar, fand Glenda Jackson, seien viele Unterhaus-Traditionen in einer Zeit entstanden, in der die bloße Vorstellung, Frauen könnten in der Abgeordneten-Garderobe nach einem Haken suchen, den ehrenwerten Mitgliedern Magenkrämpfe verursacht hätte.

Große Hoffnungen setzt die wohl prominenteste Labour-Abgeordnete derweil auf den Reformwillen ihrer Partei. Ihr Engagement für Labour reicht weit zurück. Schon während ihrer langen Schauspiel-Karriere war Jackson Mitglied der Partei, propagierte sie sozialen Wandel, soziale Gerechtigkeit in Großbritannien. Als Anfang der neunziger Jahre die Labour-Aktivisten des Nord-Londoner Wahlkreises Hampstead bei ihr anfragten, ob sie für Labour ins Rennen gehen würde, willigte die zweifache Oscar-Preisträgerin ein und sagte ihrer Film- und Theaterlaufbahn Adieu. »Zwanzig Jahre lang habe ich mich schon für Labour eingesetzt«, erklärte sie damals. »Ich habe mit ansehen müssen, wie die Tories das Land verkommen ließen, und bin über Frau Thatchers Politik immer zorniger geworden.« Die »Besessenheit« der Eisernen Lady vom »American Way of Life« und der Versuch der Ex-Premierministerin, »eine Kultur der Selbstsucht zu etablieren«, sind nach Glenda Jacksons Überzeugung für den Niedergang sozialer Werte im Lande verantwortlich. »Bevor Thatcher an die Macht kam, hatte ich mich nie dafür geschämt, Engländerin zu sein. Heute treibt es mir die Schamröte ins Gesicht, wenn ich unsere Kinder auf den Straßen schlafen sehe. Betteln scheint das Gewerbe mit der höchsten Wachstumsrate zu sein.« In einer »Gesellschaft voller Habgier, Egoismus und Rücksichtslosigkeit« erkenne sie nicht mehr ihre alte Heimat: »Nationalen Stolz ruft das bei mir jedenfalls nicht hervor.«

In den fünf Jahren, die sie nun im Unterhaus verbracht hat, erst als Westminster-Novizin ohne eigenes Büro und später als Labour-Sprecherin für Verkehrsfragen, hat sie jedenfalls mit dem ihr eigenen Ernst und mit leidenschaftlicher Entschlossenheit zu beweisen gesucht, daß sie kein politisches Leichtgewicht, keine »Champagner-Sozialistin« der Hampsteader Künstlerriege sei. Schauspieler-Allüren hat sie nie an den Tag gelegt: Daß sie nicht fremder Leute Babys küssen würde, war abzusehen, und die Verwunderung der Medien darüber, daß sie kein Make-up mag und von Geselligkeit wenig hält, hat sie stoisch ertragen. Statt als Star zu glänzen, hat sich die heute 60jährige ein zermürbendes Arbeitspensum auferlegt, mit 18-Stunden-Tagen und vielen Päckchen Zigaretten. Ihr »einziges politisches Ziel«, bekannte sie im jüngsten Wahlkampf, sei es, »wiedergewählt zu werden und Tony Blair mit einer klaren Mehrheit durch die Tür von Number Ten Downing Street treten zu sehen«. Viele sagen ihr eine Kabinettskarriere voraus – offenbar steckt das Vorbild Melina Mercouri hinter dieser Erwartung. Aus Streitigkeiten, aus innerparteilichen Machtkämpfen und Intrigen, hat sie sich nach Kräften herausgehalten. Im Grunde, meint sie ohne größeres Bedauern, treffe man im Parlament ja auch kaum mit den Kollegen zusammen, außer bei Abstimmungen oder Ausschuß-Sitzungen: »Jeder verschwindet in seiner eigenen kleinen Zelle, um mit der Arbeit voranzukommen.«

Ihre Abneigung gegen ungerechte Verhältnisse hat die Tochter eines nordenglischen Bauarbeiters in den Mühlen Westminsters jedenfalls nicht verloren. Die »Ausbeutung der Schwächsten« bringt sie noch immer so in Rage wie früher. Den Kindern, den Alten, den Gebrechlichen und Behinderten habe die britische Gesellschaft, im Zeichen einer modisch gewordenen Habsucht, die Solidarität aufgekündigt, findet sie: »Was kann man anderes erwarten, wenn man den Leuten den Glauben einimpft, sie könnten in einer zunehmend feindseligen und gefährlichen Welt allein durch eigene Anstrengung überleben?« Ebenso ungebrochen ist ihr Engagement für die Sache der Frauen – mit einer Prise Humor, einer Messerspitze feiner Ironie gewürzt. »Einer der großen Mythen unserer Zeit ist ja, daß das Unterhaus eine Männerbastion sei. Sicher, die meisten Parlamentarier sind Männer. Aber wenn man sich den Rest der Belegschaft anschaut – die Bibliothekare, die Administratoren, die Köche, die Sekretäre, die Assistenten, die Putzkolonnen, die Wachleute: Von denen sind die meisten Frauen.« Der Witz bei der Geschichte sei, daß das Parlament reibungslos weiterfunktioniere, wenn, wie es manchmal vorkomme, nur eine Minderheit der Abgeordneten sich im Unterhaus aufhalte. »Sollte dagegen einmal die Mehrheit der Frauen im Hause nicht zur Arbeit erscheinen, dann, liebe Leute, würde der sogenannte beste Gentlemen's Club Londons ganz schnell zum Stillstand kommen.«

SCHWITZEN UNTERM ROSSHAAR

Roßhaar und Strumpfhose haben sich nicht nur in den Schlupfwinkeln Westminsters erhalten. Auch Englands Richter tragen traditionsgemäß Perücken. Was aber halten die Betroffenen von diesem Teil ihres professionellen Erbguts? Nun, die einen würden das kratzbürstige Monstrum gern ins Museum verbannen: Nicht nur unzeitgemäß, sondern »total unhygienisch« kommt es ihnen vor. Die anderen hingegen würden sich ohne das gute Stück hilflos und nackt fühlen – ohne rechte Autorität, ohne den Schutz einer wohltätigen Anonymität.

Englands Reformer haben sich die Abschaffung der Richter-Perücken zum Ziel gesetzt. Die Traditionalisten stemmen sich gegen einen solchen Akt des »historischen Vandalismus«. Seit fast 300 Jahren, so argumentieren sie, sei man schließlich in Englands Gerichtssälen an eine perückentragende Justiz gewöhnt. Soll man nun, nur weil die Geschmäcker sich in den letzten 200 Jahren gewandelt haben, so solide Traditionen einfach über den Haufen werfen? Bestrebungen, die haarige Zierde an den Kleiderhaken der Geschichte zu hängen, hat es natürlich schon seit einiger Zeit gegeben. Vor allem an den Wirtschafts- und Sozialgerichten betrachten viele das Roßhaar als Relikt, von dem man schon lange Abschied hätte nehmen müssen. Spaß mache es jedenfalls nicht, im Dienste Justitias Perücken zu tragen, bekannte in einer Oberhaus-Debatte zu diesem Thema einmal der langjährige Richter Lord Richard: »Die Dinger kratzen doch extrem und sind vollkommen unhygienisch.« An heißen Tagen könne man sich eines üblen Geruchs von oben nicht erwehren. Für seine eigene Familie, berichtete der Lord, sei die kuriose Kopfbedeckung das Lieblingsstück im Unterhaltungsinventar des Hauses. »An Regentagen kommen manchmal meine Kinder gelaufen und rufen: Komm, Dad, zieh deine Perücke auf, damit wir was zu lachen haben.«

Angesichts solcher Respektlosigkeit stand passionierten Perückenträgern, in derselben Debatte, das Roßhaar zu Berge. Ohne Perücke, gab Lord Campbell of Alloway zu bedenken, gäbe es keine Würde vor Gericht, keinen Respekt des Angeklagten vor dem Richterspruch: »Eine gewisse Distanz ist unabdingbar, wenn man bei den feierlichen Prozeduren der Justiz Würde bewahren will.«

Eine Aura von Respekt war es, was ein anderer Richter, Lord Harmer-Nichols, mit dem Perückentragen verband – eine Perücke mache selbst aus Kollegen von wenig beeindruckender Statur vollwertige Repräsentanten des Justizwesens. Lord Donaldson, der frühere Oberarchivar des Königreichs, fand eine weitere Funktion der Perücke zu loben: Sie bilde »eine nützliche Form der Verkleidung«. Beim Samstags-Einkauf im Supermarkt sei das Risiko geringer, von ehemaligen »Prozeßteilnehmern« wiedererkannt zu werden. Die ranghöchste Repräsentantin des Parlaments, die Präsidentin des Unterhauses und erste Frau auf dem Sessel des Speakers, entschied sich allerdings dafür, ihr Amt perückenlos zu versehen. Ihrer Autorität, fand Betty Boothroyd, werde das keinen Abbruch tun – solange sie nur im Bedarfsfalle mit einem scharfen »Order, Order« das Hohe Haus zur Ordnung zu rufen vermöge.

BITTE RECHT HÖFLICH

Ein ganz klein wenig ärgerlich ist sie ja schon, die »Kampagne für Höflichkeit«, über ihre rüden, unhöflichen Landsleute. Nicht daß sie sich zu lauten Tönen versteigen würde, das wäre gegen die eigenen Prinzipien. Aber einen gewissen Unmut kann sie nicht verbergen – beim allerbesten Willen nicht. Nicht nur, daß ihre Initiativen zu größerer Umsicht und Freundlichkeit allerorten auf grobes Unverständnis stoßen. Auch die von ihr höflichst um Hilfe angeschriebene Prominenz im Lande ignoriert ihre zivilisatorischen Bemühungen vollständig. Kein Prinz und kein Premierminister zeigt sich willens, für gutes, altmodisches, rücksichtsvolles Benehmen auf die Barrikaden zu steigen. Kein Unternehmer zeigt genug Interesse, um der »Kampagne« als Sponsor ein paar Tausender hinüberzuschieben.

Dabei hätte das Land, meinen die heroischen Träger der gerade zehn Jahre alten Kampagne, ein bißchen bessere Manieren dringend nötig. Inmitten einer hastenden, egoistischen und zunehmend aggressiven Gesellschaft, vor allem in der Hauptstadt London, wäre Höflichkeit weit mehr als eine Zier – ein erlösender Ausgleich, eine weitsichtige Investition. Schließlich, so weiß der Gründer der Organisation, der Reverend Ian Gregory, lassen sich 47 Prozent aller Autounfälle auf unhöfliche Fahrweise zurückführen. Und 20 Prozent aller Krankenhaus-Patienten sind nur deshalb krank geworden, weil sie »der Kälte und der Unfreundlichkeit anderer Personen ausgesetzt« waren. »Die Kostenersparnis einer auf höfliche Weise geführten Firma ist ja auch nicht zu unterschätzen, würde ich meinen«, setzt Mr. Gregory hinzu, in der ihm eigenen Höflichkeit. Leider findet kein Firmenchef die Zeit, dem vielversprechenden Rat ein Ohr zu leihen. Auch mit ihren Aktionen in der Vergangenheit – einem »Nationalen Höflichkeits-Tag«, einem Wettbewerb um den Titel der höflichsten Gemeinde Britanniens, dem Verkauf von T-Shirts zur Mehrung der Höflichkeit im Lande – hat die Höflichkeits-Lobby nur begrenzten Erfolg gehabt.

Um ihr Image zu verbessern, hat sie sich voriges Jahr jedenfalls von der »Höflichkeitsgesellschaft« in die zugkräftigere »Kampagne für Höflichkeit« umbenannt. »Die Leute denken wahrscheinlich, daß wir alle spinnen«, zuckt Ian Gregory die Achseln. Entmutigen lassen wollen er und seine Mitstreiter sich aber nicht. Ohne ihren Einsatz, davon sind sie überzeugt, wäre Britannien in Gefahr, der Barbarei gänzlich anheimzufallen. Und diesen Sieg gönnen sie den Barbaren nicht. Der Kampf geht weiter. In den mildesten Tönen.

DIE ÖKO-KRIEGER PROBEN DEN AUFSTAND

Erst schien es nur ein kleiner Streit, ein Konflikt um einen lächerlichen Hügel im südenglischen Winchester, bei Twyford Down, der einer neuen Straße zum Opfer fallen sollte. Die Proteste gegen dieses Projekt, vor fünf Jahren, überraschten die Politiker, ließen aber noch keine Alarmglocken läuten.

Dann breitete sich der Widerstand aus. In Norfolk, in Oxford, in Glasgow hörte man mit einem Mal von Zusammenstößen zwischen Polizei und Demonstranten. Hier ketteten sich radikale Umweltschützer an Baukräne, dort warf sich zorniges Jungvolk vor anrollende Bulldozer. Ganze Häuserblocks, instand-besetzt und zu alternativen Bollwerken gegen das große Geld ausgerufen, wehrten dem Vormarsch der Planer und der Planierraupen. Spontan geformte Grüppchen tauchten überall aus dem Häuserdickicht auf, wie Guerilleros aus einem steinernen Urwald, um in »direkter Aktion« die Staatsgewalt herauszufordern. Kaum eine Woche verging, in der der Regierung in London nicht die Entstehung neuer »Widerstandsnester« zugetragen wurde – ein Meer kleiner, bunter Nadeln auf der Karte des Königreichs. Die Nervosität der zuständigen Stellen war begreiflich, verursachte aber nur zusätzliche Verwirrung. Hier breitete sich etwas aus, was mit normalen politischen Mitteln nicht zu kontrollieren war. John Majors Umweltminister Selwyn Gummer sah schon »faschistische« Tendenzen am britischen Horizont. Die meisten seiner Tory-Kollegen witterten eher ein Ungemach militant-marxistischen Ursprungs.

Auf der Linken war man sich nicht sicher, ob man »das Phänomen« als wesensverwandt begrüßen oder als reaktionären Unfug verurteilen sollte. Aber die Betroffenen legten gar keinen Wert darauf, begrüßt oder verurteilt zu werden. Die neuen Öko-Krieger, die Aufständischen aus der englischen, der schottischen, der walisischen Provinz hatten mit den etablierten Parteien nichts im Sinn. Sie wollten keine Fraktion beeindrucken, kein Programm formulieren, keine bestehende Lobby verstärken. Sie wollten sich einfach zu konkreten Herausforderungen ihrer eigenen Umwelt Luft machen, sich »nichts mehr bieten lassen« von »denen da oben«. Sie wollten ein paar alte Häuser vor dem Abriß retten, sich irgendwo wohnlich einnisten, dem »Autowahnsinn« wehren, einen eigensinnig-alternativen Lebensstil praktizieren, eine wildwuchernde Wiese schützen, ein paar Füchse gegen »blutrünstige« Jäger verteidigen, einen biologisch wertvollen Teich vor der drohenden Betonierung bewahren.

Ein Zufall war es gewiß nicht, daß diese spontanen, grüngescheckten Aktionen das Königreich in den letzten Jahren mit voller Wucht erreichten. Kümmerliche Job-Aussichten in vielen Regionen, studentische Verschuldung, Wohnraummangel, die Kopfsteuer der achtziger Jahre und die Abschaffung der Sozialhilfe für Jugendliche ließen die Reihen der »Total-Verweigerer« ganz offenkundig anschwellen. In der Tat hatte die konservative Regierung selbst, mit ihrer Aushebelung alter sozialer Systeme und ihrer Propagierung eines desparaten wirtschaftlichen Individualismus, den Boden für das Wachstum widerborstiger Hecken um kleine, private Reviere bereitet. Vor allem Londons ungezügelte Straßenbau-Politik, zu Lasten der Bahn und der Nahverkehrssysteme des Landes, reizte zum örtlichen Widerstand. Biedere Bürger aus konservativem Milieu schlossen sich dabei den jungen Rebellen an, die der Regierung die Stirn boten – eine brisante Allianz, die den Tories einige Kompromisse abnötigte.

Mittlerweile existieren auf der Insel allein im Protest gegen den Straßenbau über 250 Gruppen, die sich in lockerer Form zu einer Art überregionaler Trutzgemeinschaft zusammengeschlossen haben. Wo immer Natur überollt werden soll, rücken Hundertschaften aus allen Richtungen an, um sich »einzumischen«. Am Autobahn-Abschnitt der M11 in Nord-London, bei Trollheim auf dem Land in Devon, in den Wäldern und Wiesen von Newbury, nicht weit vom alten US-Raketen-Stützpunkt Greenham Common, sorgten die größten Platzbesetzungen und Blockaden für Aufsehen: Der Newbury-Protest gegen eine 14 Kilometer lange Umgehungsstraße durch Naturschutzgebiet wurde 1996 geradezu zu einem Symbol des Aufbegehrens neuzeitlicher Baumindianer gegen »die unmenschliche Behandlung der Landschaft«. Von ihren Baumhäusern und Wigwams aus lieferten mehrere hundert Jugendliche, verbunden durch Tunnelsysteme und mobile Telefone, den Bautrupps in Newbury zu Baubeginn eine spektakuläre Schlacht. Mit Pfiff, technischem Know-how und unerschrockenen

Aktionen zogen sie die Aufmerksamkeit (und erhebliche Sympathien) der britischen Bevölkerung auf sich. Am Ende konnten sie die Rodung der markierten Waldstücke und Vogelparadiese freilich nicht verhindern: Was die Ressourcen betraf, war ihnen die verhaßte Staatsmacht einfach überlegen.

Doch nicht nur die Radikal-Asphaltierung des Königreichs provoziert neuerdings alternative Ideen und – in der Regel gewaltlose – neue Widerstandsformen. Öko-Krieger aller Farben des Regenbogens, und mit den unterschiedlichsten Interessen, finden sich in der neugeborenen Basis-Bewegung zwischen Dover und Inverness. Jagd-Saboteure, *New Age Travellers*, obdachlose Jugendliche, Hausbesetzer, Punks und Anhänger drogenfreundlicher Mammut-Parties gehören dazu. Die *Travellers* gelten dabei als die Veteranen der Bewegung: Ihre großen Geschwister können mit Narben aufwarten, die auf den »historischen Überfall« der Polizei auf einen Stonehenge-Konvoi im Sommer 1985, den Hauptanstoß der aktuellen Protestbewegung, zurückgehen. Indes haben weder Polizeiaktionen noch Gesetzesdruck (wie die »Criminal Justice Bill« der konservativen Regierung) die »massenhafte Selbstbefreiung« bremsen können, als die die Beteiligten ihren Aufstand verstehen. »Viele meiner Freunde waren apathisch in den Thatcher-Jahren«, berichtet Jenny, eine junge Straßen-Demonstrantin. »Wir alle fühlten uns ohnmächtig, glaubten nicht, daß wir etwas ändern könnten.« Nunmehr breite sich aber die Idee direkter Aktion »wie ein Lauffeuer« im Lande aus. Rob, ein Hausbesetzer, stimmt dem zu: »Wir sind eine ganze Kultur – wir sind die Jungen, die Armen, die Obdachlosen. Früher waren wir verstreut und hatten bloß dieselben Ideen. Jetzt tun wir uns zusammen, probieren was aus.« Auch die »Surfer gegen Kloakenschlamm« sind in diesem bunten Sammelsurium willkommen, und auch die »moralischen Ladendiebe«, die unter Hinweis auf britischen »Holzraub« in Brasilien aus einschlägigen Geschäften Mahagoni-Möbel entführen, um sie der örtlichen Polizei aufs Revier zu tragen. Besonderen Respekt verschaffte sich jüngst in Brighton eine »Maklerfirma für Hausbesetzer«, die Möchtegern-Squattern fachkundigen Beistand bei der Wahl eines geeigneten zeitweiligen Obdachs leistete – und das natürlich kostenlos. Mit der »notorischen Verbraucher-Gesellschaft«, mit dem »kruden

WOHL VERRÜCKT GEWORDEN? Verhaftung eines Demonstranten beim Straßenbau in Newbury

© Andrew Testa

Materialismus«, dem die Insel ihrer Ansicht nach zum Opfer gefallen ist, möchten die Betroffenen schließlich nichts zu tun haben. Auch nicht, normalerweise, mit Organisationen wie Greenpeace, die ihre Sache medienbewußt, konsensbedacht, eben auf politischer Ebene betreiben.

Daß sie, durch Politik, ihre Seele verlieren könnten, ist die größte Angst der Öko-Krieger. Chaotisch, anarchisch, bisweilen exzentrisch und jedenfalls immer auf phantastische Weise unberechenbar, sucht sich die Bewegung pausenlos neue Ansatzpunkte, neue Orte und Kontroversen für weiteres Engagement. Als »aufregend und beunruhigend zugleich« betrachtet der Oxforder Dozent und BBC-Aussteiger George Monbiot, der gelegentlich an der Seite der alternativen Truppen in die Schlacht zieht, die »veränderte Stimmung« an den sozialen Rändern des Landes. Nach langen Jahren faktischer Ein-Parteien-Herrschaft und der schmerzlichen Ohnmacht der diversen Lobby-Gruppen, meint Monbiot, existiere in Britannien »ein politisches Vakuum, das dringend darauf wartet, gefüllt zu werden«. Wer sich diese Situation letztlich zunutze machen werde, die Rechte oder die Linke im Lande, sei derzeit »noch durchaus unentschieden«.

»CHARLES, REISS DICH LOS – DIE GÄSTE SIND DA«

Eine andere Welt. Eine andere Wirklichkeit. Im Sommer, wenn die *Travellers* nach Stonehenge ziehen, und Mr. und Mrs. Jones in den wohlverdienten Urlaub fahren, rüstet in Großbritannien die feine Gesellschaft zu einem Ereignis, das rund um den Erdball nicht seinesgleichen hat. Im Garten von Buckingham Palace, ihrem Schloß, empfängt die Königin von England ihre Untertanen zum Tee – einzunehmen in voller Kostümierung, in siedender Hitze oder bei strömendem Regen, mit etwas Tanzmusik zur Untermalung, ein paar Traubentörtlein zum Verzehr, der Aussicht auf ein huldvolles Kopfnicken und der rundum befriedigenden Gewißheit, zu den Auserwählten der Krone, zur High Society des Vereinigten Königreichs zu gehören.

Was ist Royal Ascot, was die Henley-Regatta im Vergleich zu der Tee-Party, die die Queen im grünen Sanktum ihres Königreichs gibt? Kein Ticket erkauft den Einlaß zu dieser Veranstaltung. Kein Wimbledon-Star, kein Rockmusiker kann darauf hoffen, übers Pflaster gut geölter Beziehungen mit seinem Royce durchs Tor Buckinghams zu rollen. Kein Dagobert kann sich darauf verlassen, mit einem knallvollen Panzerschrank die Sekretäre der Königin genügend zu beeindrucken, um bei der Versendung der Einladungen berücksichtigt zu werden. Zu ihren Gartenfesten lädt die Königin ein, wen sie will. Allenfalls nimmt sie Rücksicht auf solche Untertanen, die sich »auf besondere oder bemerkenswerte Weise daheim oder im Ausland gesellschaftliche Verdienste erworben« haben: So nämlich lautet die offizielle Begründung für die Ehre, die allsommerlich einem kuriosen Sortiment von Kommunalpolitikern, Doktoren, Krankenschwestern, Athleten, Club-Präsidenten, Blumenmädchen, Hof-Friseusen, Postlern, Rettungsschwimmern und karitativen Stützen des Staates zuteil wird.

Dreimal im Sommer lädt sich die Queen 9000 solch handverlesener Leutchen ins Haus, die angeblich einen repräsentativen Querschnitt durch ihr Volk darstellen. Weil aber selbst im fürsorglichen Britannien offenbar nicht jeden Sommer 27000 verdienstvolle Charaktere zu finden sind, wird der Rest der Gästeliste von den alten Hierarchien bestritten, ohne deren Anwesenheit sich die Königin zweifellos verloren fühlen würde – von Diplomaten, Offizieren und Kirchenfürsten und von all den Lords und Ladies, die für die Dauer eines Nachmittags aus dem luxuriösen Verlies des Oberhauses entlassen werden, um sich bei ihrer obersten Dienstherrin am Teich unter Weidenbäumen ein Täßchen Tee zu genehmigen.

Für sie wie für die anderen Geladenen öffnen sich die Palast-Tore um 15 Uhr. Zu dieser Zeit muß das Sommerkleid geplättet, der Strohhut gelüftet, das Halstuch festlich geknüpft sein. Gäste männlichen Geschlechts müssen ihre Schwalbenschwänze präpariert haben, ihre Beinkleider und Seidenhemden, ihre Krägen, Krawatten und Westen, gegebenenfalls ihre Gamaschen und silbergrauen Handschuhe: Wiewohl dieser Tage auch einfache Anzüge zugelassen sind, haben doch immer noch genügend Gentlemen den Ehrgeiz, die königliche Gartenparty in ein

Kostümfest zu verwandeln, das den berühmtesten Romanverfilmungen der BBC den Rang abläuft. Entsprechend ausgestattet, flaniert man sodann durch die Gärten hinterm Buckingham, die ansonsten nur der Fuß Ihrer Majestät und die Pfote der königlichen Corgis betritt. Man bewundert die Anlagen, die wohlgepflegten Rasenstücke, die Rhododendronbüsche, die Kamillenwiese, den Tennisplatz, die schönen, alten Bäume und den Teich, der einst für seine rosafarbenen Flamingos berühmt war (ein Fuchs hat sie geholt, eines Nachts). Ein Stündchen hat man, um zwischen Fliederbüschen und Rosenstöcken zu lustwandeln. Das Hauptinteresse gilt natürlich der Begutachtung der anderen Privilegierten auf dieser Veranstaltung – der Uniformen der Militärs (keine Orden bitte, heißt es in der Einladung), der Bischofssoutanen mit den in der Sonne gleißenden, riesigen goldenen Kreuzen, der Farbtupfer einer Handvoll afrikanischer Gewänder und Tücher, der Pfauenfedern und extravaganten Kopfbedeckungen und der bunten Schirme, auf die die Damen sich stützen, in Erwartung der Gastgeberin und ihres Gemahls. Die treten gegen 16 Uhr auf, wenn die meisten Gäste versammelt sind, aus einer Seitentür des bewohnten Nordwestflügels des Palastes – Elisabeth und Philip, manchmal auch die Königinmutter, und welches der Kinder der Monarchin gerade im Schloß weilt an diesem Nachmittag und gewillt ist, es zuzugeben. »Komm, Charles, reiß dich los, die Gäste sind da«, hört man, mit etwas Phantasie, die Queen in einem der oberen Gemächer zu ihrem Kronprinzen sagen. »Oh, nicht schon wieder, Mutter«, hört man Charles seufzen. »Wann kann ich endlich in Ruhe diese Briefmarken sortieren?«

Der erste Teil des königlichen Auftritts beim Gartenfest ist wahrlich kein Zuckerlecken für die Blaublütler. Nach Abspielen der Nationalhymne (nur wenige Gäste singen noch mit) sind die Queen und die Ihren dazu verdammt, eine volle Stunde lang Smalltalk mit hundert ausgewählten Besuchern zu machen, im Stehen und immer häufiger in einer Gluthitze, die selbst kenianischen Stammeshäuptlingen den Schweiß auf die Stirn treibt. Bei diesem unmenschlichen Ritual, das offensichtlich nur dazu dient, die Fortexistenz der steifen Oberlippe, des unbewegten englischen Gemütes, unter Beweis zu stellen, wird der Königin von ihren Gentleman Ushers auf dem Präsentierteller die Crème der Crème de la Crème ihrer Nation serviert – jene ganz besonders ums Wohl der Nation verdienten Paare, die man für würdig erachtet, bei dieser Gelegenheit ein paar Worte mit den Windsors zu wechseln.

Während Elisabeth II. das Spalier der locker Aufgereihten abschreitet, mit einem säuerlichen Lächeln hier und einem spitzen Kichern da, ist es dem Rest der Versammelten beschieden, der Prozession in murmelnder Bewunderung mit den Augen zu folgen. Gelegentlich mag sich die Queen einmal an einen minder verdienstvollen Gast wenden: »Ich hoffe, es ist alles zu Ihrer Zufriedenheit?« Oder Prinz Philip mag fragen, ob das Wetter heute nicht wieder einmal »vortrefflich« sei. Ansonsten aber bleibt 8900 der 9000 Gäste in der Regel nur ein ferner Eindruck ihrer Regentin, das Bild einer flüchtigen, sommerlich gekleideten Erscheinung – ohne Krönchen – fürs Fotoalbum der Erinnerung. Richtige Fotos sind natürlich nicht erlaubt: Man ist ja hier nicht in Disneyland, auch wenn es dem einen oder anderen Besucher so vorkommen mag, als habe er sich in eins seiner alten Märchenbücher verirrt. Höchstens die Hitze bei Königs hat man sich, in Kindertagen, nicht so vorgestellt: Zu dieser magischen Stunde, da das Musikcorps der Marinesoldaten Ihrer Majestät zu »Yesterday« ansetzt, beginnen von den Glatzen der verkleideten Generäle, Gewerkschaftsführer und Geschäftsleute Schweißperlen zu rinnen, die auch mit intensivem Wedeln des Zylinders nicht zu vertreiben sind.

17 Uhr ist natürlich Tea Time in England, und auch die Königin hat nun, auf ihrer Garden Party, den Punkt erreicht, an dem sie sich ein Täßchen gönnen kann, und ein Stücklein Schokoladekuchen, oder was die königliche Konditorei eben so für diesen Nachmittag geliefert hat. Selbiges nimmt sie im »Königlichen Teezelt« ein, umringt von Lord-Richtern, Kardinälen und auswärtigen Eminenzen, und weiterhin beobachtet von Hunderten ihrer Untertanen, die in respektvollem Halbkreis auf Stühlen sitzen und an jeder Geste, jeder Mundbewegung ihrer Monarchin hängen (»Jetzt hat sie es gegessen, das Biskuit, Sophie-Anne«).Wer dieses Schauspiels schließlich müde wird, und hier trennen sich die Wege der Royalisten und der Super-Royalisten, der kann sich selbst mit einem kleinen Imbiß versorgen, im gegenüberliegenden, langge-

streckten Teezelt für die Massen, denen Sandwich-Ecken, Törtlein, Eiscreme und kalter Kaffee (oder Tee) serviert werden. Eine Hundertschaft uniformierter Dienstmädchen schenkt aus, während die Gäste, nach endlosem Schlangestehen im heißen Zelt, gelegentlich schon mal ihrer Enttäuschung Luft machen: »Keine Erdbeeren? Keine Schlagsahne?« Am Ziel ihrer Träume brechen auch immer mal ein paar Besucher zusammen, die dann von Florence Nightingales ins Krankenquartier getragen und dort, mit zarter Hand und kalten Umschlägen, aufgepäppelt werden für den Rest den strapaziösen Veranstaltung. Ansonsten plaudert man im gestelzten Ton der Oberklasse – beziehungsweise in dem, den man dafür hält –, lauscht dem »Kaiserwalzer« oder dem »Cancan« der Königlichen Grenadiere, bewundert die Yeomen of the Guard, die übers Gelände verteilten, buntuniformierten, silberhaarigen Wachleute Ihrer Majestät, an denen fünf Jahrhunderte spurlos vorbeigegangen sind, und ergeht sich von Zeit zu Zeit in einer intelligenten Bemerkung: »Buckingham Palace, nicht wahr, könnte auch mal einen neuen Anstrich vertragen.«

So ähnlich, denkt man sich da, könnte die Konversation auch schon bei der ersten königlichen Gartenparty, 1868, gewesen sein: Nur daß damals der Geräuschpegel im Buckingham-Garten etwas niedriger lag und daß noch keine Hotels und Büroblocks Einblick ins Innere des Schloßbezirks gewährten. Und daß man, natürlich, seinen Tee nicht mit 9000 Mitbürgern teilen mußte – die ersten Gartenparties waren noch eine relativ bescheidene und authentische Angelegenheit, bevor in den sechziger Jahren dieses Jahrhunderts das Ganze zu einer Parade-Institution mit Massencharakter ausgebaut wurde. Was tut's? Die meisten der Partygäste, die ab 18 Uhr diskret nach Hause geschickt werden, damit Elisabeth und Philip sich zurückziehen und in Ruhe ihr Abendessen einnehmen können, sind schlicht glücklich darüber, für ein paar Stunden ihres Lebens der Aura der Monarchie, der Illusion des Dazugehörens teilhaftig geworden zu sein. Draußen, auf dem Heimweg, wo ihre Pinguin- und Pfauenkostüme entsprechende Belustigung erregen, weiß schließlich niemand, was es bedeutet, bei der Königin von England, in deren Garten, zum Tee gewesen zu sein.

3:

DIE GENERALÜBERHOLUNG

Wandel der Institutionen

DER DEMOLIERTE KRON-ZAUBER

Nun aber mal im Ernst: Was soll aus der Familie Windsor werden? Wie lange noch wird sich eine Monarchie in Britannien mit Gartenparties und Schloßtouren für Sommergäste über die Runden retten können? Die Zeichen für die »Royals« stehen ja, was die allgemeine Stimmung im Lande betrifft, nicht gut. Heftiger denn je, und von mehr britischen Bürgern als je zuvor, sind die Windsors in jüngster Zeit angegriffen worden. Die Leute haben genug von der trostlosen Trennungs-, Scheidungs- und Rache-Saga bei Hofe, vom demolierten Kron-Zauber der neunziger Jahre. Der Überdruß an den Akteuren der zweiten Reihe, an Charles und Di, an Fergie und »Randy Andy«, macht sich in immer unduldsameren Kommentaren Luft. Die Briten haben die höfischen Querelen satt. Dies ist, Gartenparties hin oder her, nicht mehr die Märchenwelt, die der Thronfolger und seine Herzensprinzessin im Sommer 1981, bei ihrem Ja-Wort in der St.-Paul's-Kathedrale, der Nation verhießen. Nicht nur ehe-, auch wortbrüchig sind die jungen Windsors geworden, als sie sich in die Arme ihrer Liebhaber warfen und anschließend in aller Öffentlichkeit ihre schmutzige Wäsche wuschen. Das Märchen ist ausgeträumt. Der Zauber ist verflogen. Das gute Hochzeitsporzellan mit dem goldenen Krönchen ist leichtfertig zerdeppert worden. Den Scherbenhaufen wegzukehren, haben die Königskinder Mama Elisabeth überlassen.

Was aber kann die Queen, bei aller treuen Pflichterfüllung und skandalfreien Lebensführung, zur Aufheiterung ihrer Untertanen beitragen? Etlichen Briten paßt bereits die ganze Institution nicht mehr, die die Königin, zusammen mit den Restbeständen ihrer Familie, ins nächste Jahrtausend hinüberzuretten versucht. Die letzte große Umfrage, vom Anfang dieses Jahres, macht das Ausmaß der Vertrauenskrise deutlich, der sich die Windsors gegenübersehen. Bereits jeder zweite Brite zeigt sich davon überzeugt, daß es im Jahr 2050 kein Königshaus mehr in Britannien geben werde. Und jeder dritte findet, daß das Land schon heute im Grunde keinen Monarchen mehr bräuchte. Unbefangener denn je melden sich Britanniens Republikaner zu Wort. Ehedem eine kleine Minderheit am Rande des linken Spektrums, haben die anti-monarchistischen Geister sich inzwischen bis weit ins Lager des Establishments hinein ausgebreitet. Das Wochenblatt *Economist* etwa, das zu viktorianischen Zeiten noch mit den Worten Walter Bagehots mahnte, »kein Tageslicht in den Zauber der Monarchie« eindringen zu lassen, rät jetzt unverblümt zur Abschaffung des Königtums: Es sei »eine Idee, deren Zeit abgelaufen ist«. »Brauchen wir eine Monarchie?« fragt, in einer Live-Sendung mit dreitausend Gästen, die Fernsehanstalt *Carlton* ihre Zuschauer. Als »nationales Referendum über die Zukunft der Monarchie« will die Anstalt ihr Programm, ihren Aufruf zur telefonischen Stimmabgabe, verstanden wissen. »Noch vor zehn Jahren wäre so eine Sendung als unakzeptabel, als Sakrileg betrachtet worden«, meint einer der Teilnehmer, der Monarchie-Experte Philip Hall. Neuerdings liegt sie im Zuge der Zeit. Niemand scheut sich mehr, die »Frage aller Fragen« zu stellen. Die Monarchie kann sich nicht mehr verstecken hinter einem Schleier institutioneller Unerreichbarkeit. Natürlich hat das nicht nur mit den jüngsten Kapriolen auf der Buckingham-Bühne zu tun – auch wenn die für den gegenwärtigen Stimmungsumschwung im Publikum direkt verantwortlich zu machen sind. Es hängt auch, und sehr grundlegend, mit den veränderten Rahmenbedingungen zusammen, unter denen die britische Monarchie, kurz vor dem Millennium, zu funktionieren hat – mit den Erwartungen an eine staatliche Einrichtung, deren Umwelt sich seit Elisabeths Krönung vor 45 Jahren dramatisch gewandelt hat. Denn dies ist, natürlich, nicht mehr die wohlgelittene Monarchie der fünfziger Jahre, der frühen Ära Elisabeths II., mit ihrer Gesellschaft akzeptierter Hierarchien, ihrer Kulisse historischer Größe, ihrem dornenreichen Kranz eines Weltkriegssieges. Die heutige Monarchie hat keine solche Basis mehr. Sie sieht sich ihrer Romantik weitgehend entkleidet, ihrer imperialen Klammerrolle beraubt, ihrer Funktion als oberster Autorität der Gesellschaftspyramide enthoben.

Noch 1956, vier Jahre nach der Krönung, glaubte ein Drittel aller Briten, daß ihre Queen zu diesem Amt durch göttlichen Ratschluß bestimmt war. Heute sieht die Königin sich mit der Notwendigkeit konfrontiert, ihre Existenz auf rationale Weise zu rechtfertigen – in einer Welt, in der ererbtes Privileg zunehmend durch ökonomische Nutzenrechnung ersetzt wird. Legitimation ist das Gebot der Stunde, in einem zu harschen Wirtschaftsrealitäten erwachten Staate Großbritannien: Kein Wunder, daß Elisabeth sich neuerdings bereit gefunden hat, Steuern zu zahlen und auf Auslandsreisen normale Linienflugzeuge zu benutzen. Wird das genügen, Volkes Seele zu besänftigen? »Solange die politischen Parteien stillhalten und weiterhin jeden Vorstoß aufs Terrain der Monarchie vermeiden, besteht keine unmittelbare Gefahr fürs Königtum«, meint der Biograph der Queen, Ben Pimlott. Auch die Labour-Führung hütet sich einstweilen noch davor, Kritisches zum Thema Krone zu äußern. Die Hälfte aller Unterhaus-Abgeordneten der Partei sollen allerdings republikanische Sympathien hegen; und selbst jeder zehnte Tory-Parlamentarier hat, wie es heißt, den Glauben an die Monarchie verloren.

Radikale Reform, raten weitsichtige Royalisten, wäre wohl in dieser Situation das wirkungsvollste Mittel zur Wahrung des Status quo. Bisher haben solche Ratschläge wenig Echo gefunden in einem Königshaus, das für die »radelnde Verwandtschaft« in den Niederlanden oder in Skandinavien beim besten Willen nur begrenzten Respekt aufbringen kann. Am Ende, muß man annehmen, werden die Parteien, wird ein beherzter Premierminister dem Buckingham eine entsprechende Reform verordnen müssen – wenn die Briten gewillt sind, die Staatskutsche ihrer Monarchie, nach so vielen Jahrhunderten, nicht in den republikanischen Graben rollen zu lassen.

MYLORDS – WIR WERDEN ABGESCHAFFT

»Politik«, meint Viscount Cranborne, »ist nicht nur eine Sache der Rationalität. Der Mensch ist schließlich kein vollkommen rationales Wesen.« Wäre er das, könnte er ohne den Glanz einer monarchistischen Verfassung auskommen. Und ohne die Glorie jener Adelskammer, in der Viscount Cranborne die Tory-Truppen befehligt. So aber, aus einer Art irrationaler Vernunft heraus, will zumindest der britische Mensch an seiner Adelskammer festhalten – findet Viscount Cranborne. Auf jeden Fall, stimmt ihm sein hochwohlgeborener Kollege, der Marquis von Reading, zu, gebe es gute Gründe, das britische Oberhaus zu erhalten: »Unser System des Erbadels ist es wert, daß man dafür kämpft. So eine Gemeinschaft verantwortungsbewußter und respektabler Männer und Frauen gibt es sonst nirgendwo.«

»Natürlich würde man die Sache heute anders angehen als zu der Zeit, in der das Oberhaus geschaffen wurde«, räumt Graf Kitchener von Khartoum und Broome ein. »Aber wir haben in unserem Land nun mal eine starke Tradition, das Beste aus der Vergangenheit zu bewahren. Und eine gewählte zweite Kammer würde die Dinge offenkundig durcheinanderbringen. Überdies wäre sie eine Rivalin fürs Unterhaus.« Die Aufregung im House of Lords gilt dem Plan Labours, dem Erbadel das Stimmrecht zu entziehen – ein erster Schritt in Labours Reform-Programm zur Generalüberholung der zweiten Kammer des britischen Parlaments. Ein Einschnitt ins politische Leben Großbritanniens wäre dies zweifellos. Der Erbadel nimmt noch immer fast zwei Drittel aller Oberhaussitze für sich in Anspruch. Das übrige Drittel sind sogenannte »Life Peers«, auf Lebenszeit ernannte und in den Adelsstand erhobene Personen, die nach Labours Programm ihr Amt zunächst einmal weiterversehen sollen.

Unter den Hunderten von Lords und Ladies im Oberhaus, die den Konservativen nahestehen, hat der Reformplan, wie zu erwarten, pikiertes Naserümpfen ausgelöst. Bei dem Dutzend progressiver Aristokraten, die blaues Blut mit der roten Labour-Rose zu vereinbaren wissen, teilt man hingegen die Ansicht, daß es Zeit sei, das britische System »zu transformieren« und der eigenen politischen Existenz ein Ende zu bereiten. Schon immer habe sich die Aristokratie »aus einer sehr engen sozialen Gruppe« rekrutiert, erklärt Lord Ponsonby of Shulbrede diese Position. Die Abschaffung ihrer Privilegien bilde einen »guten Start« für die notwendige Parlaments-Reform.

Der Tory-Erbadel, unter Viscount Cranborne, will sich indes nicht ohne gemessenen Protest aus der Welt schaffen lassen. Unter anderem werfen die Verteidiger des »vornehmsten Altersheims Großbritanniens« ihren Gegnern vor, kein klares Konzept für die Zukunft der zweiten Kammer zu haben. Auch in den Tory-Reihen gibt es allerdings Lords, die aus dem Paradox ihrer Lage keinen Hehl machen. »Es fällt mir schon schwer«, meint der Graf von Onslow, »eine Rechtfertigung dafür zu liefern, daß ich die britische Bevölkerung herumkommandieren darf, nur weil einer meiner Vorfahren George IV. bei Besäufnissen Gesellschaft leistete.«

SONNTAGS ZU SAINSBURY'S STATT IN DIE KIRCHE

Und was ist aus der berühmten Institution des britischen Sonntags geworden? Er ist dahin, der große Ruhetag der Nation. Fast lautlos, fast als müsse er sich schämen, hat er sich selbst zur ewigen Ruhe gelegt. Von Trauer aber, vom Gefühl eines schmerzlichen Verlusts im Lande ist nicht viel zu spüren: Zu sehr sind die Briten damit beschäftigt, die neugefundene Freiheit auszukosten, die ihnen dieser Wandel beschert hat. Vor allem die Chance zum sonntäglichen Einkauf, 1994 legalisiert, ist weithin begrüßt worden und wird weidlich ausgenutzt. Darüber hinaus darf man nun am Sonntag auch Weinlager anlegen, die Wettplätze bevölkern, Theater und Tanzveranstaltungen besuchen oder sich ganztags im Pub festsetzen. John Major hatte es seinen Landsleuten schließlich versprochen: Alles andere, hatte er gesagt, wäre »absurd, altmodisch und schlicht staatliche Bevormundung«.

Dem Kreuzzug Majors gegen »staatliche Bevormundung« sind die alten Sabbath-Regeln der Insel – das Gesetz zur Einhaltung des Sonntagsgebotes von 1781 und das Ladenschlußgesetz von

1950 – mit erstaunlicher Leichtigkeit gewichen. Die Kirche hat diesem Kreuzzug nichts entgegenzusetzen gehabt. Ohnmächtig schauen Englands Pfarrer dieser Tage über die Zäune ihrer verwaisenden Pfarreien. Eine neue Art sonntäglicher Völkerwanderung hat draußen, auf den Straßen, eingesetzt. Elf Millionen Briten, ein Fünftel der Bevölkerung, sind schon jetzt am »Tag des Herrn« mit Einkaufstüten unterwegs. Allein bei der Großhandelskette *Sainsbury's* kehren allsonntäglich 1,5 Millionen Menschen ein. Alle Filialen der Kirche von England zusammen bringen es bloß auf 1,1 Millionen. »Eher beim Shopping als beim Absingen von Kichenliedern« fänden die Briten neuerdings Trost, sinnierte jüngst der Londoner *Independent.* Kein Zweifel: Dies sind geschäftige Zeiten im Königreich, Zeiten radikaler Entfesselung von einer überlebten, einer religiös gestimmten Vergangenheit. Reglementierung, jedenfalls im wirtschaftlichen Bereich, hat keinen Platz mehr in der modernen britischen Gesellschaft. Kommerz, die neue Religion, ist Trumpf. Was dem Kommerz im Wege steht, wird beiseite geschoben. Den Konservativen ebenso wie der »neuen« Labour Party liegt nichts ferner als Konservierung, als die Bewahrung überkommener Lebensformen.

Die Ironie dieser Geschichte drängt sich auf. Allzugern nur träumte schon John Major, wenn er die eigene Heimat von der anderer Völker abzugrenzen suchte, von englischer Idylle, vom Sonntagsfrieden auf dem Lande. Zugleich drückte er im Unterhaus Gesetze durch, die den Bewohnern dieser Idylle glatt den Atem rauben mußten. Heute sind die englischen Landstraßen am Sonntag vielerorts schon so voll wie an Wochentagen. Lastwagen blockieren strategische Punkte. An den Ortsausgängen staut sich der Verkehr zu und von den Supermärkten. Kirchgänger, die einst gemächlich zur Andacht rollten, suchen vergebens nach Parkplätzen. Spaziergänger scheuen den gewohnten Rundgang. Auch Igel, Katzen und Kinder bleiben besser gleich daheim: sie finden sich sonst leicht, bevor das »Weekend« ausgestanden ist, platt auf dem Asphalt des betreffenden Stadtviertels wieder.

Angedeutet hat sich diese Entwicklung natürlich schon seit längerem. Schon in den fünfziger und sechziger Jahren büßte das Sonntagsgebot an Autorität arg ein. Schwindende Religiosität, sonntägliche Sportbegeisterung, ein neues Unterhaltungsbedürfnis und zunehmendes Konsuminteresse untergruben den Sabbath mehr und mehr. Ende der siebziger, Anfang der achtziger Jahre ignorierten Produzenten und Konsumenten bereits systematisch die gesetzlichen Regeln, die – so fanden die Händler – der Expansion eines gesunden Busineß ungesunde Grenzen zogen. In jenen Jahren manifestierte sich in Großbritannien das, was ein Chronist einmal »die wahrscheinlich größte Bewegung bürgerlichen Ungehorsams in unserer Geschichte« nannte. Die Geschäfte öffneten auch am Sonntag. Die Kundschaft kam. Der Staat wagte nicht einzuschreiten. Die Kapitulationsurkunde wurde dann von John Major unterzeichnet. Sechs Stunden jeden Sonntag dürfen inzwischen die Supermärkte ihre Tore öffnen. Den kleineren Geschäften sind überhaupt keine Grenzen gesetzt. Sunday, holy Sunday wurde zum Einkaufstag deklariert. Der Protest der Bischöfe verhallte ungehört. Die säkularen Verbände hüllten sich in Schweigen. Die beunruhigten Gewerkschaften besänftigte man mit Arbeitsplatzgarantien für die Beschäftigten der betroffenen Unternehmen. Mittlerweile sind auch die anderen großen Tabus des traditionellen Sonntagsgebots gebrochen, die letzten kommerziellen »Absurditäten« der englischen Geschichte bereinigt worden. Der öffentliche Griff zur Flasche beispielsweise ist nicht mehr, wie früher, auf die Mittags- und Abendstunden des Sonntags beschränkt: Supermärkte müssen nachmittags keine Gitter mehr vor ihre Alkoholregale stellen, Pubs die verehrte Kundschaft nicht mehr um 15 Uhr vor die Tür setzen. Auch theatralische Unterhaltung darf nun sonntags genossen werden – ein Vergnügen, das sich die Viktorianer stets strikt versagt hatten. Mehrere West-End-Theater in London haben bereits Sonntagsmatineen in ihre Programme aufgenommen. Die großen Pferde-Rennplätze des Königreichs wiederum haben mit Sonntags-Meetings begonnen und sich so eine neue Marktlücke eröffnet: früher waren Glücksspiel und Pferderennen sonntags streng verboten. Wer will, kann neuerdings, vor Ort oder in den Wettstuben überall im Lande, die wunderbare Vermehrung – oder Verminderung – seines Kapitals auch am Sabbath in Angriff nehmen. Von über einer Milliarde Mark zusätzlichem Profit sprechen die »Bookies«, die diese Gesetzesreform »lange schon für überfällig« hielten.

Was aber bleibt, nach diesen Reformen, vom traditionellen Ruhetag, von den gesetzlichen Bestimmungen zum besonderen Status des Sonntags auf der Insel? Die Bingo-Hallen dürfen erst nachmittags öffnen. Baulärm muß, nach Möglichkeit, vermieden werden. Lachs angeln und Wild schießen ist verboten, und auf dem Flüßchen Cam, bei Cambridge, ist Rudern untersagt. »Viel bleibt da nicht mehr zu deregulieren«, zuckt Michael Schluter, erfolgloser Sprecher der »Keep-Sunday-Special«-Kampagne, die Schultern. »Wir müssen uns überlegen, welchen Sinn unsere Kampagne noch hat.« Dabei ist es gerade erst zehn Jahre her, daß die Schluter-Lobby der damaligen Premierministerin Margaret Thatcher, die ähnliches plante, erfolgreich den Weg verstellte. Nun hat die Geschichte die »Sabbathianer« eingeholt. »Verbraucherinteresse«, klagt Schluter, »ist heute offenbar wichtiger als Familienleben.« Befürchtungen, daß das Ende des englischen Sonntags für die privaten Beziehungen nachteilige Wirkung haben werde, teilt Schluter mit Professor Cary Cooper, einem Beschäftigungspsychologen an der Universität Manchester. Der Zeitpunkt für eine Lockerung der Sonntags-Restriktionen hätte ungünstiger nicht sein können, meint Cooper: »Als Individuen der neunziger Jahre benötigen wir mehr Ruhe und Erholung als je zuvor. Aber so enorm ist das Tempo unseres zeitgenössischen Arbeitslebens, daß es vielen Leuten unmöglich geworden ist, am Wochenende abzuschalten.« Die Leute seien »unter der Woche so aufgedreht, daß sie am Sonntag auf den Stimulus Shopping nicht verzichten können«. Und nun auch Betting, Dancing, Drinking... »In zehn Jahren«, prophezeit Michael Schluter, »wird es zwischen dem Sonntag und den anderen Wochentagen keinen Unterschied mehr geben.«

Die meisten seiner Landsleute mögen darüber, wie gesagt, keine Träne vergießen. Einstweilen sind sie froh, einer nationalen Institution entronnen zu sein, die die Schriftstellerin Jean Rhys einmal als »ein immergleiches Gefühl, allüberall im Lande« charakterisiert hat: »Schwer, melancholisch, ein Stillstand der Zeit.« Über zuviel Stillstand kann sich nun jedenfalls, zwischen Rennbahn, Pub und Supermarkt, niemand mehr beklagen. Ob für Roastbeef, Themsespaziergang und Literaturseiten des *Observer* noch Zeit bleibt, muß sich erst zeigen.

Hier kommt er – der britische Bobby des 21. Jahrhunderts. Den schwarzen Helm, das gute Stück, hat er gegen einen flachen, mausgrauen eingetauscht, aus Hartplastik und Polystyrol, mit Lauschmuschel und eingebautem Mikrophon. Die Eleganz der Uniform ist einer kühlen, wasserabweisenden Zweckdienlichkeit gewichen. Die alten, klobigen Schuhe haben leichten, spurtstarken Stiefeln Platz gemacht. Am Gürtel hängt, außer dem obligatorischen Paar Handschellen, der neue Standard-Schlagstock amerikanischer Provenienz und im Bedarfsfall die CS-Sprayflasche.

Auf der Haut aber trägt der Bobby ein »Magic T-Shirt«, das ihn gegen Messerstiche und Revolverkugeln schützt. Verbrecherjagd, ein zupackenderer Job als bisher ist dem Insel-Polizisten zugedacht: Mit dem freundlichen Eckensteher der Vergangenheit, der Kinderköpfe tätschelte und Touristen an die Hand nahm, ist es nicht mehr getan. Private Firmen und Bürgerinitiativen können, als Hilfs-Sheriffs, die ungefährlichere Sicherheitsarbeit übernehmen. Wenn schon nicht als waschechte Robocops, nach Hollywood-Manier, dann wenigstens als »Action Men« (und Women) sollen die Ordnungshüter künftig in Erscheinung treten Für Sentimentalitäten und Zimperlichkeiten hat man keine Zeit.

Warnungen allerorten begleiten den absehbaren Rollenwechsel, wie auch die zunehmende Kommerzialisierung des Polizeigeschäfts. Londons Polizeipräsident Paul Condon würde am liebsten das traditionelle Image des Bobbies erhalten, sieht sich aber überstimmt. »Für Zeremonien« und »an repräsentativen Orten« wie dem Parlament und Downing Street, heißt es, bleibe die alte Uniform nebst schwarzem Glockenhelm erhalten. Ein paar Staffagen für die ausländischen Besucher: im Inland, wo es hart auf hart geht, wird ab 1998 aus- und umgemustert.

ES ÄCHZT UND STÖHNT DIE MUTTER DER PARLAMENTE

Was der katholische Pulververschwörer Guy Fawkes 1605 nicht vermochte, ist modernen Baukolonnen ein leichtes: Das britische Parlament, vermelden die Zeitungen, wankt in seinen Grundfesten. Zwei bis drei Millimeter ist das Unterhaus schon abgesunken, immer mehr Risse werden sichtbar in den alten Mauern, und Big Ben, der berühmte Glockenturm, beginnt bedenkliche Ermüdungserscheinungen zu zeigen – auch wenn sein Neigungsgrad noch nicht ganz dem des steinernen Vettern von Pisa entspricht. Mit Sorge verfolgen die Nation und ihre Parlamentarier, wie das wohl stolzeste Gebäude Großbritanniens, der Palast von Westminster, der Hort der Demokratie, die Wiege des westlichen Parlamentarismus, sich als alternde, stützbedürftige Institution erweist, die möglicherweise mit Beton untermauert werden muß, damit sie nicht in die Knie geht. Verantwortlich für die Sprünge und Absenkungen ist offenbar der Bau einer neuen U-Bahn-Linie und -Station – eine Ausweitung der »Jubilee Line« –; auch wenn *London Underground* die Ursache für die jüngsten Neigungstendenzen Big Bens lieber in »den Flutwellen der Themse« sehen möchte. Ob Themse oder »Tube«, das sinkende Niveau des britischen Parlaments, das neuerdings mit elektronischen Spürgeräten beobachtet wird, steht außer Frage. »Wenn man erst mal mit dem Buddeln anfängt, kann natürlich alles passieren«, meint der liberale Abgeordnete Simon Hughes, Mitglied des Büro- und Bau-Ausschusses des Unterhauses. »Wir werden die Entwicklung sehr genau im Auge behalten.« Auch Hughes muß indes einräumen, daß kein treffenderes Bild zu finden wäre für die gegenwärtige Krise des britischen Parlaments als das seiner physischen Untergrabung und Zerrüttung. Denn nicht nur das Fundament des Palastes, auch das Vertrauen in Westminsters politische Rolle ist arg ins Wanken geraten.

Bestechungsvorwürfe, Sexskandale, Regierungstricks und Interessenverflechtungen haben in den letzten Jahren den Namen des Palastes in den moralischen Sumpf gezerrt. Mangelhafte Aufklärung von Anschuldigungen, nachlässige Kontrolle des Kabinetts durch die Volksvertreter haben den guten Ruf des Parlaments beschädigt. Zusammen mit dem allgemeineren Verdacht, das Parlament habe an Macht, an Souveränität eingebüßt, plagen Westminster auch zunehmend Zweifel daran, ob das Räderwerk der parlamentarischen Arbeit, ob die Arbeitsweise der britischen Demokratie an der Schwelle zum 21. Jahrhundert noch den ihr gestellten Aufgaben gewachsen sei. Langjährige Beobachter der politischen Szene machen aus ihrer Ansicht keinen Hehl. Das Parlament, erklärt der *Independent*-Chefredakteur Andrew Marr, sei leider über die Jahre hin »inkompetent und irrelevant« geworden, was viele seiner zentralen Funktionen betreffe. Die »Spinnweben der Geschichte« hielten Westminster gefangen, meint die *Guardian*-Kolumnistin Suzanne Moore. Auch hochrangige Politiker teilen, beim Plausch über einer Tasse Tee, solche Bedenken. Nur wenige wagen es freilich so klar zu sagen wie der frühere Sprecher des Unterhauses, Lord Weatherill, der beispielsweise das parlamentarische Plenum des Palastes, die berühmte Unterhaus-Kammer, für »tot und weitgehend bedeutungslos« hält.

Einen Außenstehenden, der mit Bewunderung für das demokratische Erbe Britanniens aufgewachsen ist, muß diese bittere Einschätzung überraschen. Allein die architektonische Glorie des Gebäudes an der Themse zeitigt bis heute eine überwältigende Wirkung. Die ganz spezifische Verbindung aus historischer Größe und politischer Intimität, die Westminster charakterisiert, sucht ihresgleichen in der Welt. Vom stündlichen Glockenschlag Big Bens bis zum jährlichen Ritual der Parlamentseröffnung durch die Königin atmet der Platz Geschichte, rhythmische Vertrautheit: Zugleich stehen seine Volksvertreter, dank Mehrheits-Wahlrecht und Medien-Tradition, den von ihnen Vertretenen im wirklichen Leben näher als Parlamentarier vieler anderer Staaten ihrem Souverän. Und doch, auch das auf persönliche Repräsentation und ruhmreiche Rhetorik angelegte parlamentarische System Westminsters hat seine Mucken. Auch in den ehrwürdigen Korridoren der »Mutter aller Parlamente« ist nicht (mehr) alles Ebenholz, was vornehm schimmert. Zunehmend fragen sich die Briten, ob die Institution im Herzen der britischen Politik noch mithalten kann – im Prozeß der täglichen Gesetzgebung und bei der dringend nötigen Kontrolle der Exekutive.

Allein der legislative Auftrag, meinen Unterhaus-Experten, werde heute, in der teils altertümlichen, teils unkritischen »Gesetzgebungs-Fabrik« Westminsters, eher schlecht als recht erfüllt. »Zuviel Gesetzgebung und zu schlechte« produziere das Unterhaus, beanstandet der Herausgeber des Magazins *Political Quarterly*, der Labour-Abgeordnete Tony Wright. Westminsters legislative Maschinerie lasse es an »Verstand und Verständlichkeit« fehlen, bescheinigt die juristische Zunft des Landes den Parlamentariern: Häufig erschweren Fraktionszwänge, kuriose Prozeduren und mangelnde Information den zuständigen Ausschüssen die effiziente Prüfung von Gesetzesvorlagen. Auch mit der Aufsicht über die Regierungsarbeit hapert es nach allgemeiner Überzeugung. Von einer »erbarmungswürdigen Unfähigkeit des Unterhauses, von der Regierung Rechenschaft zu fordern«, spricht achselzuckend Tony Wright. Mit »zynischer Verachtung« manövrierten Minister, Staatssekretäre und hohe Staatsbeamte das Parlament wieder und wieder aus. Tatsächlich bestand in jüngster Zeit vor allem unter Konservativen wenig Drang danach, ministeriellen Verfehlungen auf die Spur zu kommen: 18 Jahre ununterbrochener Tory-Herrschaft haben zu einer parlamentarischen Kultur unguter Interessenverquickung, zu einer Politik der stummen Teilhaberschaft geführt. Unter dem wachsenden Druck der Selbstdarstellung – 1989 hielt das Fernsehen im britischen Parlament Einzug – hat sich zugleich der Zwang zu spektakulärem Punktesammeln, zu oberflächlicheren Konfrontationen verstärkt. An keiner Einrichtung ist dies so deutlich abzulesen wie an der »Fragestunde des Premierministers«, einem faszinierenden, jeweils 15minütigen Wortgefecht, bei dem der Regierungschef zweimal in der Woche – dienstags und donnerstags – dem Oppositionsführer und Abgeordneten aller Fraktionen Rede und Antwort steht. Im Ausland noch immer vielbewundert und oft imitiert, hat sich diese Institution am Urspungsort selbst, zum Leidwesen der älteren Generation britischer Politiker, in ein amüsantes rhetorisches Ritual ohne viel Informationswert gewandelt. Wer besser aussieht an der »Dispatch Box«, wer die kraftvolleren Hiebe landet, wer wen an Selbstsicherheit übertrifft – das zählt mittlerweile mehr als die Präzision der Frage und die Eleganz der Antwort bei »Prime Minister's Question Time«. Zu

KLEINER ZEITVERGLEICH: Wartungsarbeiten an der großen Uhr Big Ben in Westminster

einem Keulenschwingen sei das ehemalige Florettgefecht verkommen, klagt der frühere Labour-Premierminister Lord Callaghan. Ein »scheußliches Einander-Anbrüllen« sei die Fragestunde geworden, stimmt sein Tory-Vorgänger Sir Edward Heath bei. So sehr haben sich die Erwartungen, im Zeitalter des allgegenwärtigen Kamera-Auges, verändert, daß neuerdings beide Fraktionen beim Einzug ihrer Parteiführer in kollektiven Jubel ausbrechen: Die Image-Maker danken es, der Gladiatorenring läßt grüßen.

Wer aber will die Fragestunde reformieren? Tony Blair, der etliche parlamentarische Gepflogenheiten für »antiquiert« hält, hat den Übergang zu einer 30-Minuten-Sitzung, einmal pro Woche, vorgeschlagen und informativere Antworten auf sachlichere Fragen versprochen. Eine allzu scharfe Waffe aber will auch Labour dem konservativen Gegner nicht in die Hand geben. Bescheidene Reformansätze, was Arbeitszeiten und Arbeitsbedingungen der Parlamentarier angeht, hat es in letzter Zeit immerhin schon gegeben. Halbherzige Schritte aber, warnen Fachleute wie der Oxforder Dozent für Regierungsfragen, Vernon Bogdanor, könnten über den augenfälligen Niedergang der Popularität des Parlaments an der Themse nicht hinweghelfen. Nur radikale Maßnahmen, wie eine Reform des ganzen politischen Systems in Großbritannien, würden wieder zu einer »effizienten Volksvertretung« führen. Was Bogdanor im Sinn hat, ist eine Ablösung des faktischen Zweiparteiensystems, mit seinem eingebauten Konfrontationscharakter, durch ein »modernes, zeitgemäßes« Mehrparteiensystem mit Proporz-Wahlrecht nach kontinentalem Muster. Auch hier hat Labour, wie auch die Liberaldemokratische Partei, Sympathien gezeigt, sich aber noch nicht festlegen lassen. Derart grundlegende Veränderungen, die der Insel ein völlig neues Denken abverlangen würden, finden viele Abgeordnete noch bestürzender als das Absinken des Unterhauses in die U-Bahn-Schächte Westminsters.

»Sorgen Sie für ein Wunder, diesen Sonntag«, fordert das Plakat seine Leser auf. »Gehen Sie zur Kirche.« Ein anderes Plakat verspricht »Seelenheilung, während Sie warten«.

Beide Poster sind einstweilen nur Reißbrettideen – Werbemuster, die von englischen Werbeagenturen im Auftrag der Kirche von England erdacht worden sind. Doch schon die Auftragsvergabe und die Entscheidung der Anglikaner, daß Werbung für die Kirche »kein ethisches Problem mehr« darstelle, sind bezeichnend für das Umdenken, das in der englischen Staatskirche zur Zeit stattfindet. Mit der Verbreitung einer Art von Firmen-Logo – einem modernen Kirchensymbol »in warmem bischöflichem Violett« – hat man in diesem Jahr schon einmal angefangen: entwickelt in zweijähriger Arbeit von der Werbeagentur *Jenkins Group* in Westminster, die sonst säkulare Großunternehmen wie *W. H. Smith* und *Marks & Spencer* berät. Eigenwerbung ist der englischen Staatskirche zur Notwendigkeit geworden. »Die Kirche ist eine von Tausenden von Körperschaften, die auf dem Medienmarkt miteinander um Beachtung ringen«, erklärt Reverend Eric Shegog, der Marketingchef der Anglikaner. »Uns bleibt keine andere Wahl, als das möglichst effizient anzugehen.« In offenkundiger Sorge, im Strudel der gesellschaftlichen Entwicklungen unterzugehen, sucht die Kirche von England nach neuen Wegen der Selbstdarstellung. Die Traditionalisten finden solche »Selbstvermarktung« zwar abstoßend und skandalös. George Carey aber, der als Erzbischof von Canterbury ranghöchste Kirchenfürst, hat dieser neuen Strategie seinen Segen gegeben.

Die Sorge Careys ist verständlich. Die Staatskirche (deren Oberhaupt die Königin von England ist) sieht sich in einer prekären Lage. Dem Rückgang der Zahl der Gläubigen im Lande entspricht eine alarmierende Abnahme des Priester-Nachwuchses, jüngst in einem kircheneigenen Bericht beklagt. Um die Jahrtausendwende, prophezeit der Bericht, werde für ein Drittel aller Gemeinden kein Gemeindepfarrer mehr zur Verfügung stehen. Drei theologische Seminare in England haben wegen mangelnden Interesses bereits ihre Tore geschlossen, anderen steht die Schließung bevor. Und auch die Freigabe der Frauen-Ordination,

1992 nach Jahren bitterer Kontroverse erkämpft, hat die erwarteten Verluste nicht, wie erhofft, wettmachen können. Zumindest machen sich die Kirchenleute keine Illusionen mehr über ihre mißliche Lage. Die Schlacht um die Frauen-Ordination, der Gegensatz zwischen Traditionalisten und Evangelikalen und eine Periode finanzieller Mißwirtschaft haben der Kirche in den letzten Jahren zugesetzt. Von den Regierenden in wichtigen Fragen wie der der sonntäglichen Ladenöffnung übergangen, müssen die Anglikaner sich überdies mit Zweifeln über ihren Status als Staatskirche, über den Sinn einer weiteren Koppelung von Kirche und Staat herumschlagen.

Von Kirchenschließungen, von einer »Ausdünnung« der kirchlichen Präsenz vor allem auf dem Lande ist derzeit in Canterbury viel die Rede. Mit »Teilzeit-Geistlichen« und verstärktem Einsatz von Laien will man, so gut es geht, über die Runden kommen. Künftig würde, wenn diese Pläne umgesetzt wären, der Job der »Seelenheilung« nicht mehr dem lebenslangen Gemeindepfarrer obliegen, sondern mobilen Reise-Priestern mit befristeten Verträgen. Im übrigen betet man weiter für das besagte Wunder.

NACHRUF AUF EINE STRASSE

Hier soll von einer Straße Abschied genommen werden. Londons Fleet Street, die berühmteste Zeitungsstraße der Welt, hat ihre historische »Deadline« erreicht. Das unverwechselbare Viertel zwischen Strand und St.-Paul's-Kathedrale ist nur dem Namen nach noch ein Stück britische Zeitgeschichte: In Fleet Street wird heute keine einzige Zeitung mehr produziert. Gewiß, die Häuser, die Geschichte machten und Geschichten erzählen könnten, sind noch da. Doch Schlagzeilen, spektakuläre Titelseiten werden hier nicht mehr fabriziert. Im Gebäude des *Daily Telegraph*, das mit seiner ägytisch-imperialen Fassade und seiner imposanten Uhr immer so etwas wie der optische Angelpunkt der Straße war, residiert nun die US-Finanzfirma *Goldman Sachs*. Leer, geradezu vorwurfsvoll, hängen die alten Anschlagtafeln als nutzloses Dekor an der Frontseite des Hauses. Der dunkel-verglaste *Express*, nur ein paar Schritte weiter, ein nicht weniger markantes, von seinen Ex-Insassen gern als »schwarze Lubianka der Fleet Street« verspottetes Bauwerk, wird gerade umgebaut, in Büro- und Geschäftseinheiten. Wo früher die *Times* und die *Financial Times*, die *Evening News* und der *Observer* gedruckt wurden, haben sich Banken und Versicherungsgesellschaften, französische Finanzhäuser und japanische Konzerne eingenistet.

Das große Geld hat die großen Sensationen abgelöst. In den mächtigen Schalterhallen werden keine Kleinanzeigen mehr aufgenommen. Keine rasenden Reporter stolpern, aus irgendwelchen Fleet-Street-Pubs kommend, die Treppen zu den Redaktionsräumen hinauf. Keine Lastwagen fahren mehr vor an den grünen Ladeluken der *Daily Mail*, wo einst in den Nacht- und frühen Morgenstunden Tausende und Abertausende von Zeitungsbündeln über die Rampen gingen, im Stimmengewirr der Fahrer und Verlade-Arbeiter, in der von Druckerschwärze und heißem Kaffee dampfenden Fleet-Street-Morgenluft. Vorbei ist es mit Fleet Street – mit der »Street of Ink«, der Tintenstraße, oder, abfälliger, der »Street of Shame«, der Straße der Schande, wie das Satiremagazin *Private Eye* den Londoner Zeitungsbezirk einmal getauft hat. Seit der Verlags-Tycoon Rupert Murdoch 1986 seine britischen Titel, darunter die von ihrer glorreichen Vergangenheit zehrende *Times*, in einem Überraschungscoup in den Ost-Londoner Stadtteil Wapping auslagerte, sind ihm die übrigen Verleger rasch gefolgt. *Telegraph* und *Express*, *Mail* und *Standard*, *Guardian*, *Observer* und *Financial Times* werden nun sämtlich in hochmodernen Druckhäusern, in mondänen Glasbauten und High-Tech-Festungen fern von Fleet Street hergestellt, vor allem im Industrie-Entwicklungsgelände des Londoner Hafens, in den Docklands.

In Fleet Street hat man die Bleisätze und die alten Druckwalzen abmontiert und ins Museum verfrachtet – oder in die Dritte Welt verkauft. In den neuen Werken wird – sauber, lautlos und ein wenig steril – mit Fotosatz, mit Computern gearbeitet. Die Redaktionen, früher in Fleet Street Tür an Tür, sind nun über halb London verstreut. Die Koppelung von Verlag, Redaktion und Technik im gleichen Gebäude, ein Charakteristikum der »Street of Ink«, ist durch die neuen Möglichkeiten der Zeitungsherstellung überflüssig geworden und in den meisten Fällen unverzüglich aufgelöst worden. Beschleunigt wurde der Prozeß durch den astronomischen Anstieg der Grundstückspreise in der Londoner City in den achtziger Jahren, der kaum einen Verleger kaltlassen konnte. Als Banken, Versicherungen und Exportfirmen begannen, Interesse an den alten, zentral gelegenen Zeitungsburgen im Fleet-Street-Stadtteil Whitefriars zu zeigen und einander im Wettlauf um günstige Positionen überboten, war der Auszug der Presse aus den angestammten Quartieren beschlossene Sache.

Der Verkauf der historischen Straße an die internationale Finanzwelt markierte das traurige Ende nicht nur eines der bekanntesten und charakteristischsten Viertel der britischen Metropole, sondern auch des letzten großen, lokal verwurzelten industriellen Gewerbes der Londoner Innenstadt. Die Drucker von Fleet Street ereilte, mit einiger historischer Verspätung, dasselbe Schicksal wie die Weber von Spitalfields, die Uhrmacher von Clerkenwell und die Tischler von Shoreditch. Auf eine ebenso lange und distinguierte Tradition wie diese Berufszweige konnte Fleet Streets Druckereigewerbe ohne weiteres zurückblicken. Fast 500 Jahre ist es immerhin her, daß die ersten Buchdrucker sich in der Fleet-Street-Gegend niederließen; und schon vor dieser Zeit war das Gebiet eine zentrale Lokalität für Buchhalter und Schreiber aller Art. Als wichtige Durchgangsstelle zwischen Königlichem Palast, Gerichtshöfen und Kirchenquartieren im Westen und der Geschäftswelt der City im Osten war Fleet Street nämlich von alters her der ideale Platz zum Austausch und zum Sammeln von Informationen, die durch London gingen. Die naheliegenden Klöster begünstigten dabei Schriftkunst und Belesenheit ebenso, wie das Interesse der Gerichtsbarkeit an konkreter Dokumentation die Institution der käuflichen Niederschrift förderte.

Von diesem mittelalterlichen Gewerbe bis zur Herausgabe moderner Tageszeitungen in Vielfarbdruck und Millionenauflage war es natürlich ein weiter Weg. Im 16. und 17. Jahrhundert breiteten sich, nach Ankunft der ersten Drucker, kleine Buchhandlungen und Verlage westlich der St.-Paul's-Kathedrale aus. Zeitungen im heutigen Sinne gab es damals noch nicht: Als 1702 nahe der Fleet Street, beim Ludgate Circus, mit dem *Daily Courant* erstmals in der britischen Geschichte eine Art gedruckte Tagesinformation erschien, handelte es sich eher um ein bescheidenes Flugblatt, um ein wenig einträgliches Nebenprodukt bedeutenderer gewerblicher Drucktätigkeiten. Erst Anfang des 19. Jahrhunderts kam, mit der Erfindung der Zylinderpressen und des Dampfantriebs, industrielles Leben ins Druckergewerbe. Die *Times*, 1785 gegründet, war im November 1814 die erste Zeitung, die die neue, fortschrittliche Drucktechnik übernahm. Andere Blätter folgten ihr. Druck- und Dampfmaschinen hielten Einzug in die kleinen Hinterhöfe, Werkstätten und Keller der Fleet Street. Eine qualvolle und oft gefährliche Enge war die Folge, mit ohrenbetäubendem Maschinenlärm und mit katastrophalen Arbeitsbedingungen. Berichte aus jener Zeit zeugen von der Überforderung der alten Fleet Street durch diese Ankunft der industriellen Revolution in London. Ein Besucher der *Times* etwa wunderte sich noch Mitte des letzten Jahrhunderts darüber, daß »eine so bedeutende und mächtige Institution so kümmerlich untergebracht sein sollte«. Ein Mitarbeiter der *Evening News* klagte über das hohe Alter und die Verschmutzung der Gebäude: »Oft fielen, während wir an der Arbeit waren, Kakerlaken von der Decke in unsere Bücher. Wir pflegten sie mit unseren Federn aufzuspießen.« Der Redakteur einer kleinen Sportzeitschrift sah seine Situation weniger humorvoll: »Jedesmal wenn die Druckmaschinen anliefen und die rasch steigende Auflage neue, noch drastischere Anforderungen an die Maschinerie stellte, begann das ganze Gebäude zu beben und zu wackeln.«

Daß Auflagen und Anforderungen stiegen, hing außer mit der Revolutionierung der Drucktechnik auch mit anderen Entwicklungen in der zweiten Hälfte des 19. Jahrhunderts zusammen. Die Abschaffung der Zeitungssteuer 1855 und der rapide Fall der Papierpreise nach 1870 machten das Produkt Zeitung erheblich billiger. Die Zunahme der städtischen Bevölkerung in Großbritannien und des allgemeinen Interesses an Nachrichten vergrößerte das Kundenpotential. Die Einführung der Telegraphie in der Nachrichtenübermittlung, die Gründung der *Press Association*, die Übersiedlung der ursprünglich deutschen Nachrichten-Agentur *Reuters* nach London (ihr Hauptquartier befindet sich noch heute in Fleet Street) trugen zu größerer Aktualität und Attraktivität der Presse bei. Auch der Zeitungsvertrieb wurde in jenen Jahren revolutioniert – mittels zentraler Verpackung und Versendung durch die Firma *W. H. Smith* (noch heute Britanniens größte Papierwaren-Kette) sowie eines sich rasch ausweitenden Eisenbahnnetzes, das die Beförderung der Londoner Presse in die Provinz entscheidend erleichterte. Noch vor der Jahrhundertwende erlebte das britische Zeitungsgewerbe so eine geradezu sensationelle Expansion und schuf sich, rund um Fleet Street, eine eigene architektonische, technologische und journalistische Welt, wie sie in Grundzügen fast hundert Jahre lang, bis zum jetzigen letzten Farewell, erhalten blieb. Repräsentative Verlagsgebäude ersetzten in dieser Zeit die alten Buchdrucker-Werkstätten. Die großen Zeitungsnamen und der Einfluß ihrer Eigner etablierten sich im Bewußtsein der Nation. Fleet Street wurde zum Synonym für Pressemacht. Städtebauliche Reformen ermöglichten den Verlegern die räumliche Expansion im Fleet-Street-Viertel und verhinderten eine vorzeitige Auflösung der Branche. Neuland wurde zur Bebauung freigegeben, Straßen wurden erweitert, die Uferbefestigung der Themse, das »Embankment«, wurde ausgebaut. Eisenbahn und U-Bahn eröffneten neue Transportwege. Moderne Wasser- und Gasleitungen verbesserten die Infrastruktur. Die hundertjährige Blütezeit der Fleet-Street-Presse, die dieser Umwälzung folgte, ging einher mit einer stolzen und spezifischen Erscheinungsform des britischen Kapitalismus, die bis heute in London lebhafte Erinnerungen wachruft: dem Aufstieg kleiner, geschäftstüchtiger Publizisten zu Pressebaronen mit enormem Einfluß – und dem legendären Einfluß der Gewerkschaften in den Zeitungshäusern, deren Betriebsgruppen, die »chapels« (Kapellen), das Management der Zeitungsproduktion weitgehend in Händen hielten, bis in die tumultuösen achtziger Jahre hinein.

Drucker und Setzer waren indes nicht die einzigen, die das Ende der »Street of Ink« betrauerten. Recht wehmütig schauen heute auch Londons Journalisten auf jene Vergangenheit zurück, die ihnen eine eigene, quirlige, intime Kultur auf engstem Raume verschaffte. »Wir Journalisten«, meint der ehemalige *Express*-Mann Christopher Wilson, »sind ja eh sentimentale Zeitgenossen. Über den Tod Fleet Streets kommen wir nicht so leicht hinweg. Fleet Street war ein Dorf voller Kameraderie. Es war ein Dorf mit dem herrlichsten Klatsch und Tratsch der Welt.« Als sozialer

Raum, als ein flexibles Netzwerk von Arbeitsplätzen und Kontakten, als eine unablässig sprudelnde Informationsquelle war Fleet Street der schreibenden Zunft Inspiration und äußerer Halt, über viele Jahrzehnte hinweg. An der Quelle, im wörtlichen Sinne, traf man sich zum Bereden aller interessanten Ereignisse, vor oder nach Redaktionsschluß. Jede Zeitung, jede Redaktion hatte dabei ihr eigenes Pub – im »Harrow« trafen sich die Journalisten der *Daily Mail*, im »Kings and Keys« die des *Telegraph*, im »Poppins« die des *Express*.

Diese Kneipen aber, will man den Beteuerungen ihrer Besucher glauben, waren nicht bloß alkoholische Umschlagplätze. Dem sensiblen Wortkünstler der Fleet Street war sein »local«, in der Beschreibung des *Observer*-Journalisten Peter Corrigan, »eine Oase, eine Pflege- und Intensivstation, ein Massagesalon fürs liebe Ego, eine Geldleihanstalt, eine Wechselstube und ein Arbeitsamt zugleich«. Für manche Kollegen, meint Corrigan, sei das Pub »eine Heimat fern der Heimat« gewesen; für andere »eine Druckausgleichkammer zwischen Redaktionsstube und Londoner Vorstadt«. Der satirische Inbegriff des rotnasigen Fleet-Street-Reporters, »Lunchtime O'Booze« (etwa: Meister Mittagssäufer), kommt jedenfalls nicht von ungefähr. Im »Cheshire Cheese«, dem eindrucksvollsten und wohl auch berühmtesten aller Fleet-Street-Pubs, in dem schon Charles Dickens und Dr. Johnson, Mark Twain und William Butler Yeats sich um einer flüssigen Sprache willen die Kehle netzten, trauert mittlerweile das Personal der zwangsumgesiedelten, trinkfesten und schreiblustigen Kundschaft aus den Pressehäusern nach. »Unsere Journalisten pflegten sich hier tagelang häuslich einzurichten«, erinnert sich Kellner Alan Lewis. »Die haben das Pub als ihr Büro benutzt und hier sogar Telefonanrufe entgegengenommen.« Heute, bedauern Lewis und seine Kollegen, seien die Fleet-Street-Pubs von jungen City-Gents bevölkert, die entweder Mineralwasser tränken oder nach zwei dünnen Bieren gleich überschnappten und ausfällig würden: »Die alten Charaktere gibt's nicht mehr.«

In der Tat erlebt Fleet Street seit dem Abzug der Zeitungen auch einen Stilwandel, der mit der etappenweisen Übernahme des Viertels durch Geschäftswelt und Tourismus zu tun hat. Die neuen, adretten Sockenläden und Seidenwäsche-Shops, die zu einem Kennzeichen der Londoner City in den achtziger Jahren geworden sind, tauchen jetzt auch in Fleet Street auf. Modische Sonnenbrillen und mobile Telefone stehen zum Verkauf. Sandwich-Buden und kleine Kioske müssen ums Überleben kämpfen. »Scruffy Murphy« sieht sich von »Prêt à manger« herausgefordert. Fleet Street beginnt, eine City-Straße wie viele andere zu werden. In der Tat kann wohl keine nostalgische Aktion, keine Konservierungs-Maßnahme darüber hinwegtäuschen, daß mit dem Abzug der Zeitungen auch die besondere, historisch einmalige Form des Fleet-Street-Lebens notwendig zu einem Ende gekommen ist. In den neuen, feinen Weinlokalen der Fleet Street, in denen die Finanzwelt speist, würden nach einem Bonmot der Fleet-Street-Zunft die Erben der ursprünglichen Tradition dieser Straße, diese mosernden, betrunkenen, kaputten und gelegentlich genialen Zeitungsschreiber, schlicht »weder zum Dekor noch zur Kundschaft passen«.

TIPS FÜR DEN STRIPPENLOSEN ZEITGENOSSEN

Neue Technologie bringt, natürlich, auch neue Fragen zur Etikette. So hat der revolutionäre Durchbruch der vom Netze befreiten Kommunikation die Nation vor ein schwieriges Problem gestellt: Was schickt sich für den strippenlosen Zeitgenossen? Wie kann der moderne Brite sein Bedürfnis nach freiem Nachrichten-Verkehr befriedigen, ohne bei seinen zurückgebliebenen Mitbürgern Anstoß zu erregen? Die Frage drängt sich auf, denn der Konflikt zwischen Anhängern und Gegnern der neuen Technologie auf der Insel nimmt stetig an Intensität zu. In den achtziger Jahren war das noch einfacher. Der Yuppie, der Geschäftsmann mit dem mobilen Telefon, war damals noch eine Neuheit, eine Kuriosität. Wenn auf der Straße oder im Bus plötzlich ein Telefon klingelte, sah man sich amüsiert um. Wenn bei einer Theaterveranstaltung eine Fracktasche dringlich zu summen anfing, bekam deren Eigentümer einen roten Kopf. Wenn auf dem Tennisplatz ein bronzener Apoll alle zehn Minuten sein Spiel unterbrach, um an das am Spielfeldrand abgelegte Telefon zu eilen, konnte man den »Sportsfreund« als einen Exzentriker abtun – oder ihn wegen seiner offenkundigen Erreichbarkeits-Neurose bemitleiden. Heute aber, in der zweiten Hälfte der neunziger Jahre, sieht die Sache anders aus. Mittlerweile verfügt schon jeder zwanzigste Brite über ein mobiles Telefon. Die großen Telefon-Gesellschaften schlagen sich mit der Keule unglaublicher Angebote um den neuen, lukrativen Markt. Das US-amerikanische Vorbild und die Impulse der Thatcher-Ära haben den Aufschwung der mobilen Gerätschaften wesentlich beschleunigt. Allenthalben klingelt es irgendwo, im Wartesaal des Arztes, in der Schlange im Postamt, im Zugabteil, auf Konferenzen. Die drahtlose Kommunikation ist nicht nur en vogue, sondern schon allgegenwärtig. Es gibt kein Entkommen mehr vor ihr, keinen Fluchtweg aus der Mitte ihrer begeisterten Anhänger, die ihre Sprechapparate so stolz und griffbereit mit sich tragen wie einst im Wilden Westen die Cowboys ihre Colts, und die für Festanschlüsse nur ein müdes Lächeln übrig haben: Was sind Festanschlüsse denn anderes als belächelnswerte Fossilien einer technologischen Steinzeit?

Zehn Millionen mobile Teilnehmer in Britannien sagt die Branche fürs Jahr 2000 voraus. Weil das aber ganz neue soziokulturelle Bedingungen schafft auf der Insel, machen sich verantwortungsbewußte Telefon-Firmen bereits Gedanken über die gesellschaftlichen Folgen ihrer cleveren kleinen Produkte. Das Unternehmen *Cellnet* etwa hat ein Brevier herausgegeben, das der verehrten Kundschaft ein paar Benimmregeln für das Verhalten in diversen Alltagssituationen vorlegt. Im Theater oder im Kino beispielsweise, rät das Büchlein, sei es am besten, den Apparat rechtzeitig zu Beginn der Vorführung abzuschalten. Auch in Restaurants empfehle sich Zurückhaltung, wiewohl die Klagen über Störungen der Kerzenlicht-Romantik gewisser Gaststätten weit übertrieben seien. Bei der Bahn hingegen sei das mobile Telefon längst akzeptiertes Arbeitsutensil geworden: »Während der Zug leichthin durch die Landschaft rollt, melden sich unsere Telefone mit sanftem Laut, und der Geschäftsmann kann mit seinen Bürokollegen Verkaufszahlen besprechen, die Finanzplanung überprüfen oder das Fußballspiel vom Vorabend noch einmal durchgehen.«

Im übrigen geht das *Cellnet*-Brevier davon aus, daß sich die Benutzer mobiler Telefone eh in Umgebungen aufhalten, die ihrem Status angemessen sind und in denen sie auf Gleichgesinnte stoßen – in Cafés kontinentalen Stils, in Sushi-Bars, in Bistros, bei Dinner-Parties oder, sei's Ascot, sei's Wimbledon, im elegant-gestreiften Cocktail-Zelt der High Society. Sollte sich ein Kunde aber einmal in die proletarischen Niederungen eines Pubs verirren, so rät ihm *Cellnet*, das Gerät umgehend abzuschalten: Man wisse ja nicht, wie die Neandertaler am Tresen auf den Fortschritt des mobilen Ferngesprächs reagieren mögen. Im Shopping Centre dagegen, beim Kauf seiner Austern und seines Champagners, solle sich der *Cellnet*-Besitzer von den neidvollen Blicken seiner Zeitgenossen keineswegs davon abhalten lassen, per Telefon mit zu Hause die Warenlage zu besprechen. Pech für die Neider: »Diese Leute warten doch nur darauf, daß ihnen die Verkäuferin an der Kasse mit dem Wechselgeld ein Zehn-Pence-Stück gibt, damit sie sich in die Schlange vor dem Münztelefon einreihen können.« Auf der Straße wiederum, so *Cellnet*, empfehle es sich, beim Klingeln des Telefons nicht mitten auf dem Bürgersteig stehenzubleiben, sondern für das Gespräch einen geschützten Platz, ein bißchen improvisierte Privatsphäre zu finden.

Was der Ratgeber nicht enthüllt, ist freilich den Ort, an den sich auf der Straße angeläutete Trendsetter nach einschlägiger Erfahrung am liebsten zurückziehen. Nicht Hauseingang oder Bushaltestelle nämlich sind des hastenden Geschäftsmannes favorisierte Zufluchtsorte – sondern die öffentlichen Telefonzellen. In deren stationärer Glashaut läßt sich, Mobilität hin oder her, halt immer noch am privatesten telefonieren.

4:

ENDE EINES EMPIRE

Ein Streifzug nach Sonnenuntergang

BRITANNIAS LETZTE FAHRT

Als die königliche Jacht Britannia im Januar 1997 zu ihrer letzten großen Reise in See stach, standen nur wenige Zuschauer am Kai in Portsmouth, um ihr zum Abschied zuzuwinken. Keine Fahnen wurden geschwenkt, keine Reden wurden gehalten: es war ein karger Rahmen für einen so symbolträchtigen Akt der britischen Geschichte.

Immerhin machte die Britannia sich auf den Weg, den Gouverneur von Hongkong heimzuholen, anläßlich der Übergabe der Kronkolonie an China am 1. Juli 1997: Ihre letzte große Fahrt galt dem Abschied vom letzten großen Stück des britischen Empire. Sie markierte das Ende einer Epoche, das die britische Geschichte – und die Weltgeschichte – entscheidend mitgeformt hatte. Nach dieser Reise, wußten die Beteiligten, würde nichts mehr sein, wie es einmal war. Die *Britannia* würde ausgemustert werden. Das britische Empire wäre Geschichte. Der letzte Hongkong-Gouverneur Chris Patten würde, mit Prinz Charles an seiner Seite, heimkehren zu einer Nation, die sich in ihrem Weltverständnis und in ihrem politischen Denken neu würde orientieren müssen – ohne die imperialen Stützpfeiler der Vergangenheit. Ein halbes Jahrhundert – von der indischen Unabhängigkeit 1947 bis zur Übergabe Hongkongs 1997 – hat die Auflösung des Riesenreiches gedauert, das die Briten sich schufen, in einer anderen

Zeit. Die Auflösung der Mentalität, die das Empire dem Königreich beschert hatte, würde noch länger dauern, weit über 1997 hinaus. Solche Gedanken mögen dem Kapitän der Britannia durch den Kopf gegangen sein, als er an jenem grauen Januarmorgen in See stach, um durchs Mittelmeer, den Persischen Golf und den Indischen Ozean nach Fernost zu dampfen, zu seinem Rendezvous mit der Geschichte in Hongkong. Die Bordkapelle spielte auf, in Portsmouth, die Mannschaft salutierte, säuberlich aufgereiht, und auf der Brücke lagen die Pläne aus für all die Zwischenstationen, die die »Britannia« anlaufen sollte, von Kuwait bis Manila, um für die britische Wirtschaft gut Wetter zu machen. »Goodbye Britannia«, rief eine Londoner Zeitung dem schwindenden Schiff nach. »Und nicht einmal ein Sonnenuntergang, in den sie segeln könnte.«

ABSCHIED VON HONGKONG

So einfach ist es gar nicht, Queen Victoria zu finden, in Hongkong. Am Statue Square mitten im Stadtzentrum, wo sie früher thronte, sucht man die Königin der kolonialen Glanzzeit Großbritanniens vergebens. Abseits des städtischen Getriebes hat man sie abgestellt, in einer Parkecke von Causeway Bay, ziemlich im Osten, wohin man sich erst durchfragen muß – nicht weit von der U-Bahn-Station Tin Hau entfernt und einem kleinen chinesischen Blumenmarkt. Sehr glücklich sieht sie nicht aus, dort in ihrer Ecke. Ihr bronzener Blick fällt auf die Balkons eines Wohnblocks, auf denen bunte Wäsche zum Trocknen aushängt. Mit den Kindern des Viertels, die zu ihren Füßen spielen und lachen, verbindet sie nichts. Hongkong aber, dem Moloch, der einmal die »Perle des Orients« war im britischen Diadem, hat sie den Rücken zugekehrt, für immer. Vielleicht ist es auch besser so. Wahrscheinlich würde sie gar nicht sehen wollen, wie das fernöstliche Kleinod ihres Reiches für die Übergabe präpariert worden ist, für eine Zukunft ohne Krönchen, ohne das Löwen- und Drachen-Wappen seiner fabelhaften Vergangenheit.

Denn es ist Zeit zum Abschiednehmen in der Kronkolonie. Victorias stolzes Stückchen China geht seiner Wege. In diesem Sommer, mit der feierlichen Übergabe durch seine britischen Herren an seine neuen (und alten) chinesischen, kehrt Hongkong zurück ins »Reich der Mitte«. Am 1. Juli 1997 ist der 99jährige Pachtvertrag für Hongkongs »Neue Territorien« ausgelaufen und mit ihm die Geschichte Hongkongs als britische Besitzung, die immerhin 156 Jahre zurückreicht. Vor so langer Zeit nämlich, im Jahr 1841, nahm Kapitän Charles Elliot die »öde Insel« im Südchinesischen Meer, die später zur unglaublichsten Stadt der Erde werden sollte, für die Handelsschiffe Ihrer Britannischen Majestät, Königin Victoria, in Beschlag. Im Jahr darauf, 1842, trat China Hongkong im Vertrag von Nanking »für alle Zeiten« an Großbritannien ab. 1860 erweiterten die Briten ihren Besitz um Kowloon, den Festlandzipfel gegenüber ihrer Insel-Kolonie. 1898 aber, bei der Eingliederung der hinter Kowloon liegenden »New Territories«, stimmten sie, etwas kurzsichtig, einem 99-Jahres-Pachtvertrag für diese Gebiete zu. Da aber die Hongkong-Insel ohne Kowloon und die »New Territories«, ohne seine Verbindungen zu Festland-China, nicht existieren kann, fällt mit dem Ablauf dieses Pachtvertrags der gesamte Besitz mit seinen 1070 Quadratkilometern und sechs Millionen Menschen an China zurück. Die Erbin jenes Kaiserreichs, dem das Gebiet von Hongkong einst entrissen wurde, die Volksrepublik China, übernimmt das geldstrotzende Wolkenkratzer-Konglomerat im Süden in eigener Regie, wiewohl sie Hongkong für die nächsten 50 Jahre den Status einer »Besonderen Verwaltungs-Region« mit einer gewissen wirtschaftlichen Bewegungsfreiheit versprochen hat.

Der Drache trennt sich also vom Löwen. Was für China ein Experiment von historischen Dimensionen sein wird, ist für Britannien das Ende der außerordentlichsten Epoche seiner Geschichte. Mit dem Abgang der Kronkolonie ist die britische Kolonialzeit endgültig zu Grabe getragen worden. Nach der Rückgabe Hongkongs an China wird, was an Inselchen und kleinen Ländereien vom Weltreich übrig ist, keine 170000 Menschen mehr umfassen – nicht einmal eine Stadt von der Größe Brightons. Während die Bedeutung dieses Abschieds erst noch in die Tiefen der britischen Seele einsinken muß, ist man in den letzten Jahren in Hongkong eifrig dabei gewesen, die Spuren der britischen Geschichte zu tilgen, wo es ging. Mit einem Programm für umgerechnet drei Millionen Mark hat sich Hongkong für eine reibungslose Übernahme durch Peking in Szene gesetzt. Längst hat die »Königliche Polizeistreitkraft von Hongkong« nicht nur das »Königlich« aus ihrem Namen gestrichen, sondern auch die alten royalen Embleme durch neue, unverfänglichere ersetzt. Paßstempel weisen in der Übergangszeit statt Löwen und Drachen nurmehr das Wort »Hongkong« in englischer und chinesischer Schrift auf. Von den Münzen ist das Gesicht der Königin verschwunden, und Briefmarken zeigen, statt dem Konterfei der Queen, seit Januar 1997 die »neutralere« Skyline der Stadt. In Vorbereitung auf die Übernahme haben viele Verbände bereits ihre ehedem königlich-britische Schirmherrin gegen einen chinesisch-präsidentiellen Schirmherrn eingetauscht. Vom »Königlichen Observatorium« bis zum »Königlichen Golf-Club« Hongkongs hat sich alles beeilt, das anstößige Adjektiv loszuwerden. Nur der »Königliche Jacht-Club Hongkongs« lehnte sich, in zwei vielbeachteten Abstimmungen, gegen einen Namenswechsel auf. »Wenn wir heute, wie die anderen Angsthasen, das Royale aus unserem Namen streichen«, erklärte der königstreue Rebell und Regierungsbeamte Ian Dubin den Widerstand, »dann werden sie uns morgen das Tragen von Unterhosen in Union-Jack-Farben verbieten.« Der Kommodore des Jacht-Clubs, ein Polizeibeamter namens Tony Scott, ist da anderer Ansicht. »Das Royale ist ein teurer Anachronismus. Wandel ist unvermeidlich. Ihn blockieren zu wollen hat keinen Sinn.«

In der Tat glaubt unter den 25000 Briten in Hongkong kaum einer, daß viele Zeichen der Kolonialvergangenheit Bestand haben werden, im Prozeß der Einvernahme Hongkongs durch das große China. Straßennamen wie »Queen's Road Central«, »Upper Albert Road« oder »Waterloo Road« würden es wohl kaum ins Jahr 2000 schaffen, meinen die Skeptiker. Bei den neueren roten Briefkästen ließen sich die Metallplatten, die die königlichen Insignien trügen, ja leicht auswechseln, hört man, aber was solle aus den alten, gußeisernen werden, denen ihr imperialer Ursprung unverwechselbar eingeprägt sei? Die Nostalgie, die einem da entgegenschlägt, ist verständlich. Noch überzeugender wäre sie allerdings, wenn das britische Hongkong sein eigenes Erbe in den letzten-

ABSCHIED VOM LÖWEN: Chinesisches Familienfoto vor Government House in Hongkong

© Peter Nonnenmacher

paar Jahrzehnten seiner kolonialen Existenz pfleglicher behandelt hätte. Die traurige Wahrheit, die bei einem Streifzug durch Hongkong schnell sichtbar wird, ist nämlich, daß das kapitalistische Regime der Banken und Konzerne mehr an kultureller Identität zerstört hat, als es die neue kommunistische Oberaufsicht über die »Besondere Verwaltungs-Region« je könnte. Die Straßenschluchten, die sich zwischen den schwindelnd hohen Glastürmen der Geldinstitute, den futuristischen Fassaden der Handelshäuser, dem Labyrinth gigantischer Mode- und Einkaufszentren und dem phantastischen Gewirr der Verbindungsbrücken und Fußgängertunnel des zeitgenössischen Hongkong hinziehen, haben das alte Hongkong verschluckt, als sei es nur ein Traum gewesen, eine Imagination. Dem Strudel der Entwicklung, der Hongkong zu einem wildwuchernden globalen Umschlagplatz gemacht hat, ist das kleine, beschauliche Kolonialstädtchen, das dieser entfesselten Metropolis einmal zugrunde lag, fast vollständig zum Opfer gefallen. Mit der Lupe geradezu muß, wer sich dieser Kolonialgeschichte annehmen will, nach Spuren suchen. Nicht einmal zwei Dutzend historisch interessanter Gebäude haben den Baurausch der letzten dreißig Jahre in der Kolonie überlebt. Hier und da ist, im Straßenlärm zwischen den Büroblöcken, ein Haus stehengeblieben, das den Charme eines anderen Zeitalters verrät. Die anglikanische Kathedrale, St. John's Cathedral, gibt es noch, die 150 Jahre lang ein sozialer Fixpunkt der Kolonialisten war; die Französische Mission, mit ihren schönen Fensterläden und ihrer wechselvollen Geschichte; und *Flagstaff House,* auf seiner kleinen Anhöhe, vormals die Militärkommandantur der Kolonie, nunmehr Tee-Museum, Ausflugsort und beliebter Rahmen für Hochzeitsfotos junger chinesischer Paare. Auch der *Old Supreme Court* am Statue Square, mit seiner Kuppel und seinen ionischen Säulen ist noch da, der frühere Oberste Gerichtshof, in dessen Räumen von 1985 bis zur Übergabe die umstrittene legislative Kammer tagte. Das Gebäude ist heute ein antiquierter Zwerg im Schatten der gesichtslosen, kommerziellen Riesen rundherum.

Nicht mehr da ist hingegen (außer der verpflanzten Queen Victoria) der alte Cricketplatz, der sich am selben Square befand, in der Mitte der Stadt, und auf dem sich noch in der Ära der chinesischen Kulturrevolution die weißgekleideten Kolonialherren die Zeit vertrieben – von der einen Seite, vom Gebäude der Bank von China aus, mit rotchinesischen Parolen beschallt, von der anderen mit der britischen Nationalhymne »God save the Queen«, die aus den oberen Etagen der *Hongkong and Shanghai Bank* ertönte, einer der ältesten und einflußreichsten Institutionen der Kolonie. Die anderen Institutionen, die Hongkongs Erfolg begründeten, waren natürlich die großen Handelskompanien des 19. Jahrhunderts – allen voran das Handelsimperium der beiden Schotten William Jardine und James Matheson, das als *Jardine Matheson* für viele Generationen zum Synonym für Hongkong wurde, und das ihrer großen Rivalen, *Dent & Company*, aber auch Dutzender anderer britischer, europäischer und amerikanischer Kompanien, die nach der Eroberung Hongkongs rasch Niederlassungen auf der Insel errichteten. Um ihren blühenden Ostasien-Handel, um ihren enormen Status gruppierte sich das frühe Hongkong: Auch die bis heute übliche mittägliche Salve der »Noon Day Gun« gegenüber dem *Excelsior Hotel* geht auf den berühmten 21-Schuß-Salut zurück, der zu Ehren jeder einzelnen Ausfahrt oder Ankunft von Jardine und Matheson abgefeuert wurde. Um die »Taipans«, die mächtigen Herren der Handelshäuser, drehte sich das Leben Hongkongs mehr als um den Gouverneur, der eher die offiziellen Festivitäten beisteuerte. Von seinen Anfängen als Piratennest und Opium-Drehscheibe wuchs sich Hongkong im Laufe des 19. Jahrhunderts zu einer profitablen Basis weitverzweigter Unternehmungen aus. Zur Zeit des diamantenen Thronjubiläums von Queen Victoria 1897, vor genau einhundert Jahren, als Britannien noch ein Viertel der Landmasse der Erde und sämtliche Weltmeere beherrschte, hatte Hongkong zu einer zwar provinziellen, aber doch respektablen Existenz als kolonialer Vorposten des Empire gefunden.

Das britische Establishment jener Tage, die Geschäftsleute und ihre Familien, die Makler, die Werbeleute, die Anwälte, die Doktoren, die Akademiker, die Mitglieder der Kolonialverwaltung, die Journalisten hatten sich eine Kommune gebaut, deren stattliche Kaufhäuser und feine Villen von erheblichem Bürgerstolz zeugten. Wie »daheim« in England gab es vornehme Clubs und populäre Amateurtheater, Kirchen und Freimaurer-Logen, Grastennis-Plätze, einen Golf-Parcours und einen Regatta-Club, Parks und botanische Gärten und den erwähnten Cricket-Platz, das Englischste vom Englischen, unmittelbar neben dem Rathaus, mit kleinen Pavillons zum Hafen hinunter. Eine Bergbahn gab es, zum Victoria Peak hinauf, wie es sich für eine gute Kolonie gehörte, und Ausflugslokale droben an der Bahnstation, Rundwege für passionierte Spaziergänger und eine Sommerfrische für den Gouverneur. (Chinesische Mitbürger hielt man sich auf diesem Hausberg vom Leibe.) Es gab, drunten im Hafen, eine Fährkompanie, die berühmte *Star Ferry*, die mit ihren zwölf doppelstöckigen Schiffen die Verbindung nach Kowloon aufrechterhielt – eine Aufgabe, die sie noch heute, trotz Auto-Tunnels und U-Bahn-Schächten, unter Ausstoß mächtiger Dieselwolken pflichtschuldigst erledigt.

Und natürlich gab es eine Pferderennbahn. Die gab es schon vier Jahre nach der Besitznahme Hongkongs: ohne Pferderennbahn hätten es die Briten in Hongkong nicht ausgehalten. In »Happy Valley«, dem »Glücklichen Tal«, wurde sie angesiedelt, gleich gegenüber dem Kolonialfriedhof, auf dessen Hügeln die Opfer der Cholera und anderer Epidemien begraben liegen, die Pionier- und ersten Siedler-Generationen, die keinen Weg zurück mehr fanden aus der tropischen Sonne zu den windumtosten Küsten ihres Ursprungslandes. Auf der Rennbahn, in »Happy Valley«, entschädigte man sich für die Ferne zur Heimat und für eine relativ kurze Lebenserwartung. Die Anlage war stets eine Hauptattraktion der Kolonie. Sie ist mit Jahreseinkünften von 17 Milliarden Mark noch jetzt eines der bestgeölten Geschäfte Hongkongs: Für sieben Prozent der örtlichen Steuereinnahmen sind die »Punters«, die wettlustigen Hongkonger, verantwortlich. So viel wie auf allen Rennplätzen Englands zusammengenommen werde in »Happy Valley« umgesetzt, erklären einem die hiesigen Rennsport-Narren. Wiewohl auch »Happy Valley«, einst ein ländliches Idyll, längst von Wolkenkratzern umstellt ist, kann man den Enthusiasmus der Einheimischen nachempfinden, wenn man das blumenreiche und palmengeschmückte Oval an einem lauen Sommerabend besucht. Sehr viel anders dürfte die Begeisterung der britischen Gründerväter nicht gewesen sein, die dies Gelände unbekümmert aus dem sumpfigen Boden stampften. »Happy

Valley« indes war nicht nur Amüsement und Big Business, es war zeitlebens eine zentrale Institution der Inselkolonie. In den hierarchischen Rängen des »Royal Hongkong Jockey Club«, der die Rennbahn betrieb, spiegelte sich die Struktur der alten Hongkonger Gesellschaft. »Der Jockey Club, die *Hongkong and Shanghai Bank* und der Gouverneur regieren Hongkong«, pflegten spitze Zungen in den alten Tagen zu sagen. »Und zwar in dieser Reihenfolge.« Ein britischer General stand für gewöhnlich an der Spitze des Clubs, und am Eingang zum feinen Rennbahn-Restaurant »The Winning Post« weist ein Schild bis heute höflich darauf hin, daß hier nur Gentlemen zugelassen werden, die sich in akzeptable Schale geworfen haben, als da wären »Hemd und Krawatte oder Hemdkragen mit sportlichem Jackett oder maßgeschneiderter Safari-Anzug«. Der Geldgeruch, dic Aura kommerziellen und sozialen Einflusses, haftet dem Club auch nach 140 Jahren noch an. Als Großkonzern weiß der Jockey-Club es freilich zu schätzen, daß die vom Glücksspiel wenig begeisterten Herrscher in Peking für die Zeit nach dem 1. Juli weiteren ungestörten Geschäftsbetrieb signalisiert haben. Anders als der freche Jacht-Club hat die Renn-Vereinigung denn auch schon 1996 in aller Form auf das R-Wort verzichtet und sich, zum ersten Mal in ihrer Geschichte, mit dem früheren taiwanesischen Ford-Boß Lawrence Wong einen Chinesen zum Generaldirektor gewählt.

Chinesen sind natürlich in den letzten Jahren in vielen Bereichen des Hongkonger Lebens in Positionen aufgerückt, die zuvor traditionell britische Domänen waren. Von den Firmenchefs über die öffentlichen Bediensteten bis zu den Angehörigen der Polizei erstreckt sich der Wandel, der den Rückzug der alten Kolonialherren von der Szenerie Hongkongs charakterisiert. Für »Ex-Pats« wie Annabel Smith, die sich noch an die Zeit »stiller Alleen« und »fleißiger chinesischer Mägde« erinnern kann, ist diese Entwicklung nicht leicht zu verwinden. »Die ganze Haltung uns gegenüber hat sich verändert. Früher haben sich die Verkäuferinnen in Hongkongs Geschäften überschlagen, wenn es um die Bedienung europäischer Kunden ging. Das ist jetzt nicht mehr so. Auch die Taxifahrer halten lieber für chinesische Kunden als für europäische. Das war einmal genau umgekehrt.« Ob sie, unter diesen Umständen, über 1997 hinaus in Hongkong bleiben wird, weiß die 60jährige Lady selbst nicht so recht. Verklärte Erinnerungen an England, an das Londoner Leben der fünfziger Jahre, ziehen sie zurück. Aber in Hongkong, wo sie zwei Drittel ihres Lebens verbracht hat, fühlt sie sich begreiflicherweise »sehr verwurzelt«. »Die Frage ist nur«, klagt sie, »wie werden wir hier weiter leben? Mit dem Englischen geht's schon jetzt rapide bergab. Englisch hat nicht mehr den alten Status, wird auch nicht mehr so gut gesprochen wie früher. Die Chinesen glauben, daß sie sich das erlauben können. Voriges Jahr ist der Etat zum ersten Mal auf chinesisch eingebracht worden. Und ein paar Monate zuvor haben wir das erste Gerichtsverfahren auf chinesisch erlebt. Im Fernsehen werden schon die englischen Programme ausgedünnt.«

Was aus dem Rest des britischen Erbes in Hongkong werden soll, nachdem der Gouverneur nun einem Generalkonsul Platz macht, wagt niemand vorauszusagen. Eher zu melancholischen Tönen neigen die britischen Mitglieder des Auslandskorrespondenten-Clubs in der Ice House Street, deren altes koloniales Eislager (eine Sensation zu seiner Zeit) zu einer komfortablen Pressehöhle umgebaut wurde. Nicht weit entfernt, am Sitz des Gouverneurs, hat man sich damit abgefunden, daß *Government House* in ein »Museum des Kolonialismus«, in eine Dokumentation seiner selbst, verwandelt werden soll. »Eine Volksrepublik ist sich so eine Geste schuldig«, meint achselzuckend Annabel Smith. Auch die etablierten Hongkong-Briten, die dem alten Leben eines gemütlicheren Kapitalismus nachtrauern, sind nicht sonderlich sentimental, was die Zukunft anbelangt. Der Kreis schließt sich, und die Tage, in denen der Gouverneur vom Garten seines Anwesens aus bei einem Täßchen Tee die Schiffe zählen konnte, die in den meistfrequentierten Hafen der Welt einliefen, waren schon lange gezählt, bevor der Pachtvertrag mit China auslief. Die Schiffe sind zwar noch da, aber man sieht sie längst nicht mehr von der Upper Albert Road aus. *Government House*, der kleine Gouverneurs-Palast, der einmal diesen Teil der Hongkong-Insel überschaute, droht, wie die Königin Victoria, endgültig in einem vertikalen Urwald aus Glas und Beton, in einem Ring aus Stahl und Mammon zu verschwinden.

DER GOUVERNEUR UND DAS GEWICHT DER GESCHICHTE

Die Azaleen blühen im Garten des Gouverneurs von Hongkong. Aber der Gouverneur hat wenig Zeit, sie zu bewundern. Chris Patten ist damit beschäftigt, seinen Abgang aus Hongkong zu organisieren. Wie er sich denn so fühle, als letzter Administrator der letzten großen Kolonie Britanniens, so kurz vorm Ende, frage ich in seinem Studierzimmer den Gouverneur. Des »Gewichts der Geschichte« sei er sich bewußt und seiner »persönlichen Verantwortung«, entgegnet Patten. »Der Job, den viele Leute wohl mit dem effektiven Ende des britischen Empire in Verbindung bringen, ist nämlich anders als die Entkolonisierung anderswo. Für gewöhnlich übergeben wir ein abhängiges Gebiet den Menschen, die es bewohnen: Ein abhängiges Territorium wird unabhängig, und wir versuchen ein demokratisches, repräsentatives Regierungssystem zurückzulassen, eine zivilisierte Gesellschaft und Recht und Ordnung. So hat das Empire stets geendet, von Indien bis Simbabwe.«

Hongkong aber, meint der Gouverneur, sei anders – »nicht weniger schwierig und in einem moralischen Sinn vielleicht eine noch größere Herausforderung« –, denn in Hongkong sei eine Entlassung in die Unabhängigkeit nicht möglich, »auch wenn manch einer das bedauern mag«. Was dem letztem Gouverneur angesichts des auslaufenden Pachtvertrags und der Verpflichtung zur Rückgabe der Kolonie bleibe, sei »wohl in erster Linie der Versuch, sicherzustellen, daß in Sachen politische Freiheiten und Verteidigung der Menschenrechte genügend Dynamik existiert, um Hongkongs Identität, so gut es geht, auf unbegrenzte Zeit zu wahren«. Allzu eilig, werfe ich ein, hätten es die britischen Regierungen allerdings nicht gerade gehabt, wenn es darum ging, politischen Freiheiten in Hongkong zum Durchbruch zu verhelfen. Erst im vorletzten September, im 98. Jahr eines 99jährigen Pachtvertrages, sei immerhin eine Gesetzgebende Versammlung der Kolonie erstmals aus freien und einigermaßen repräsentativen Wahlen hervorgegangen. Stand, so frage ich, der Kolonialstatus Hongkongs all die Jahre der Einführung demokratischer Institutionen im Wege? War es für London schlicht bequemer, die

Untertanen in Fernost im Stande politischer Unmündigkeit zu halten? Das sieht Chris Patten nicht so. Eher, so verteidigt er seine Vorgänger in *Government House*, sei »Hongkongs Los« ein Hindernis für frühe Demokratisierung gewesen. Zum einen habe sich die Stadt, Zufluchtsort für Generationen von Chinesen, wohlweislich aus politischem Streit herauszuhalten gesucht: Man wollte den großen Nachbarn im Norden schließlich nicht unnötig provozieren. Zum andern habe China eingewandt, daß man der Bevölkerung Hongkongs mit der Entwicklung demokratischer Institutionen die falsche Botschaft vermittle – nämlich daß diese Bevölkerung, statt eines Tages zu China zurückzukehren, sich unabhängig machen und über ihr eigenes Schicksal bestimmen könne. Erst die Aufnahme von Übergabe-Verhandlungen und die Gemeinsame Britisch-Chinesische Erklärung von 1984 hätten die Demokratisierung Hongkongs auf die bilaterale Tagesordnung gesetzt, erklärt Patten. Auch China habe sich damals verpflichtet, ein gewisses Maß an Demokratie in Hongkong zu akzeptieren. Heute stelle sich freilich die Frage, ob das damalige chinesische Versprechen ernst gemeint oder ob es nur »ein Feigenblatt zur Dekoration des britischen Rückzugs« gewesen sei. »China hätte es gern gesehen, daß wir Arrangements getroffen hätten, die vorgeblich die Gemeinsame Erklärung erfüllt, in Wirklichkeit aber den demokratischen Einfluß der Gesetzgebenden Versammlung verwässert hätten.«

Daß Patten das Gegenteil beabsichtigte, wurde nach seiner Ernennung zum Gouverneur 1992 schnell deutlich. Anders als seine Vorgänger sah er keinen Vorteil in der Beschwichtigung von Pekinger Empfindsamkeiten durch das Schlüpfen in gouvernementale Filzpantoffeln. Anders als sie glaubte sich der Vollblutpolitiker Patten, früherer Geschäftsführer der Konservativen Partei Großbritanniens, direktes Auftreten und robuste Aktion leisten zu können. Schon seine Weigerung, in die traditionelle Gouverneurs-Uniform zu schlüpfen und den Federbusch-Helm aufzusetzen, markierte sein Alternativprogramm für die letzten Jahre des Empire. Geschäftsmäßig wollte er die Transformation bewerkstelligen. Politische Prioritäten, nicht musealer Mummenschanz, sollten sein Markenzeichen sein. So initiierte er, unter dem Protestgeheul Pekings, moderate demokratische Reformen in Hongkong, sozusagen auf den letzten Drücker. Eine *Bill of Rights* zum Schutze bürgerlicher Rechte wurde eingeführt. Die Gesetzgebende Versammlung wurde im September 1995 erstmals – im Rahmen institutioneller Schranken – frei gewählt. Die Reformen machten Patten zeitweise zum Helden der demokratischen Bewegung Hongkongs. Von der chinesischen Führung, von der sich zunehmend nach Peking orientierenden Geschäftswelt Hongkongs und von der alten Sinologen-Garde des Foreign Office in London fand der Gouverneur sich dagegen von Monat zu Monat mehr isoliert. Geschmäht, gemieden und schlicht ignoriert, sah Patten die chinesischen Vorbereitungen zur Übernahme der Kolonie im letzten Jahr an seiner Person, an *Government House* vorbei laufen.

Wie steht er zum Lamento über seine Politik? Betrachtet er die Reformen rückblickend als ein verfehltes Projekt? »Ich glaube nicht, daß uns die Geschichte harsch dafür beurteilen wird, daß wir in dieser Richtung zuviel getan hätten. Ich denke, wenn Kritik berechtigt ist, dann eher von der anderen Seite her.« Aber werden nicht seine Bemühungen vergebens gewesen sein, wenn Peking seine Drohung wahrmacht und die Reformen umgehend wieder zurücknimmt? »Die Alternative wäre gewesen, daß wir diese schmutzige Arbeit selbst gemacht hätten. Die Alternative wäre gewesen, ein Wahlsystem auszuklügeln, das Hongkong echte Demokratie vorenthalten hätte, und die *Bill of Rights* eigenhändig zu untergraben. Nur weil jemand damit droht, mir morgen alle Fenster einzuschlagen, soll ich heute durchs Haus laufen und sie selbst zertrümmern? Das ist kein Argument, das mich zu überzeugen vermag.«

Und was bedeutet in seiner Sicht die bevorstehende Integration des kapitalistischen Molochs Hongkong für China selbst? »Wer weiß«, meint Patten. Der direkte Effekt zeichne sich ja klar genug ab. »Hongkong wird die reichste und in vielfacher Hinsicht die wichtigste Stadt Chinas sein. Mit sechs Millionen Menschen kommt Hongkong für 20 Prozent des chinesischen Bruttoinlandsprodukts auf. Es ist verantwortlich für 60 bis 70 Prozent aller ausländischen Investitionen in China. Es liefert einen Großteil der intellektuellen und geschäftlichen Software für Chinas ökonomische Revolution. Es stellt ein Tor zur Welt dar für China – und für das Ausland einen sicheren Zugang zum chinesischen Markt.«

Und darüber hinaus? Welche Wirkung wird Hongkong auf China haben? »Ich will nur soviel sagen: Hongkong findet sich im Zentrum all der Fragen, die darüber entscheiden werden, welche Art von Gesellschaft China in der nächsten Generation haben wird.« Wie schnell China sich zu einer »auf Recht und Ordnung gegründeten Marktwirtschaft« entwickeln werde, sei dabei die erste Frage. Die zweite sei, wie es die politischen und sozialen Folgen des wirtschaftlichen Wandels verkraften werde. »Kann ein enormer wirtschaftlicher Wandel folgenlos bleiben? Die Marxisten hielten das traditionell für unmöglich. Ich halte es auch für unmöglich.«

Draußen, im Garten, schlagen zwei Vögel an, ein Papagei beginnt zu kreischen. Der Gouverneur hat nicht mehr sehr viel Zeit, er muß, nehme ich an, noch packen. Bleibt nur zu fragen, was Chris Patten von hier mitnehmen wird, aus seiner kurzen Amtsperiode als letzter britischer Administrator Hongkongs. »Mit Sicherheit habe ich gelernt, daß Europa beim Schmieden engerer Beziehungen zu Asien nicht einfach seine eigenen Werte vergessen darf. Ich glaube nicht, daß Europa plötzlich abgehängt werden wird. Ich glaube nicht, daß die Europäer sich so schrecklich ängstigen müssen vor dem, was die Protektionisten, mit rassistischer Feindseligkeit, ›Kulis mit Computern‹ nennen. Andererseits glaube ich, daß Asien, teils wegen der gegenwärtigen Stufe seiner wirtschaftlichen Entwicklung, aber auch aus anderen Gründen, eine Dynamik, einen Funkenschlag, einen Glauben in die eigenhändige Veränderbarkeit von Dingen hat, über den Europa im eigenen Interesse einmal nachdenken sollte.«

Strebt er, wie britische Zeitungen gelegentlich spekulieren, nach seiner Rückkehr nach London eine führende Rolle in seiner alten Partei an, oder denkt er gar, auch dies ein laufendes Gerücht, daran, eine neue, christdemokratische Bewegung in Britannien ins Leben zu rufen? Darüber mag sich Chris Patten nicht näher auslassen. »Genaue Pläne« habe er nicht, er müsse, was die Zukunft betreffe, noch mit sich zu Rate gehen. Keine Zweifel hat er dagegen über die Art und Weise, in der er Hongkong zu verlassen gedenkt. »Ich würde gern von hier abreisen in der Gewißheit, daß die Bevölkerung Hongkongs und die Welt mit uns der Ansicht sind, daß wir unter sehr schwierigen Umständen unser Bestes getan haben.«

Wie anders war das noch vor fünfzehn Jahren, als Großbritannien die Royal Navy aussandte, um sicherzustellen, daß über seinen Besitzungen im Südatlantik weiter der Union Jack flattern konnte! Damals war keine Rede von Rückgabe oder auch nur von Verhandlungen über eine umstrittene Souveränität. Mit ihrer Invasion der Falkland-Inseln hatte die argentinische Militärjunta die britische Premierministerin Margaret Thatcher provoziert. Einen Krieg zur Rückeroberung der Inseln hielt man in England für gewinnbar. Einen befristeten Pachtvertrag für die Pinguine der »Malvinas« hatte man, glücklicherweise, nicht unterzeichnet. »Unter sehr schwierigen Umständen unser Bestes zu tun«, hieß 1982 etwas anderes als 1997 in Hongkong. Niemals, so verkündete das britische Parlament damals, werde London zulassen, daß britische Bürger in einer britischen Demokratie von einer fremden, ruchlosen Macht annektiert würden. Das Wörtchen China kam damals niemandem über die Lippen. Den frechgewordenen »Latinos« wollte man zeigen, wer noch immer Herrin der Meere war. Und innenpolitisch konnte ein kleiner Krieg der angeschlagenen Regierung Margaret Thatchers nicht schaden, solange ihre Landsleute nur davon überzeugt waren, daß man hier Blut für Recht und Ordnung vergoß und nicht für eine spätimperiale Geste, die den Anschein erweckte, als habe sich am Weltmacht-Status Großbritanniens nichts geändert.

Damals, beim Auslaufen der Flotte, stand uns Beobachtern in London das Herz still, und die wenigsten von uns wollten glauben, daß es beide Seiten tatsächlich zur Schlacht kommen lassen würden. Später hofften wir, vergebens, daß die Vereinten Nationen mit ihrem Appell an die Kontrahenten noch eine diplomatische Lösung der Krise erreichen könnten. Spätestens als die »Belgrano« sank und kurz darauf »HMS Sheffield«, war klar, worauf die Sache hinauslief. Die Flotte würde ihren Auftrag erfüllen. Die Lady würde der Welt zeigen, daß sie das Schwert zu führen verstand. Kein Pardon würde es geben, bevor nicht wieder die britische Fahne in Port Stanley wehte. Die Argentinier hatten sich mit ihrem Falkland-Abenteuer arg verkalkuliert. Ein paar Jahre später, bei der ersten Reisemöglichkeit nach Port Stanley, standen wir

Londoner Journalisten auf den Schafweiden der Inseln, im ewigen Wind des Südatlantik, und fragten uns, wie dieser gottverlassene Platz, um den sich Großbritannien zeitlebens wenig gekümmert hatte, in einer bestimmten historischen Konstellation zu einem solchen Brennpunkt weltweiter Aufmerksamkeit hatte werden können. Der Flughafen beim Mount Pleasant war schon gebaut, die Verteidigungsanlagen, die die Argentinier von einem zweiten Versuch abschrecken sollten, waren installiert. Die Falkländer in ihren Öljacken und dicken Wollpullovern richteten sich auf ein neues Leben in der rauhen, südatlantischen Abgeschiedenheit ein, wiewohl unter dem Schirm einer wachsamen britischen Militärpräsenz. Und den Pinguinen war es egal, auf wessen Territorium sie ihre Eier legten.

Und heute? Heute sind noch immer 2000 Soldaten auf den Falklands stationiert, um 2400 Falkländer vor unangenehmen Überraschungen zu bewahren. Noch immer sind argentinische Zivilisten auf den Inseln unwillkommen. Nur mit Mühe haben ein paar hundert Angehörige argentinischer Opfer des Kriegs, die auf den Falklands beigesetzt sind, jüngst erreicht, daß sie die Gräber in einem Nacht-und-Nebel-Besuch fernab von Port Stanley zu sehen bekamen. Mit Drittländer-Pässen haben sich in jüngsten Jahren einige Argentinier wie die mit einem Schweizer verheiratete Tochter des gegenwärtigen argentinischen Außenministers Guido Di Tella touristischen Zugang zu den »Malvinas« verschafft. Und Di Tella selbst hat, mit der Versendung von Weihnachtsgrüßen an alle Falkländer, in einer »Charme-Offensive« die störrischen Briten auf dem von Argentinien beanspruchten Eiland für die Idee einer gemeinsamen Souveränität über die Inseln einzunehmen versucht. Aber davon wollen die Falkländer nichts wissen. Die Argentinier, meinen sie, seien in Wirklichkeit doch nur interessiert an den Reichtümern, die die Falkland-Inseln bergen. Denn die Zeit, in der Fischfang und Schafzucht das ökonomische Leben auf der britischen Besitzung bestimmten, neigt sich ihrem Ende zu. Seit Testbohrungen in Gang gesetzt worden sind in den Gewässern rund um die Inseln, erwartet man in Port Stanley einen Ölrausch. Das Anderthalbfache der Ölmenge der Nordsee soll, Schätzungen der großen Ölfirmen zufolge, in dieser Ecke der Welt unterm Meeresboden liegen. Das Meer ist bereits abgezirkelt, Lizenzen sind vergeben worden, den möglichen Profit hat man, über den Daumen, hochgerechnet: Behielten die Öl-Experten recht, käme in Kürze auf jeden einzelnen der 2400 Falkländer – Mann, Frau oder Kind – ein Jahreseinkommen von über einer Million Mark zu.

Nicht jedem der potentiellen Millionäre ist freilich wohl bei dem Gedanken, daß ein Öl-Zeitalter über die Inseln hereinbrechen könnte. Wie die Falkländer Tausende von Öl-Arbeitern verkraften sollten und die Naturschutz-Reservate der Kolonie mit ihren Robben, Pinguinen und seltenen Vogelarten die Risiken der Öl-Ausbeutung, ist den Nachdenklicheren unter den Eingeborenen schleierhaft. Andere Bewohner der Inseln weisen darauf hin, daß mit den prophezeiten Öl-Einkünften die Falklands endlich ihre Schuld gegenüber Großbritannien abgelten könnten – und Geld genug hätten, die kostspielige britische Garnison bei Mount Pleasant aus eigener Tasche zu finanzieren. An dieser Garnison schließlich, an einer eindrucksvollen militärischen Abschreckungsmaschinerie auf den Inseln, hängt nach Überzeugung der Falkländer ihre Sicherheit vor einem neuen argentinischen Überfall. Die 94 Mitglieder der falkländischen Verteidigungs-Streitkräfte würden jedenfalls nicht ausreichen, um einer solchen Invasion Widerstand zu leisten. Mit der Royal Navy aber, die beim letzten Mal zu Hilfe kam, können die Falkländer ein nächstes Mal nicht mehr rechnen: Schon für den Falkland-Feldzug mußte Großbritannien Zerstörer, Flugzeugträger und Frachtkähne, die zur Verschrottung bestimmt waren, wieder aus der Versenkung holen. Inzwischen, so räumen hohe Offiziere der Kriegsmarine ein, hätte London schlicht nicht mehr die Kapazität, eine Flotte zu den Falklands zu organisieren. Mit »Papierschiffchen«, spottete jüngst ein Labour-Politiker, sei kein Staat zu machen. Und ohne Flotte halte man sich »aus Kriegen besser raus«.

NOCH EIN PAAR ROTE PUNKTE AUF DER KARTE

Was ist, außer den Falkland-Inseln, geblieben von der alten imperialen Herrlichkeit? Ein feudales Foreign Office ist geblieben, in Londons King Charles Street, das früher mal auch ein Colonial Office war und noch über einige prunkvolle Säle aus den Glanzzeiten des Empire verfügt. Ein paar Türschilder sind geblieben, im Ostflügel des Außenministeriums, wie das des »Kommissars für das Britische Antarktische Territorium« oder das des »Kommissars für das Britische Territorium im Indischen Ozean« – beide verantwortlich für riesige Mengen Wasser und Eis, aber für keinen einzigen Menschen. Und natürlich ist Alan Bennett geblieben, der Kolonialschneider aus der Savile Row, der traditionell den britischen Gouverneuren die Kleider anpaßt – auch wenn Bennetts Schneiderwerkstatt zur Zeit in einem Übergangsquartier Zuflucht hat suchen müssen, weil das ehrwürdige Gebäude in der Savile Row abgerissen worden ist und einem moderneren Bau Platz machen muß. Passen zu diesem modernen Bau noch Galaröcke, Federhelme, Seidenschärpen und zeremonielle Schwerter? Nun, ein paar Kunden aus Whitehall hat Alan Bennett schon noch, auch wenn der Bedarf an Schwanenfedern in jüngster Zeit zurückgegangen ist und Säbel und Schwerter heute mehr musealen Wert als praktischen Nutzen haben. Auch die Reste des Empire wollen allerdings verwaltet werden, wie Bennett und das Foreign Office wissen, und nicht jeder Gouverneur verzichtet auf seine Kolonialuniform so bereitwillig, wie es der Hongkong-Liquidator Chris Patten tat. Also wird weiter ausstaffiert und administriert, für Gibraltar, Britanniens europäische Kronkolonie, für St. Helena, die südatlantische Besitzung, für Bermuda, das karibische Schmuckstück, und für das ganze Sammelsurium winziger Inselchen, die zusammengenommen das aktuelle Weltreich Ihrer Majestät, der Königin Elisabeth II., ausmachen. Mag auch die Sonne mittlerweile untergehen im erweiterten Großbritannien – wo sie scheint, scheint sie noch immer auf eine exotische Mischung britischer Untertanen, die mit den unterschiedlichsten Gefühlen an London, an das ferne England denken.

Die Bermuda-Inseln, in der Sargassosee, sind dabei mit ihren 60 000 Bewohnern der größte der Kolonialreste. Zu einem Drittel weiß und zu zwei Dritteln schwarz, ist diese älteste Kolonie Britanniens das kuriose Beispiel einer Besitzung, in der die politische Führung nach Unabhängigkeit strebt, die Bevölkerung aber loyal zur Krone steht: Ein Versuch des ersten schwarzen Regierungschefs der Insel, Sir John Swan, im Sommer 1995 seine Bermudianer zur Loslösung von Britannien zu bewegen, ging gründlich daneben. Die Einheimischen entschieden sich statt dessen, dem Rat des weißen Gouverneurs Lord Waddington, eines früheren Tory-Innenministers, zu folgen und bei der Fahne zu bleiben – so erhielten sie sich unter anderem ihre roten Telefonzellen und ihre königliche Polizei in Shorts und spitzen Helmen. Auch in den anderen karibischen Besitzungen, wie Montserrat, den Cayman-Insel und den Jungfern-Inseln, ist man im allgemeinen mit dem Status quo einverstanden. Auf Anguilla gab es kürzlich Proteste gegen die Entscheidung des Foreign Office, die Lokalverwaltung wegen zu laxer Gesetze gegen internationale Geldwäsche an die kurze Leine zu nehmen. Von »Erpressung« und »Konsequenzen« tönte dunkel der örtliche Regierungschef, während der scheidende Gouverneur sich in seiner Abschiedsrede erschöpft einer »undankbaren Aufgabe« entledigte. Auf den Turks-und-Caicos-Inseln wiederum kam es zu einem offenen Krach zwischen dem Gouverneur, der die Polizei für »korrupt« hielt, und den Insulanern, die den Gouverneur einen »arroganten Autokraten« nannten.

Im südlichen Atlantik besitzt Britannien, außer den Falklands, noch das unbewohnte Inselchen Süd-Georgien, das 1982 eine strategische Rolle im Falklandkrieg spielte, sowie die kleinen Süd-Sandwich- und Süd-Orkney-Inseln, aus deren geographischer Lage sich der britische Anspruch auf ein Stück Eistorte der Antarktis ableitet. Der betreffende Teil der Antarktis, zwischen dem 20. und 80. Grad westlicher Länge, auf der amerikanischen Seite der Welt, zählt in London als eigene Dependency. Die britischen Ansprüche überlappen sich teilweise mit denen Argentiniens und Chiles. Die Vulkaninsel St. Helena vor der südwestafrikanischen Küste zählt natürlich zu den prominenteren Besitzungen des Königreichs: Hierher wurde, im Jahr 1815, Napoleon verbannt. Inzwischen würden einige der 6000 Bewohner St. Helenas, wie man hört, ganz gern den gegenwärtigen Gouverneur dahin verbannen, wo der Hopfen wächst, nämlich zurück nach England: Bei einer jüngsten Besetzung der Gouverneurs-Residenz in St. Helenas Hauptort Jamestown fand sich Seine Exzellenz, der Gouverneur David Smallman, von frustrierten Insulanern recht unsanft herumgeschubst und an der Krawatte gezerrt. Später entschuldigten sich andere, loyalere Insulaner untertänigst für den Vorfall. »Die Leute sind erschrocken«, meinte Smallman. »Noch nie hat sich jemand an einem Gouverneur vergriffen.« Von militärischer Bedeutung sind die sogenannten St. Helena-Dependencies, eine Inselgruppe, deren Hauptinseln Tristan de Cunha und Ascension sind – über Ascension, auf halbem Wege zwischen England und der Südspitze Lateinamerikas, lief im Falklandkrieg die Nachschublinie für die britischen Truppen. Ebenfalls militärisch wichtig, allerdings für eine befreundete Macht, ist der Chagos-Archipel im Indischen Ozean: Dessen Hauptinsel Diego Garcia haben die Briten als Armeestützpunkt an die USA verpachtet. Diego Garcia machte 1983 von sich reden, als seine Eingeborenen nach Mauritius zwangsumgesiedelt wurden: Den Amerikanern hatte man in London versichert, die Insel sei gänzlich unbewohnt…

Was noch? Die Pitcairn-Insel im Südpazifik, deren Bewohner Nachfahren der legendären Schiffsbesatzung sind, die 1790 die Meuterei auf der »Bounty« inszenierten. Und natürlich Gibraltar, die europäische Kolonie, der Zankapfel mit Spanien, um dessen Zukunft zwischen den EU-Partnern – mit diplomatischen Mitteln – hart und verbissen gerungen wird. Auch Gibraltar, 1704 von Großbritannien erobert und dem Kolonialreich einverleibt, hat in der Vergangenheit eine wichtige militärische Rolle gespielt. Seine 28000 Bewohner wehren sich energisch gegen alle spanischen Annäherungsversuche: »Der Felsen«, ein monumentaler Dorn im Auge der Regierung von Madrid, ist bekanntermaßen britischer als Britannien selbst. Immerhin wissen sich, ein kolonialer Luxus ohnegleichen, die Bewohner Gibraltars ebenso wie die der Falkland-Inseln im Besitz von Pässen, die ihnen Einreise und Ansiedelung im »Mutterland« erlauben würden, sollten sie je entsprechende Gelüste verspüren. Den übrigen Kolonien und Dependencies hatte Margaret Thatcher 1981, im Blick auf eine be-

FALKLAND-GRANDEUR: Der Gouverneur und sein Chauffeur im Sonntagsstaat, Port Stanley fürchtete Masseneinwanderung von Hongkong-Chinesen, dieses alte, ursprüngliche Ansiedlungsrecht entzogen. Nur Gibraltar und die Falklands, die »rein weißen« Kolonien, wurden von der Regelung ausgenommen. Zu schwarz und gelb wollte man das blau-weiß-rote Königreich letztlich nicht haben: an dieser Politik hat sich bis heute nichts geändert.

DAS ANDERE EMPIRE

Das britische Empire mag tot sein – aber das Empire des Englischen ist lebendiger denn je. Wenn Briten, die ihrem verflossenen Weltreich nachtrauern, sich ein wenig aufmuntern wollen, brauchen sie nur die Entwicklung des globalen Sprachenmarkts zu studieren, um Hoffnung für die Zukunft zu schöpfen. Die englische Sprache nämlich ist auf dem Weg nach oben: Keine andere Sprache der Welt kann ihr auf absehbare Zeit das Wasser reichen. Englisch dominiert die Kommunikation der Welt auf konkurrenzlose Weise. Für 400 Millionen Menschen ist das Englische Muttersprache. Für eine ebenso große Zahl, vor allem in den früheren britischen Kolonien, ist es Amtssprache, steht also gleichberechtigt neben der jeweiligen nationalen Sprache. Für annähernd eine Milliarde Menschen aber, berichtet Professor David Crystal in seinem just erschienenen Werk »Englisch als globale Sprache«, ist Englisch heute schon erste Fremdsprache: Beinahe ein Drittel der Weltbevölkerung kann sich, ob recht oder schlecht, auf Englisch verständigen. Eine ganze Reihe interessanter Statistiken wirft Licht auf diese Vormachtstellung des Englischen. Vier von fünf Jugendlichen in der Europäischen Union lernen heute Englisch als Fremdsprache. Weltweit sind von allen Berlitz-Sprachkursen über 70 Prozent Englisch-Kurse. Vor allem in »Zukunftsländern« wie China oder Indonesien ist Englisch auf dem Vormarsch. Zwei Drittel aller Wissenschaftler der Welt lehren auf Englisch. Drei Viertel aller Briefe, rund um den Erdball, sind in englischer Sprache verfaßt. Und 80 Prozent aller computergespeicherten Information der Welt ist englischsprachige Information: Das Englische, triumphierte jüngst der *Sunday Telegraph*, sei »die

Währung des Internet«. Daß die Sprachrivalen bei diesem Siegeszug das Nachsehen haben, erfüllt britische Patrioten begreiflicherweise mit Freude. Die jüngste Entscheidung der algerischen Regierung, Französisch als erste Fremdsprache an den Schulen des Landes durch Englisch zu ersetzen, wurde in London mit großer Aufmerksamkeit registriert. Insgesamt, so resümiert der *Sunday Telegraph*, zeichne sich in Gebieten wie dem Maghreb, dem französischen Afrika und Südostasien ein klarer Zug zum Englischen ab. Im südlichen Afrika verdränge Englisch das Portugiesische. Und in Osteuropa entscheide man sich in zunehmendem Maße dafür, Englisch statt Deutsch zu lernen, aus kommerziellen Gründen: »In Prag und Kiew wollen die Leute ihre Geschäfte in der einzigen wahrhaft globalen Sprache betreiben.«

Professor Crystal, der Sprachwissenschaftler, setzt den Akzent seiner Schlußfolgerungen etwas anders: »Ich bin ein Verehrer aller Sprachen, kein Triumphalist der englischen Sprache.« Historische Zufälle, die mit den USA, mit den Unabhängigkeits-Bewegungen der Dritten Welt und mit moderner Technologie zu tun hätten, seien für den erstaunlichen zeitgenössischen Aufschwung des Englischen verantwortlich. Allerdings sieht auch Crystal eine rosige linguistische Zukunft für das Vereinigte Königreich. Nicht die US-Amerikaner nämlich, sondern die Briten würden die Wächter des »Standard English« für die Welt bleiben. An Großbritannien werde sich, sprachlich gesehen, die Welt orientieren – was jede Menge Jobs bedeute für britische Lehrer, Übersetzer und Rundfunkleute, aber auch »besondere Verantwortung« für die Gralshüter der erfolgreichsten Sprache der Welt.

ZEIG MIR KIRIBATI …

Im Grunde hatte Daniel Wilson nicht mit einer Antwort gerechnet. Seinen Brief nach Kiribati hatte der 21jährige Englisch-Student aus Blackpool wohl eher aus Übermut auf die Reise geschickt. Er habe es satt gehabt, in den Sommerferien immer Fabrik-Jobs zu übernehmen, erklärt Wilson, und sei beim Blättern in einem Atlas auf Kiribati gestoßen. Die Inselgruppe im Südpazifik, so fand er bei näherem Hinsehen, war für seine nächsten Ferien denkbar geeignet: »Kiribati hat alles, was das Herz begehrt. Sandstrände. Schöne Frauen. Und sie liegt so weit weg – phantastisch für die Inspiration.« Also schrieb Daniel Wilson an »Die Regierung, Kiribati«, und empfahl sich, unter Beifügung eines Lebenslaufs und eines gereimten Loblieds auf die Inseln, als deren künftiger Hauspoet. Er wolle zu Geburtstagen und Nationalfeiertagen gerne Gedichte für das Volk von Kiribati verfassen und brauche für seine poetischen Bemühungen nicht mehr als eine kleine Strohhütte am Strand. Zu seiner nicht geringen Überraschung erhielt Wilson Post aus dem Pazifik. Der Privatsekretär des Präsidenten von Kiribati dankte für das schöne Gedicht, das der Präsident »schlicht und rührend« gefunden habe, und teilte Wilson mit, der Präsident heiße ihn auf Kiribati herzlichst willkommen. Eine Strohhütte am Strand werde man ihm gern bauen, wenn er sich schon die Mühe mache, nach Kiribati zu reisen und die Inseln mit seiner Poesie zu beglücken. Seither, seit dem Eintreffen dieses Briefes, spart Daniel Wilson für den Flug nach Kiribati. Ein Einkommen kann er zwar auf den ehemals britischen Gilbert-Inseln, die seit 1979 Kiribati heißen, nicht erwarten – das Phosphat ist den Kiribati-Gruben ausgegangen und an Touristen mangelt es den Inseln, seit sie in den fünfziger Jahren als britische Atomtestzone Verwendung fanden. Zumindest aber hat Kiribati, bei seinem Wandel von der britischen Kolonie zum Protektorat, die englische Sprache als offizielle Amtssprache beibehalten – was Daniel Wilson das Dichten erleichtern sollte. Und mit ein paar Kokosnüssen und dem gelegentlichen Baströckchen am Strand ist der unternehmungslustige Student schon ganz zufrieden: »Vielleicht bleibe ich ja dort und komme nie wieder zurück nach Blackpool.«

5:

NORDIRISCHE STIMMEN

Welche Chancen für den Frieden?

HILFE – DER BRÄUTIGAM IST KATHOLISCH

»Ja, ist es denn wahr? Sind Sie ganz sicher?« Die Lady im blaugeblümten Feiertagskleid, die mit ihren Freundinnen vorm Kirchenportal steht, weiß ihre Überraschung kaum zu verbergen. »Ganz sicher«, bekräftigt die gelbgeblümte Lady zu ihrer Linken. »Ich weiß es von der Familie der Braut.« Eine Dame mit goldbesticktem Handtäschchen am Arm und enormer Straußenfeder am Hut, die just zu der kleinen Gruppe gestoßen ist, will auch wissen, worum es geht. »Haben Sie's noch nicht gehört?« setzt die Gelbgeblümte die Straußenfeder ins Bild. »Der Bräutigam ist katholisch!« Nun mag ein katholischer Bräutigam in den meisten Gegenden Europas nicht gerade ein weltbewegendes Ereignis sein. Aber hier im nordirischen Bangor, in diesem lupenrein protestantischen Küstenstädtchen östlich von Belfast, einer Hochburg des Unionismus, einem Bollwerk trutziger Abwehr gegen die verderblichen Einflüsse Roms, ist ein katholischer Bräutigam schon ein seltener Vogel. Jahrhundertelang haben die protestantischen Siedler Ulsters und ihre Nachfahren schließlich die römisch-katholischen Eingeborenen auf Distanz zu halten versucht – überall auf dem Lande, wo die Katholiken den protestantischen Farmern traditionell die Äcker bestellten, und in den Städten sowieso.

Und nun also, 300 Jahre nach König Billys historischem Sieg über die Papisten am Boyne-Fluß, kapituliert das protestantische Bürgertum von Bangor vor einem katholischen Schwiegersohn? Der wohlhabende Ulster-Clan der Scotts läßt sich zu einer Verbindung herab mit einer bäuerlichen Sippschaft aus dem irischen Süden? »Immerhin«, meint die blaugeblümte Lady zur gelbgeblümten, »hat er seinen eigenen Glauben hintangestellt und läßt sich presbyterianisch trauen.« Was kann der gute Robert schließlich dafür, daß seine Mutter aus einer Farmersfamilie drunten in der Republik Irland kommt, aus einem Haus, in dem statt König Billy und Königin Elisabeth der Papst und die Jungfrau Maria von der Wand lächeln... Und Roberts Mutter hat seinerzeit immerhin einen Engländer, einen britischen Eurokraten geheiratet, der der Familie den in protestantischen Ulster-Ohren unverdächtigen Namen Thompson bescherte. Mit einem Robert Thompson können die Scotts aus Bangor leben. Mit einem Pat O'Connor oder einem Tadgh O'Malley hätten sie schon eher ihre Schwierigkeiten gehabt. Daß der Schwiegersohn, ein ausgebildeter Koch und professioneller Segler mit internationalen Verbindungen, außerdem ein guter und zäher Arbeiter ist, hat ihm die Aufnahme in die Schiffsbauer-Familie Scott in Bangor wesentlich erleichtert: Nichts zählt in Ulster soviel wie die protestantische Arbeitsethik, die sich seit alters im Glauben sonnt, Nordirland durch »eigener Hände Arbeit« aus ehemals katholisch-keltischem Brachland in ein protestantisches Kleinod wirtschaftlicher Betriebsamkeit verwandelt zu haben.

Die fast schon in Fleisch und Blut übergegangene Geringschätzung für die katholischen Landsleute, die dieser Haltung innewohnt, hat freilich an diesem Tag, dem Hochzeitstag von Mandy Scott und Robert Thompson, einer betonten Toleranz und bemühten Liebenswürdigkeit Platz gemacht, mit der das protestantische Bangor den Aufmarsch der katholischen Verwandtschaft Roberts zu bewältigen sucht. Niemand nimmt Anstoß daran, daß die Katholiken sich beim Vaterunser verlegen bekreuzigen und daß Roberts Schwester Rosaleen mit einem Vortrag des Schubertschen Ave Maria auf schlauen Umwegen die heilige Mutter Gottes in die kühlen protestantischen Mauern einschmuggelt. Selbst der Pfarrer, ein rotwangiger Presbyterianer der verbindlichen Sorte, bemüht sich redlich, die gemeinsamen »christlichen« Werte der Heirat herauszuarbeiten und keinen konfessionellen Triumphalismus irgendwelcher Art aufkommen zu lassen. Die Gäste aus dem Süden ihrerseits revanchieren sich beim anschließenden Hochzeitsempfang im Königlichen Jacht-Club Ulster mit artigen Komplimenten für die Gastgeber. Wie eindrucksvoll das schöne Club-Gebäude sei, wird immer wieder betont, und wie herrlich es über der Bucht von Bangor liege, ein wahrer Traum. Die gute Bewirtung wird gebührend gepriesen, und bei den Tischreden sind sich das protestantische und das katholische Irland einig in ihrem Respekt für Religiosität, in ihrer Nervosität über erotische Anspielungen und in ihrem Enthusiasmus über rhetorische Paradestücke. Nur als Brautvater Scott sich in (holprigen) Reimen zum Lobe des Brautpaars versucht, spielt ein amüsiert-mitleidiges Lächeln um die Mundwinkel der südirischen Verwandtschaft: Mag das protestantische Ulster so wohlhabend und so einflußreich sein, wie es will – in Sachen Poesie macht es den Töchtern und Söhnen der irischen Republik nichts vor. Später am Abend, als der Alkohol Zungen und Krawatten löst, erlaubt sich dann auch schon mal einer der Gäste eine trockene Bemerkung zu der Tatsache, daß auf der Ehrentafel der Präsidenten des Königlichen Jacht-Clubs Ulsters, unter den Porträts Elisabeths und Philips, so gut wie kein katholischer Name zu finden ist. »In diesem Club«, brummt Roberts Onkel Liam, »findest du mit Sicherheit nicht viele Connors oder Kennedys.« Tante Maureen, im Garten den Blick zur Bucht genießend, sagt lakonisch: »Wenn Roberts Hochzeit nicht gewesen wär, wären wir in diesen Club unser Lebtag lang nicht reingekommen.« Halb respektvoll und halb trotzig flanieren die katholischen Gäste über den gepflegten protestantischen Rasen hinterm Clubhaus. »Ob wir hier überhaupt drauf gehen dürfen?« fragt Tante Maureen, ohne eine Antwort abzuwarten. »Wahrscheinlich nicht«, meint Onkel Liam. »Das Gras hier ist bestimmt 300 Jahre alt.« Die anderen lachen, jeder weiß, was mit dieser Bemerkung gemeint ist – die 300jährige protestantische Dominanz in Ulster, die uralte soziale Trennung der Gesellschaft entlang einer konfessionellen Linie. Jeder weiß auch, mit welcher Macht diese Geschichte ihre Schatten auf die Gegenwart wirft; und wie schwierig, wie bemüht selbst eine sporadische

Begegnung der beiden Bevölkerungsgruppen anläßlich einer Hochzeit einstweilen bleibt.

Vielleicht, meint einer der katholischen Gäste optimistisch, werde ein Brückenbau wie der von Mandy und Robert für die ferne Zukunft Nordirlands eine gewisse Wirkung haben. Die anderen sind eher skeptisch. Immerhin müssen ihr Zögling Robert und seine junge Frau Mandy nicht befürchten, eines Morgens von einer Gewehrsalve aufzuwachen, abgefeuert von unbekannten Nachbarn. Derlei rauhe Traditionen der Begrüßung von Mischehen sind höchstens aus Belfasts oder Derrys Arbeitervierteln, aus dem Revier der aufgehetzten Underdogs bekannt. In Bangor, im Jacht-Paradies der Mittelklasse Ulsters, geht es um einiges zivilisierter zu. Solange Robert sich nur anpaßt und der Rest der katholischen Sippschaft anderntags wieder abreist, verkraftet das Selbstbewußtsein der Scotts auch mal ein Ave Maria in der Presbyterianischen Kirche.

GARVAGHY ROAD

In Portadown gibt es keinen Jacht-Club. In Portadown spart man sich die Liebenswürdigkeiten. Was das Städtchen südlich von Belfast bekanntgemacht hat, sind die allsommerlichen Konfrontationen zwischen Orangisten und katholischen Anwohnern. Portadown ist zur exemplarischen Stätte des alljährlichen Ringens um Recht und Vorrecht in der Provinz Ulster geworden: Hier glauben die Protestanten ihren katholischen Mitbürgern noch zeigen zu müssen, wer wer ist im Staate Nordirland und wer sich besser zu Hause versteckt, wenn Pfeifen, Schärpen und Lambeg-Trommeln zum »Zwölften« die Garvaghy Road heruntermarschiert kommen. Der 12. Juli ist der Tag, an dem das protestantische Nordirland King Billys Boyne-Sieg von 1690 feiert. Wilhelm von Oranien (wie »Billy« in Wirklichkeit hieß) hatte an diesem Tag dem katholischen Irland seine vernichtendste Niederlage beigebracht und die Privilegien der protestantischen Siedler auf der Insel für lange Zeit gesichert. Aus Dankbarkeit – und zum Zeichen ihrer unverminderten Entschlossenheit, katholisches Aufbegehren niederzuhalten – sammelten sich die Protestanten hundert Jahre später im sogenannten Orange Order, dem Oranier-Orden, und begannen den »Paddies« im Lande mit ihren Orangistenmärschen eine Lektion in Herrschaft zu erteilen.

Noch einmal zweihundert Jahre sind seither vergangen, aber die Tradition des orangistischen Triumphmarsches hat von ihrem Reiz (für die Protestanten) und ihrer Provokation (für die Katholiken) kein Quentchen eingebüßt. Eher hat die Marschfrage fürs protestantische Ulster an Bedeutung gewonnen, seit die Protestanten in den letzten Jahren an tatsächlichem Einfluß auf die politischen Ereignisse verloren haben. In Portadown zum Beispiel wollen die Orangisten schlicht nicht einsehen, daß ihre traditionelle Marschroute auf einem Teilabschnitt nunmehr durch katholische Wohngebiete führt – und daß deren Bewohner das Selbstbewußtsein haben, sich diesem Marsch durch ihre Quartiere in den Weg zu stellen. Die Garvaghy Road ist so in den letzten beiden Sommern zum Brennpunkt des anhaltenden Konflikts in der Provinz geworden. Die Flammen, die aus diesem Feuerchen loderten, wurden im Juli 1996 noch angefacht von einer britischen Regierung, die den Portadown-Marsch zuerst verbieten wollte, ihn dann aber, unter dem kollektiven Druck der Protestanten, doch zuließ. So groß war der Zorn des katholischen Irland über diese Entscheidung, daß ansonsten maßvoll agierende Persönlichkeiten wie der Kardinal Cahal Daly von einer britischen »Kapitulation vor der Gesetzlosigkeit« sprachen oder, wie der Dubliner Regierungschef John Bruton, London ankreideten, »gegen Vereinbarungen verstoßen« zu haben. Auf protestantischer Seite sah und sieht man dagegen »ein Bürgerrecht« bedroht. »Dies ist unsere traditionelle Route«, verteidigt der Sekretär der örtlichen Orangisten-Loge, David Benson, den unbeirrbaren Marschwillen seiner Truppen. »Dies ist eine öffentliche Straße.« Sollten aber die Katholiken auch in Zukunft versuchen, den Marsch zu stoppen, werde man ihnen die Stirn zu bieten wissen. Ein paar republikanische Provokateure seien doch letztlich die Drahtzieher hinter den Protesten, meint auch der Vorsitzende der Ulster-Unionisten (und einer der Oberen der Orangisten-Loge), David Trimble. »Und allgemein herrscht das Gefühl, daß wir den Republikanern schon mehr als genug nachgegeben haben.«

»DIE GRENZE IN DEN HERZEN UND HIRNEN ÜBERWINDEN«

Wer soll wem nachgeben in der Nordirland-Frage? Wenn es nach John Hume ginge, würden sich beide Seiten verständig zeigen. In Humes überwiegend katholischer Heimatstadt Derry, am anderen Ende der Provinz, im Westen, ist immerhin im Sommer 1996 ein Zusammenprall aufgebrachter Einwohner mit protestantischen Marschteilnehmern vermieden worden. Humes Mittlerrolle und eine erneute Kehrtwendung der britischen Regierung konnten Derrys Protestanten dazu bewegen, es bei einer symbolischen Präsenz auf den umstrittenen Stadtmauern zu belassen. John Hume ist freilich auch das politische Schwergewicht der zweiten Stadt Nordirlands (die Ulsters Protestanten weiterhin beharrlich Londonderry nennen). Er ist der langjährige Unterhaus- und Europa-Abgeordnete der Gegend und gleichzeitig der Führer der moderaten Katholiken der Provinz, der nordirischen Sozialdemokraten. Vor allem aber ist Hume seit Beginn der nordirischen Unruhen 1969 eine der Schlüsselfiguren für die Lösung des Nordirland-Konflikts gewesen. Der frühere Lehrer und heute 60jährige Politiker, der einmal die Bürgerrechtsbewegung der Katholiken in Ulster mit anführte, hat sich seit langem einem einzigen, großen Ziel verschrieben – den Unruhen ein Ende zu bereiten und seinen gequälten Landsleuten endlich zu einem politisch gesicherten Frieden zu verhelfen. Als individueller Motor für die Suche nach Konsens hat Hume sich unermüdlich für eine gewaltfreie Übereinkunft der streitenden Parteien eingesetzt. Viele Initiativen der Londoner und der Dubliner Regierung aus den letzten Jahren gehen auf ihn und auf seine Ideen zurück.

»Übereinkunft« ist dabei das Wort, das Hume, gleichsam programmatisch, in die nordirische Debatte eingeführt hat. »Das Endziel des Friedensprozesses«, erklärt er, »muß schlicht Übereinkunft sein – die Verständigung eines geteilten Volkes. Übereinkunft bedroht niemanden. Sie bedroht keinen Bevölkerungsteil. Für beide Bevölkerungsteile bildet sie eine Herausforderung – sich zum ersten Mal an den Verhandlungstisch zu setzen und eine solche Übereinkunft zu schließen. Letztendlich ist Übereinkunft, ist die Frage, wie man sich regieren lassen will, ja das Fundament der Stabilität und der Demokratie jeder Gesellschaft. Vor allem einer geteilten Gesellschaft.« Aber wieviel Aussicht besteht auf eine solche Übereinkunft? Die protestantischen Unionisten haben sich ja nun, wiewohl zögernd und widerwillig, mit Humes Sozialdemokraten, mit den kleineren nordirischen Parteien, mit der irischen und der britischen Regierung an einen Tisch gesetzt – bei den sogenannten »Allparteien-Gesprächen« in Stormont bei Belfast, die im Sommer 1996 in Gang kamen und die in etwa das sein mögen, was sich Hume einmal vorgestellt hat. Daß es zu solchen Verhandlungen überhaupt gekommen ist, betrachtet Hume schon als beträchtlichen Erfolg. Die Probleme bei der Suche nach einem »historischen Kompromiß« zwischen Katholiken und Protestanten unterschätzt er freilich nicht: »Übereinkunft zu finden, das ist immerhin etwas, was noch nie vollbracht worden ist in diesem Teil der Welt.« Was, frage ich, sind denn die Haupthindernisse für die Parteien, für eine Annäherung der beiden Bevölkerungsgruppen generell? »Im Grunde besteht das Problem darin, daß wir es mit zwei ganz verschiedenen, zementierten Denkweisen zu tun haben, überall im Lande. Das eine ist die unionistisch-protestantische und das andere die katholisch-nationalistische.« Die Denkweise der Unionisten (die den Erhalt der Union mit England anstreben) beschreibt Hume dabei so: »Wir Protestanten sind eine Minderheit in Irland, darum können wir uns nur schützen, indem wir alle Macht an uns reißen und alle anderen draußen vor der Tür stehenlassen.« Diese Haltung habe zu weitverbreiteter Diskriminierung geführt und in der Folge zu bitterem Konflikt. »Was wir heute zu den Unionisten sagen, ist: Seht her, ihr habt nichts zu fürchten, aufgrund eurer geographischen Lage und eurer schieren Zahl kann dieses Problem ohne euch gar nicht gelöst werden.«

Im katholischen Lager dagegen, bei den sogenannten Nationalisten (die der irischen Nation angehören wollen), werde traditionell »in territorialen Begriffen« gedacht: »Dieses Land gehört uns, ihr Unionisten seid nur eine Minderheit, ihr könnt uns nicht daran hindern, uns zu vereinen.« Zu dieser Haltung sage er: »Schaut mal, es geht doch hier um Menschen, nicht um Territorium. Und wenn die Menschen uneins sind, könnt ihr sie nicht vereinen durch irgendeine Form von Zwang – das schafft man nur durch freie Übereinkunft.« Letzteres hat Hume vor allem der einen, der einzigen Organisation einzuhämmern versucht, deren Stuhl bei den Stormonter Verhandlungen von Anfang an leer blieb. Die republikanische Bewegung Irlands, bestehend aus den Untergrund-Truppen der Irisch-Republikanischen Armee (IRA) und der Republikaner-Partei Sinn Fein, setzte in den langen Jahren der »Troubles« alles auf territorialen Sieg und wollte die irische Wiedervereinigung mit Gewalt erzwingen, gegen den Willen der Unionisten. Im Unterschied zu Humes Sozialdemokraten traten die Republikaner, die militante Fraktion der nordirischen Katholiken, mit der Waffe in der Hand – oder hinterm Rücken – auf die politische Bühne. Ihnen diese Waffe durch geduldiges Zureden aus der Hand zu nehmen, sie in den demokratischen Prozeß einzubinden und dadurch auf der anderen, der protestantischen Seite Mauern der Abwehr aufzubrechen, war Humes Idee schon vor vielen Jahren. Erste Fühler zur IRA streckte der Sozialdemokrat bereits 1972, in einem sehr frühen Stadium der Unruhen aus. 1988 intensivierte er seine Anstrengungen. Und von 1991 bis 1993 kam es zu einem regelrechten Dialog zwischen ihm und dem Führer der Republikaner, dem Sinn-Fein-Präsidenten Gerry Adams – einem Dialog, der letztlich, mit etwas Hilfestellung aus London, Dublin und Washington, zur sensationellen IRA-Waffenstillstands-Erklärung vom Sommer 1994 führte.

»Hier in Irland«, erklärt John Hume seinen damaligen Erfolg, »haben wir nun mal ein paar patriotische Ideen mit der Muttermilch eingesogen – so etwa die Vorstellung, daß es eine noble Sache sei, für Irland sein Leben zu lassen. Viele Leute sind damit aufgewachsen, und das war auch die Basis der IRA-Philosophie. Die IRA ging davon aus, daß Britannien in Irland gewaltsam für die eigenen Interessen kämpfte – und daß im Gegenzug die Iren gegen London in die Schlacht ziehen mußten.« Dies, suchte Hume den Republikanern klarzumachen, war längst nicht mehr der Fall. »Mein Argument war: Wir kämpfen nicht wirklich gegen die Briten – wir bekämpfen die Protestanten im eigenen Lande.« Den Beweis für diese Behauptung half, auf Drängen Humes, die britische Regierung zu erbringen, die sich in der Frage der verfassungsmäßigen Zukunft Nordirlands in aller Form für neutral erklärte und mehrfach versicherte, »kein strategisches, wirtschaftliches oder selbstsüchtiges Interesse« mehr am Besitz der irischen Provinz zu haben. »Ich glaube, es ist Zeit für uns alle, die Vergangenheit hinter uns zu lassen«, sagte Hume nach dieser britischen Verlautbarung. Knapp 18 Monate Waffenstillstand erreichten seine Anstrengungen, und den Start der erhofften Stormonter Verhandlungsrunde. Aber der »dauerhafte Friede«, den Hume aushandeln wollte, blieb ihm zunächst versagt. Im Februar 1996 brach die IRA die Waffenruhe wieder, nachdem London und die Unionisten die Beteiligung Sinn Feins an Verhandlungen wegen des Problems der terroristischen Waffenarsenale erst einmal verhindert hatten. »Es ist tragisch, daß diese einzigartige Gelegenheit nicht genutzt wurde«, meint John Hume zurückblickend. »Aber ich würde nicht sagen, daß alle Hoffnung schon verloren ist. Wenn alle Seiten es wollen, liegt eine neue Waffenruhe im Bereich der Möglichkeiten.«

Daß die alten Feinde sich nicht über Nacht in Freunde verwandeln würden, daß die Suche nach Übereinkunft Zeit, Energie, beharrliche Geduld erfordern würde, war Hume von vornherein klar. »Es gibt einfach kein Sofortprogramm, das die Gegensätze der Jahrhunderte heilen könnte. Die wahre Grenze Irlands ist ja nicht die Grenzlinie auf der Landkarte. Die wahre Grenze verläuft in den Herzen und Hirnen der Menschen. Die kann nicht in ein, zwei Wochen aufgehoben werden. Was wir brauchen, ist ein heilender Prozeß, das heißt die Schaffung von Institutionen, die unsere Unterschiede respektieren, es uns aber zugleich erlauben, im gemeinsamen Interesse zusammenzuarbeiten.« Als »gemeinsames Interesse« identifiziert Hume wirtschaftliche Interessen, den »Brot-und-Butter-Bereich« von Arbeitsplätzen und Investitionen. Hier und, parallel, in politischer Übereinkunft könnten Protestanten und Katholiken lernen, Barrieren abzubauen. »Wenn es nur einmal gelingt, eine allererste Übereinkunft zu finden, gleich wie diese Übereinkunft aussieht, dann sind wir auf dem Weg, dann kann das alte Mißtrauen abgebaut werden. Dann wird sich das neue Irland entwickeln, wie sich, aus den Weltkriegstrümmern, das neue Europa entwickelt hat. Das ist meine Strategie. Mein Traum ist, daß das nächste Jahrhundert das erste in Irlands Geschichte sein wird, in dem kein Blut mehr auf den Straßen Irlands vergossen wird.«

STORMONTS QUADRATISCHE TAFELRUNDE

Und so sitzen sie nun also droben auf Stormont und verhandeln, die nordirischen Parteien. Eine »Tafelrunde« ist es zwar nicht geworden, das »Allparteien-Gespräch«: Eher versucht man, ein quadratisches Arrangement, mit scharfen politischen Kanten, auf wundersame Weise in eine Runde zu verwandeln. Wieviel Erfolgsaussichten dieser gemeinsame Kraftakt hat, wagen derzeit nicht einmal die Propheten der Provinz zu kalkulieren. Wie John Hume sagt: So etwas ist noch nie versucht worden. Mit Sicherheit hat das Gebäude, auf dessen Gelände die Verhandlungen stattfinden, etwas wie diese »Allparteien-Gespräche« noch nie gesehen. Daß sich eines Tages auf Stormont Ulsters protestantische Parteien mit ihren katholischen Pendants zu einer Grundsatzdebatte zusammenfinden könnten, mit Repräsentanten nicht nur der britischen, sondern auch der verpönten irischen Regierung am Tisch, das hätte man sich viele Jahre lang nicht träumen lassen.

Stormont, das wuchtige graue Schloß auf einem Hügel im Osten Belfasts, war schließlich von Anfang an ein unionistisches Trutzgebäude, der Stein gewordene Herrschaftsanspruch des protestantischen Ulster gewesen: Seit seiner Eröffnung 1932 bis zur Übernahme der direkten Regierungsgewalt durch London 1972 war es, was einer der dort residierenden nordirischen Premierminister einmal selbstzufrieden »ein protestantisches Parlament für eine protestantische Bevölkerung« nannte. Als Parlaments- und Regierungssitz verkörperte Stormont in jenen vier Jahrzehnten die Vorherrschaft der protestantischen Mehrheit über die katholische Minderheit. Je entschlossener es allen Angriffen auf die Privilegien der Protestanten zu trotzen schien, desto verhaßter war es bei denen, die in ihm den Inbegriff undemokratischer Verhältnisse und erzwungener Loyalität zur Krone sahen. Für katholische Gleichberechtigung oder gar für das Verlangen der katholischen Nationalisten nach einer vereinigten irischen Nation war in Stormont Castle kein Raum. Das Entfalten der irischen Trikolore war auf diesem Hügel, wie in ganz Nordirland, verboten. Das einzige erlaubte Bekenntnis war das zur Union mit England, das der Unionisten. Und auf dem Dach der Protestanten-Burg flatterte, im frischen irischen Winde, der Union Jack, das Emblem Großbritanniens.

Die Schließung Stormonts durch London auf dem ersten blutigen Höhepunkt des Nordirland-Konflikts 1972 signalisierte das Ende der absoluten Souveränität des nordirischen Protestantismus über »sein« Territorium. Seit die britische Zentralregierung Nordirland unter Direktverwaltung stellte, war das politische Leben nicht mehr das gleiche in den Sechs Grafschaften, den zum Vereinigten Königreich gehörenden »Six Counties«. Zum Entsetzen der Protestanten gewährte London der Dubliner Regierung 1985 im Vertrag von Hillsborough ein begrenztes Mitspracherecht in Nordirland – mit Büroräumen in den Verwaltungsgebäuden von Schloß Stormont. Und als die IRA im Sommer 1994 ihren Waffenstillstand ausrief, begann die britische Regierung auf Stormont Castle Delegationen der Republikaner-Partei Sinn Fein zu empfangen: ein Sakrileg in den Augen protestantischer Traditionalisten, die ihr Bollwerk gegen das katholische Irland endgültig »untergraben« und »durchlöchert« fanden.

Einen Ausweg aber gab es nicht für die unionistischen Parteien. Die Zugehörigkeit Ulsters zum Vereinigten Königreich war ihnen zwar weiterhin garantiert – solange eine Mehrheit in Nordirland sich dafür aussprach. Die Garantie für ihre Vormachtstellung in Ulster aber war abgelaufen. Dublin war als Partner Londons in nordirischen Fragen fest etabliert. Nun suchten die beiden Regierungen die Nationalisten an der Entscheidungsfindung, an der Gestaltung der Zukunft Nordirlands, zu beteiligen. Diesem Druck konnten sich die Protestanten nicht entziehen: Im Juni 1996, zu Beginn der »Allparteien-Gespräche« sagten sie zähneknirschend zu, daß sie sich »probeweise« einmal mit an den Tisch setzen wollten. Erleichtert wurde ihnen dieser Schritt durch die Abwesenheit Sinn Feins, der mit der IRA liierten Partei der irischen Republikaner unter Gerry Adams. Die Ironie der Geschichte wollte es nämlich, daß vier Monate vor Beginn der Gespräche, die auch und vor allem der Integration Sinn Feins in den politischen Prozeß dienen sollten, der Waffenstillstand der IRA kollabiert war: und ohne Waffenstillstand war an eine Beteiligung Sinn Feins nicht mehr zu denken. Seither kümmerten die Verhandlungen in Stormont vor sich hin, während die irische Regierung und Humes

Sozialdemokraten die Republikaner verzweifelt zur Erklärung eines neuen Waffenstillstands drängten. Statt dessen antwortete die IRA zunächst einmal mit einer Ausweitung ihrer Aktionen. David Trimbles Ulster-Unionisten forderten zusätzlich zu einer möglichen zweiten Waffenstillstandserklärung auch handfeste Beweise für den Abrüstungswillen der IRA. Und Ian Paisley, der Veteran des harten Protestantismus, erklärte, er werde jedenfalls »mit Leuten wie Adams« so oder so nicht an einen Tisch sitzen.

BÄRTIGER DÄMON – ODER FRIEDENSSTIFTER AUS WEST-BELFAST?

»Wir gehen durch eine gefährliche Phase«, sagt Gerry Adams, »durch eine Phase mit beträchtlichen Risiken.« Krieg oder Frieden, das sei keine Frage, die sich übers Knie brechen lasse: »Vieles hängt in der Schwebe im Augenblick.« Überzeugt sei er dennoch, daß am Ende des gegenwärtigen Prozesses eine Friedensvereinbarung stehen werde – auch wenn noch »viel Arbeit« zu leisten sei, bis die Früchte einer solchen Vereinbarung geerntet werden können.

Auszudrücken weiß er sich, der Mann mit der tiefen Stimme und dem kühlen Charme, den viele Briten heute noch als »Staatsfeind Nummer eins« betrachten, als einen bärtigen Dämon, der insgeheim die dunklen Kräfte der IRA befehligt. Er selbst sieht sich viel lieber als einen Friedensstifter, als einen republikanischen Diplomaten, der alles in seiner Macht Stehende dazu beitragen will, den in den Sumpf gefahrenen Karren der Nordirland-Politik wieder flottzukriegen. Soll man ihm glauben, daß er Teil der Lösung des Problems sein will, und nicht bloß das Problem, an dem die anderen zu beißen haben? Oder ist sein artiges Auftreten nur Maskerade? Verbirgt sich hinter den Friedensbeteuerungen ein teuflisch kluges, taktisches Spiel der Terroristen?

Der 48jährige Sinn-Fein-Präsident ist es jedenfalls gewohnt, daß man an seiner Rolle zweifelt, daß man an seiner Person irre wird. Seit er, zusammen mit ein paar engen Vertrauten, eine »Friedensstrategie« für Sinn Fein entwickelte, derzufolge die Republikaner sich von der »militärischen Komponente« ihres Kampfes um die irische Einheit trennen sollten, um den politischen Knoten der »Troubles« zu lösen, ist über die Motive Adams' leidenschaftlich gerätselt worden. Dabei war Gerry Adams, mit seiner eigentümlichen Mischung aus Verbindlichkeit und Härte, von Anfang an prädestiniert dazu, eine Kursänderung der Republikaner einzuleiten und zu propagieren: Er hatte republikanischen »Stallgeruch« (sein Vater war in den vierziger Jahren inhaftiert gewesen, sein Großvater mütterlicherseits stand mit dem Arbeiterführer James Connolly im Bunde) und war auch selbst bereits als 17jähriger, unter dem Eindruck der Diskriminierung der nordirischen Katholiken, Sinn Fein beigetreten, um sich an Straßenprotesten gegen die Arbeitslosigkeit von Katholiken und gegen die Benachteiligung »seiner Leute« bei der Zuteilung von Sozialwohnungen zu beteiligen. Adams machte rasch Karriere in den republikanischen Reihen. Zu Beginn der Unruhen, Anfang der siebziger Jahre, ergriff er unter dem Eindruck loyalistischer Überfälle auf katholische Viertel für die IRA Partei. Wenige Jahre später soll er, was er selbst bestreitet, bereits Kommandant der Belfaster Abteilung der Untergrund-Armee gewesen sein. Mehrere Jahre verbrachte er in Haft, wiewohl ihm außer einem Ausbruchsversuch nie irgend etwas nachgesagt werden konnte. In den Gefängnisjahren bereitete er die Ummodelung Sinn Feins in eine ernstzunehmende Partei vor, die mehr sein sollte als nur ein Sprachrohr der IRA.

1983, als ihn seine Gefolgsleute zum Präsidenten Sinn Feins machten, war die Politisierung der Republikaner bereits in vollem Gange. 1987 veröffentlichte die Partei unter Adams' Führung ein erstes »Friedensszenarium«. In den folgenden Jahren wurden geheime Kontakte mit London aufgenommen, die Unionisten, anders als in der Vergangenheit, als »geschätzte Mitbürger« umworben. Im Dialog mit dem Sozialdemokraten John Hume rückte Adams weiter in Richtung politische Konfliktlösung. Und als die IRA im August 1994 ihren Waffenstillstand ausrief, sah sich »der Mann mit den kalten, toten Augen«, wie ihn eine Londoner Zeitung einmal charakterisiert hatte, auf internationalem Parkett mit einem Mal als Friedensbringer gefeiert. Fasziniert verfolgten britische Kommentatoren Adams' Aufstieg in die große Welt der

Politik, seine Auftritte in Dublin, seinen Besuch im Weißen Haus in Washington, seinen Händedruck mit dem US-Präsidenten auf der Straße in Belfast, seine Glamour-Tour nach der Veröffentlichung seiner Autobiographie »Bevor es Tag wird«, die in irischen Buchhandlungen binnen Tagen auf Platz 1 der Bestseller-Liste schoß. Und fast erleichtert taten dieselben Beobachter ihn stracks wieder in Acht und Bann oder schrieben ihn als politische Größe ab, als die IRA im Februar 1996 ihren Waffenstillstand beendete und erneut zu morden begann.

Kann es Adams verwundern, daß »die andere Seite« nicht klarkommt mit seiner Rolle, mit den Absichten der von ihm geführten Bewegung? Nein, Gerry Adams wundert es nicht. Ein bißchen, meint der Führer der irischen Republikaner, komme ihm die augenblickliche Situation in der Tat vor »wie die Begegnung zweier Hunde auf der Straße, die sich beschnuppern, die sich neugierig umkreisen«.Aber handelt es sich nicht eher um ein tiefsitzendes Mißtrauen als um Neugier? Und ist dieses Mißtrauen nicht sehr verständlich, da die IRA offenbar glaubt, republikanische Argumente wieder mit Bomben unterstützen zu müssen? Er selbst »bedaure zutiefst«, daß der Waffenstillstand zu einem Ende gekommen sei, sagt Adams. Es mache ihm keinerlei Spaß, ins politische Abseits gedrängt zu sein und von echten Verhandlungen ausgeschlossen zu bleiben. Die Schuld für diese Situation sieht Adams aber natürlich nicht bei der IRA, sondern bei der Gegenseite, bei Briten und halsstarrigen Unionisten. »Es ist wirklich traurig, daß die Chance, die sich im August 1994 mit der Ausrufung des IRA-Waffenstillstands ergab und die anderthalb Jahre anhielt, nicht genutzt wurde – immerhin bezeichnete John Major selbst sie als die beste Friedenschance seit 25 Jahren.« Daß die britische Regierung ihre Versprechen damals nicht gehalten habe, daß IRA-Gefangene nicht entlassen, Soldaten nicht rechtzeitig aus Nordirland abgezogen, keine echten Verhandlungen eingeleitet worden seien, habe den Waffenstillstand, habe den »Vertrauensvorschuß« der Republikaner leider untergraben. An der neuen britischen Regierung liege es nun, dieses Vertrauen wieder aufzubauen, mit der Zusicherung »echter« Gespräche, mit einem Rahmenplan für deren zeitlichen Ablauf, mit dem Verzicht auf Vorbedingungen irgendwelcher Art (was die Entwaffnung der

FOLGT IHM DIE IRA? Sinn-Fein-Präsident Gerry Adams sieht sich als »republikanischer Friedensstifter«

IRA meint). Steuere London diesen Teil des »Puzzles« bei, sehe er keinen Grund, warum das »Friedens-Paket«, das die IRA beim ersten Mal für einen Waffenstillstand gewann, nicht auch ein zweites Mal diese Wirkung sollte haben können: »Wenn wir die richtigen Bedingungen schaffen, dann können wir auch eine neue Chance dieser Art schaffen und verankern.« Gewisse Leute, »die sich gegen Wandel wehren«, hätten den Frieden aufgeschoben, meint Adams: »Daß sie ihn letztlich verhindern können, glaube ich aber nicht.«

Dieser Hieb gilt den Unionisten, »die sich vor dem Wandel, vor der Zukunft, vor offenem Dialog so sehr fürchten«. Wie groß aber ist der Widerstand in seinen eigenen Reihen gegen den »Friedenskurs«, den er und die übrige Sinn-Fein-Führung für sich reklamieren? Das schlichte Bild von Falken gegen Tauben hält der Republikaner-Boß jedenfalls, auch was die IRA betrifft, für untauglich. »Ganz generell« hätte praktisch jedermann 1994 den von ihm angeratenen Waffenstillstand als »den richtigen Weg« betrachtet. Davon abgesehen, habe es freilich von Anfang an eine lebhafte Debatte um viele Einzelfragen, um die Entwicklung der Dinge gegeben: »Im Grunde gibt es so viele Positionen, wie es Republikaner gibt in der republikanischen Bewegung.« Strittig, meine ich, müsse doch auch die Frage sein, wohin Adams die Republikaner führen wolle. Sinn Feins Daseinszweck sei schließlich, wie der der IRA, die irische Wiedervereinigung: Aber die Hoffnungen auf einen Friedensvertrag, auf einen historischen Kompromiß mit Nordirlands Protestanten, wie ihn Adams ansteuere, seien ja wohl unrealistisch. »So weit wie möglich«, meint Adams, wolle man natürlich kommen auf diesem Weg, mit Hilfe »geschickter Unterhändler«. Und »von ihrem Charakter her« werde eine solche Vereinbarung, wie er das sehe, zweifellos »eine gesamtirische« sein. Aber die irische Einheit werde sie nicht unbedingt bringen? Eine Übergangslösung sei für ihn akzeptabel? »Soweit wir sie als Übergangslösung deklarieren, sind wir bereit, alle Vorschläge in Betracht zu ziehen.« Auch Ideen wie die einer irischen Föderation, mit Parlamenten in Dublin und in Belfast? »Wir würden uns in Verhandlungen von unserem Ziel leiten lassen, die britische Herrschaft über Irland zu beenden. Aber wir sind offen für alle möglichen Ideen und Vorschläge.«

Mehr, lacht Adams, könne er im Augenblick nicht sagen: »Wir sind ja noch nicht einmal am Verhandeln – die Hunde beschnuppern sich noch.« Aber einen Friedens-Deal mit den Protestanten, der die irische Einheit unverwirklicht ließe, glaube er seinen republikanischen Mitstreitern zumuten zu können? »Wir würden keiner Vereinbarung zustimmen, ohne sicher zu sein, daß sie bei unseren Leuten auf Zustimmung stieße.« Am wichtigsten für alle Beteiligten scheine es ihm indes, fügt er hinzu, erst einmal von der Gewalt wegzukommen: »Die Hauptaufgabe der aktuellen Phase ist, dem Konflikt ein Ende zu bereiten.« Und alles, was Sinn Fein wolle, sei, als ordentlicher, gleichberechtigter Partner die Zukunft Irlands mitauszuhandeln. Was doch wieder auf die Notwendigkeit eines IRA-Waffenstillstands zurückführt, und darauf, daß niemandem Verhandlungen mit Sinn Fein zugemutet werden können, solange der Schatten der IRA über solchen Verhandlungen liege? »Natürlich«, meint Gerry Adams, »können wir nicht in den Verhandlungssaal spazieren und sagen, also hört mal her, das und das wollen wir, und wenn wir's nicht bekommen, dann geht draußen der Krieg wieder los.« Sinn Fein müsse an den Verhandlungstisch, »um zu versuchen, mit unseren Feinden endlich Frieden zu schließen«.

MIT DEM »FREISTAAT« NICHTS IM SINN

Die »Feinde« hören es mit bangem Herzen. Bevor es Tag wird in Nordirland, liegen die Schleier eines schweren Morgengrauens auf dem Land. »Am Anfang«, sagt Samuel Lutton, »waren die Leute hier ja einigermaßen optimistisch. Aber nach den neuen IRA-Bomben sind die Zweifel wieder wachgeworden bei uns allen. Die Situation ist ernst. Wenn es so weitergeht, fängt der ganze Schlamassel wieder von vorne an – was wirklich niemand in Nordirland wollen kann.«

Samuel Lutton muß es wissen. Als unionistischer Gemeinderat im Städtchen Lurgan, südwestlich von Belfast, auf halbem Wege nach Armagh, steht der Rentner und ehemalige Angehörige der örtlichen Polizei-Reserve sozusagen an der Frontlinie einer möglichen Rückkehr zum »Schlamassel« der nordirischen Unruhen. Die Region am Oberlauf des Flüßchens Bann, in der Lurgan liegt, bildet traditionell eine protestantische Hochburg an der Grenze zu republikanischem Territorium – hier, unter den Protestanten dieser Gegend, verursacht jeder IRA-Anschlag, wo auch immer er stattfindet, einen Ausschlag des psychischen Seismographen. So lange ist es schließlich noch nicht her, daß Lurgan, wie der Rest der Provinz, im eisernen Griff eines 25jährigen Terrors gefangen war. »Niemand konnte damals unbesorgt seinen Geschäften nachgehen«, erinnert sich Lutton. »Wir hatten Kontrollen auf den Straßen, Schranken im Ortskern, Polizei überall. Normales Leben war nicht möglich. Man mußte unter den Wagen schauen, bevor man losfuhr, und immer drehte man sich automatisch um, nur um zu sehen, wer hinter einem ging.« Der Waffenstillstand, den die IRA im Spätsommer 1994 ausrief, änderte das Leben in Lurgan grundlegend. Die folgenden anderthalb Jahre seien »wirklich eine Befreiung« gewesen, sagt Samuel Lutton. Lurgan kehrte zu einer gewissen Normalität zurück. Die Läden mußten nicht mehr verbarrikadiert werden, und Parken im Städtchen war wieder erlaubt. Die Armee-Uniformen verschwanden aus dem Stadtbild. Der Stadtkern, vor ein paar Jahren von einer gewaltigen Bombe zerstört, wurde wieder aufgebaut.

Auch Meta Crozier, die unionistische Bürgermeisterin in Craigavon, dem Nachbarstädtchen Lurgans, spricht von den »enormen Folgen« der Waffenruhe für ihren Amtsbereich. »Was bewirkte dieser Waffenstillstand? Die Leute konnten freier atmen. Sie mußten nicht mehr jeden Schritt vorab bedenken. Im Sommer hatten wir hier Festivals, Open-Air-Konzerte, Feuerwerk, und die Leute strömten herbei – das wäre vor dem Waffenstillstand nicht möglich gewesen. Und natürlich waren Firmen eher bereit zu investieren. Eine ganze Reihe von Firmen hat hier zu bauen begonnen. Auch aus England ist neues Geld hereingeflossen. Wir hatten das Gefühl, daß es endlich aufwärts geht.« Das Ende des Waffenstillstand, im Februar 1996, setzte solchen Hoffnungen ein jähes Ende. »Ich perönlich«, meint Meta Crozier, »habe ja von Anfang an gesagt, es sei nur eine Frage der Zeit, wann der Waffenstillstand ende. Ich habe nie wirklich das Gefühl gehabt, daß die Republikaner es ernst meinten mit dem Frieden.« Und nun? »Nun sind wir wieder an dem Punkt angekommen, wo nichts mehr sicher ist, wo wir das Schlimmste befürchten müssen.«

Diese Ansicht teilt der örtliche Unterhausabgeordnete, Unionistenführer David Trimble, der am oberen Ende der Hauptstraße von Lurgan sein kleines Büro hat. »Der Friede ist in Rauch aufgegangen, nicht wahr? Wir hatten ja von Anfang an den Verdacht, daß der Waffenstillstand im wesentlichen nur ein taktisches Manöver war, kein echter Gesinnungswandel. Und unser Verdacht hat sich auf dic brutalste Weise bestätigt.«

Die Aussicht auf weitere Verhandlungen mit der Republikaner-Partei Sinn Fein jedenfalls weckt bei den Protestanten am Oberen Bann allgemeines Mißtrauen. Zu schnell dürfe man, nach der Tortur eines blutigen Vierteljahrhunderts in Nordirland und nach den jüngsten Erfahrungen, auf dem politischen Parkett nicht vorangehen, finden Meta Crozier und Samuel Lutton gleichermaßen. Ein »langsamer Prozeß« der Vertrauensbildung sei angesagt, ein allmähliches Zurechtkommen mit den neuen Gegebenheiten – und das natürlich auch nur, wenn die IRA endlich ihrem Krieg ein Ende setze und Sinn Fein sich in überzeugender Weise zur ausschließlich friedlichen Verfolgung ihres Fernziels der irischen Einheit verpflichte. In seinem Anwaltsbüro in Banbridge, unweit von Lurgan und Craigavon, unterstreicht John Dobson diese Bedingung für alle Gespräche mit den irischen Republikanern. Der Anwalt, ein unionistischer Politiker der jüngeren Generation, wohlgeübt in der neuen Sprache eines »konstruktiven Protestantismus«, nennt zwei Bedingungen für unionistische Gesprächsbereitschaft: »Wenn wir zu einem Waffenstillstand zurückkehren könnten, einem glaubwürdigen Waffenstillstand, und wenn wir einen Rahmen für Diskussionen und Verhandlungen fänden, der den verschiedenen Akteuren ein Mandat gibt – dann würden wir natürlich auch mit den Republikanern reden.« Daß Dialog vonnöten sei, habe die Zeit des IRA-Waffenstillstands von 1994/95 vielen Unionisten deutlich gemacht: »Der Waffenstillstand hat uns Gelegenheit gegeben, zu begreifen und zu akzeptieren, daß wir alle, ob uns das paßt oder nicht, uns zusammensetzen müssen. Selbst mit den Leuten müssen wir uns zusammensetzen, dic früher der Gewalt das Wort geredet haben oder an terroristischen Aktionen beteiligt waren – auch deren Ansichten muß man sich anhören.« Die Geschichte habe schließlich gezeigt, »daß die IRA militärisch nicht besiegt werden kann«. Nur eine Verhandlungslösung, mit allen Beteiligten am Tisch, könne Nordirlands Probleme lösen. Solche Töne hat man in der Vergangenheit nicht oft gehört von den Protestanten. Eher war einem die trutzige Gestalt Ian Paisleys in Erinnerung, dessen politisches Vokabular sich auf »No« und »Never« zu beschränken schien. »Die Zeit des No und Never ist vorüber«, meint John Dobson achselzuckend. »Es ist wohl wahr, daß ein Schuß Realismus in die unionistische Politik Eingang gefunden hat. Wir Unionisten haben uns sehr verändert. Wir haben demonstriert, daß wir keine Extremisten, keine Geistesgestörten sind, sondern daß wir gutbegründete und vernünftige Argumente haben. Wir sind keine Dogmatiker. Mit uns kann man reden.«

Und worüber will man reden, in Banbridge, Lurgan und Craigavon? Wären die Unionisten letztlich bereit, Kompromisse zu schließen mit ihren traditionellen Gegnern, mit den Verfechtern der irischen Einheit? Kann sich John Dobson vorstellen, im Jahr 2000 in einem vereinigten oder einem föderativen Irland zu leben, oder unter gemeinsamer irisch-britischer Administration? Nein, meint Dobson, das könne er nicht: »Zuerst einmal muß die andere Seite den britischen Charakter des Systems akzeptieren.« Gewiß sei es legitim, wenn Sinn Fein für einen Tag X im kommenden Jahrhundert die eigenen gesamtirischen Zielvorstellungen verfolge, »solange sie nur bereit sind anzuerkennen, daß sie für eine Weile, für die absehbare Zukunft, schlicht im britischen Staat leben müssen«. Meta Crozier, die Bürgermeisterin, ist ebenfalls nicht willens, eine »irische Lösung« des nordirischen Problems in Betracht zu ziehen. »Die Mehrheit der Leute in Ulster will kein vereintes Irland«, meint sie. »Das würde unseren Lebensstandard gefährden. Ich hoffe und bete, daß wir das nie erleben.« Und auch Samuel Lutton ist der Überzeugung, daß es Ulster »mit Britannien im Rücken« jedenfalls besser gehe als in den werbend ausgestreckten Armen der Republik im Süden, die er noch immer »den Freistaat« nennt. »Warum sollte ich in einem vereinten Irland leben? Ich bin mein ganzes Leben lang britisch gewesen – 72 Jahre lang. Das läßt sich nicht mehr so leicht ändern.«

David Trimble, der Parteivorsitzende, unterstreicht den Willen der Protestanten zum Erhalt der Union. »Am Ende kommt man nicht um die Tatsache herum, daß es die freie Wahl der Bevölkerung Nordirlands ist, zum Vereinigten Königreich zu gehören.« Und welche Wahl hat die nordirische Minderheit, die sich der Mehrheit auf der irischen Insel zugehörig fühlt? Wie wird man deren Interessen gerecht? »Selbstverständlich gibt es Dinge, die man tun würde, um die Rechte einer nationalen Minderheit zu schützen – was individuelle Menschenrechte betrifft, beziehungsweise das Recht der Minderheit, ihre Identität und Kultur zu wahren.« So gesehen, räumt Trimble ein, werde Nordirland »natürlich nie zu hundert Prozent britisch« sein. »Aber es wird Teil des Vereinigten Königreichs bleiben: So wie jeder Teil der Slowakei zur Slowakei gehört, auch jene Gebiete, in denen die ungarische Minorität lebt, die das Recht hat, im gesamt-slowakischen Rahmen ihre Identität und Kultur zu wahren. So ähnlich könnte man sich das Nordirland der Zukunft vorstellen – solange nur die jeweilige Minderheit das Recht der jeweiligen Mehrheit anerkennt, über das verfassungsmäßige Schicksal des Territoriums zu befinden.«

FUNKENFLUG

Was müssen sich die Unionisten nicht alles bieten lassen, dieser Tage. Nun will nicht einmal mehr Nordirlands alte protestantische Paradeschule, Queen's University, als ihr akademisches Aushängeschild dienen. Über die Union mit Großbritannien hinaus fühlt sich die Hochschule neuerdings einer anderen Union, der Europäischen, verpflichtet: Bei Abschlußfeiern soll künftig nicht mehr die britische Nationalhymne – »God Save The Queen« – gespielt werden, sondern Beethovens glorreich antizipierender Eurobeitrag »Freude, schöner Götterfunken«. Der Grund für diese Neuwahl des zeremoniellen Liedgutes liegt, sozusagen, im politischen Stimmbruch, den die Universität in den letzten Jahren durchgemacht hat. Erstmals in der Geschichte Queen's gibt es mehr Studenten aus katholischen Familien als aus protestantischen. Die Alma Mater, die einst als Bildungs-Bollwerk der Protestanten Ulsters galt, ist entsprechend in eine Identitätskrise geraten. Gleichberechtigung, »Neutralität« in nationalen Fragen soll von nun an den politischen Rahmen des Universitätsbetriebs bilden. Einschreibungen und Arbeitsverträge sollen eine Klausel enthalten, die »konfessionelle Schikanen« untersagt. Die Polizei-Band der (zu 95 Prozent protestantischen) *Royal Ulster Constabulary* soll das Monopol beim Aufspielen zu universitären Garten-Parties verlieren. Und die Euro-Hymne soll eben die Nationalhymne ablösen: Der musikalische Kompromiß will den historischen Affront gegen den irisch gestimmten Teil der Studentenschaft beenden.

Ein Modell für die Lösung des Nordirland-Konflikts? Die Unionisten jedenfalls wollen damit nichts zu tun haben. Daß an der Queen's University »God Save The Queen« gestrichen werden soll, hält der frühere Unionisten-Führer James Molyneaux für skandalös. Molyneaux hat sich bereits geweigert, einen Ehrendoktor der Universität anzunehmen, solange die Hochschule an ihren »geschmacklosen« Plänen festhält. Und der unvermeidliche Reverend Ian Paisley plant gar, gegen die »Ode To Joy« juristisch zu Felde zu ziehen. Für Beethoven, findet Paisley, sei die Zeit in Belfast noch nicht reif. Der unionistische Kalender datiert seinen Götterfunken lieber zurück auf das Jahr 1690, in dem Wilhelm von Oranien den »Papisten« ohne allen elysischen Firlefanz zeigte, was eine protestantische Harke ist.

6:
ENGLAND UND DIE ANDEREN

Mit Kelten und Afro-Sachsen auf der Cricketwiese

KEINE NEGER, KEINE IREN, KEINE HUNDE

Im Londoner Stadtteil Hammersmith wird ein junger Ire von der Polizei getötet. »Bei einem Schußwechsel«, heißt es anderntags in der Zeitung, sei der IRA-Mann Dermot O'Neill ums Leben gekommen. O'Neills Bruder Shane und vier andere Iren werden verhaftet. Zehn Tonnen Sprengstoff, mit denen noch am selben Tag halb London in die Luft gejagt werden sollte, habe Scotland Yard gefunden, liest man: Der Premierminister zeige sich »zutiefst erleichtert« über die gelungene Polizeiaktion. Wenige Tage später nimmt sich die Sache, wie so oft, etwas anders aus. Der 27jährige Dermot O'Neill, räumt die Polizei nun ein, sei unbewaffnet gewesen, als er erschossen wurde. Auch in seiner Wohnung wurde keine Waffe gefunden. Seinen Bruder Shane muß die Polizei, nach vier Tagen scharfen Verhörs, aus der Haft entlassen. Ist Shane unschuldig? Hat Dermot wirklich der IRA angehört? Hat man mit den anderen vier Verhafteten »die Richtigen« erwischt? Zweifel an der gefeierten Aktion beginnen aufzukommen. Der Sprengstoff ist da, aber wer ihn wohin bugsiert hat und wer was wann mit ihm im Schilde führte, scheint nicht mehr ganz so sicher zu sein.

Das stört nun jene britischen Staatsbürger keineswegs, die davon ausgehen, daß der Staat nicht zimperlich sein darf im Kampf gegen eine Untergrund-Organisation, die sich selbst denkbar rücksichtslos gezeigt hat in ihren Methoden. Aber es löst Alarm und Betroffenheit aus in einem Bevölkerungskreis, der immerhin mit einer Million Iren und weiteren rund acht Millionen Irischstämmigen die bei weitem größte »ethnische Minderheit« in Großbritannien stellt. Die Iren in London und in den anderen britischen Städten ducken sich noch immer, wenn Polizei und populäre Presse zum Schlag gegen »die Republikaner« ausholen. Und sie schütteln grimmig die Köpfe, wenn sich herausstellt, daß es wieder einmal »die falschen Paddies« erwischt hat. »Ein britischer Rechtsgrundsatz besagt, daß jedermann als unschuldig zu gelten hat, bis seine Schuld bewiesen ist«, meint Jimmy Foley, ein Grundschullehrer aus Hammersmith. »In Wirklichkeit gilt hier in England jedermann als unschuldig, bis bewiesen ist, daß er aus Irland kommt.« Der bittere Vorwurf zielt auf englische Vorurteile gegenüber Iren im allgemeinen und auf anti-irische Gefühlsexplosionen nach IRA-Aktionen im besonderen. Ein irischer Monteur in den Londoner Docklands beschrieb einmal, nach einem brutalen IRA-Anschlag, seine Situation so: »Ich hatte das Gefühl, daß mich jeder Polizist besonders scharf anschaute. Ich konnte den Leuten um mich herum nicht einmal sagen, wie sehr mich diese Bomberei anekelte. Mein Akzent hätte mich verraten. Ich wußte, daß ich einfach nur den Mund halten mußte. Daß ich unsichtbar sein wollte, das wußte ich.«

Politisch unsichtbar zu sein – das war jahrzehntelang die Parole der Iren in Großbritannien. Die größte Minderheit fiel am wenigsten ins Gewicht. Im Unterschied zur irischstämmigen Bevölkerung in den Vereinigten Staaten waren die »britischen« Iren daran gewöhnt, »die Köpfe unten zu halten«, um nicht aufzufallen, um keinen Anstoß zu erregen. Ursprünglich waren es die mit der britischen Kolonialgeschichte verknüpften anti-irischen Ressentiments im Königreich, die solches Verhalten auslösten. Noch in den fünfziger Jahren wiesen englische Haustürschilder gelegentlich darauf hin, daß » Neger, Iren und Hunde« keinen Zutritt hätten. »Paddies« und »Micks« wurden in England, wiewohl zur freien Einreise nach Britannien berechtigt, häufig als zweitklassige Bürger behandelt. Die Zuwanderer aus dem irischen Süden und Norden, die als billige Arbeiter in der Nachkriegszeit die Infrastruktur Britanniens bauten, blieben entsprechend »unter sich«, in eigenen Clubs und Pubs. Zur kollektiven Selbstdarstellung, zu frohen St.-Patrick's-Day-Paraden nach New Yorker Zuschnitt, hatte niemand so recht Lust – schon gar nicht nach dem Aufflammen der »Troubles«, nach den blutigen IRA-Aktionen der siebziger Jahre. Erst die jüngere Generation, die gern als »Plastik-Paddies« verspotteten Kinder der irischen Einwanderer, und die fliegenden Pendler der neunziger Jahre, also die vielfach akademisch gebildeten Repräsentanten der »Ryanair-Generation« (so genannt nach der irischen Billig-Luftfahrtgesellschaft), haben nun damit begonnen, die alte Scham und die trotzige Zurückhaltung abzubauen. Anders als ihre Eltern, haben diese jüngeren Iren genügend Selbstbewußtsein und Unbefangenheit, um sich zu irischer Kultur zu bekennen, den jährlichen Schlager-Eurovisionssieg ihres Landes als selbstverständlich zu betrachten und zwischen »Riverdance« und »U2«-Konzerten in Londons irischen Restaurants zu tafeln. In kurzer Zeit hat diese Generation die alten Selbstbeschränkungen und Kirchenbindungen hinter sich gelassen, hat sie sich aus dem Getto befreit, mit irischen Festivals britische Herzen zu erobern verstanden und gar damit begonnen, den irischen Nationalfeiertag in aller Öffentlichkeit zu begehen. Wie in den USA und auf dem europäischen Kontinent sind auch in Großbritannien in den letzten Jahren irische Pubs wie Pilze aus dem Boden geschossen. Mit einem Mal ist es modisch geworden, »grün« zu sein – grün wie die Grüne Nachbarinsel, wie »Swinging Ireland«, wie Olympiasiegerin Michelle Smith oder Irlands populäre Präsidentin Mary Robinson.

In traditionell irischen Stadtteilen Londons wie Hammersmith, Kilburn oder Camden sind irische Sprach- und Tanzkurse ausgebucht – obwohl sich die Zuwanderung in jüngster Zeit beträchtlich verflacht hat. In Manchester, das im vorigen Jahr die erste St.-Patrick's-Day-Parade seiner Geschichte abhielt, spielen inzwischen über tausend Einwohner gälischen Fußball. Ein riesiges irisches Kulturzentrum ist hier im Bau. »Im Frühsommer 1996 hat hier die IRA ihre letzte monumentale Bombe gezündet und die ganze Innenstadt verwüstet«, berichtet Mary Carney, eine Sozialarbeiterin aus der Stadt. »Aber in Manchester hat dies niemand zum Anlaß genommen, die irischstämmige Bevölkerung pauschal für verantwortlich zu erklären.« Kein Wunder: Manchesters Bevölkerung besteht selbst zu 20 Prozent aus Irischstämmigen. Unter den englischen Großstädten kann nur Liverpool mit einem höheren Prozentsatz aufwarten.

»Natürlich«, meint Mary Carney, »würde ein dauerhafter Friede in Nordirland die Stimmung hier vollends verändern.« Solange dies nicht der Fall ist, bleibt zumindest im englischen Süden ein Rest an Ressentiment, der schwer aufzulösen sein wird. In London, klagte jüngst die Frau eines irischen Bankmanagers bitter, müsse man ja immer noch »den Kopf einziehen, wenn's heiß hergeht«. In Amerika, wo sie zuvor gelebt habe, sei man im Gegenteil stolz darauf gewesen, irisch zu sein: Wann immer dort der Kultfilm »The Commitments« lief, hätten »selbst die Schwarzen am liebsten Iren sein wollen«.

NUBIAN JAK

Ist Stonehenge von einer afrikanischen Kultur erbaut worden? Hatte Königin Victoria eine schwarze Großmutter? Wies Beethoven negride Züge auf? Die Antwort ist dreimal Ja – wenn man dem Brettspiel »Nubian Jak« glauben will. »Nubian Jak«, ein Gesellschaftsspiel ganz besonderer Art, ist im schwarzen Britannien der letzte Schrei. Johnny Bubeula, ein junger Brite jamaikanischer Herkunft, seines Zeichens Musiker und Ex-Sozialarbeiter, hat es sich ausgedacht – nach vierjährigem »Quellen-Studium« in den Bibliotheken von Cambridge und London. Dem Pessimismus unter jungen schwarzen Briten wollte Bubeula wehren. »Positive Leitbilder«, ein bißchen Selbstbewußtsein wollte er mit »Nubian Jak« vermitteln. Die Quellen, die Bubeula zu Rate zog, führten ihn zu überraschenden Schlüssen. Kein Zweifel, glaubt er, könne daran bestehen, daß Stonehenge, Englands berühmteste prähistorische Stätte, »von einer afrikanischen Kultur« erbaut worden sei. Und Königin Charlotte Sophia, die Großmutter von Queen Victoria, sei eindeutig afrikanischer Abstammung gewesen, wie ein Gainsborough-Porträt Ihrer Majestät dokumentiere.

Daß diese Enthüllung »einen Schock für jedermann in Großbritannien« bedeutet, ist Johnny Bubeula klar. Das spielerische Nachdunkeln einer blütenweißen Geschichte muß von den ernsten Verteidigern dieser Geschichte als Provokation empfunden werden. »Viele seiner Fakten halten der Nachprüfung schlicht nicht stand«, protestiert Dozent David Killingray vom Londoner Goldsmith College. »Geschichte sollte objektiv geschrieben sein, ohne Bezug auf Klasse, Ursprung, Farbe oder Geschlecht«, erregt sich der Kommentator Paul Johnson. Der Erfinder des Spiels sei »jedenfalls kein Historiker«, moniert der *Daily Telegraph.* Professor Stuart Hall von der Open University teilt dagegen die Ansicht, »daß Geschichte immer von den dominierenden Kräften jeder Gesellschaft geschrieben worden ist«. So sei es nicht unwichtig, meint der (ebenfalls schwarze) Professor, »daß schwarze Bürger die Geschichte aus eigener Perspektive kennenlernen«. Zum Kennenlernen haben sich derweil Tausende von Bubeulas Landsleuten entschlossen. »Nubian Jak« findet in den Spielwarengeschäften Großbritanniens reißenden Absatz.

L FÜR LEARNER, D FÜR DYSGWR

L für »Learner«, D für »Dysgwr«. Ungeübte Autofahrer in Wales haben eine Wahl: Sie können sich, mit der obligatorischen Plakette auf dem Wagen, in englischer oder walisischer Sprache als Anfänger ausweisen. Ein bißchen Druck hat es zwar gebraucht, um die Gleichberechtigung des D durchzusetzen. Aber letztlich haben die Behörden eingesehen, daß es zu nichts Gutem geführt hätte, die walisische Abkürzung, wie ursprünglich geplant, zu untersagen. Denn ihre Sprache geht den Welsh-Sprechern über alles. Vom alten Barden-Sang des Fürstentums bis zu den Programmen des walisischsprachigen Fernsehsenders *Sianel Pedwar Cymru* zieht sich eine lange Tradition sprachlicher Eigenständigkeit und Abgrenzung vom Englischen. Außer in Irland wird nirgendwo sonst auf den »Britischen Inseln« solches Gewicht auf kulturelle Identität gelegt. Neun Millionen Mark kassiert das Amt für die walisische Sprache allein 1997 von der Londoner Regierung. Mit 25 Millionen werden walisische Bildungs-, Buch- und andere kulturelle Projekte, wie das traditionelle Barden-Festival Eisteddfod, unterstützt. *Sianel Pedwar Cymru*, die walisische Fernsehanstalt, erhält über 150 Millionen Mark Zuschuß. 4000 Waliser arbeiten bereits für kleine Produktionsfirmen, die den Sender füttern – der walisische Bergbau, einst eine Weltmacht, beschäftigt nicht einmal mehr 600. Auf der Welle des gegenwärtigen »keltischen Revival«, von der die Zeitungen in Dublin, Belfast und Glasgow sprechen, schwimmt Wales ganz oben. Nach Jahrzehnten des Niedergangs feiert das Walisische einen ebenso unverhofften wie spürbaren Aufschwung: Supermärkte drucken ihre Beschilderung zweisprachig aus, Großkonzerne bedienen sich walisischsprachiger Anzeigen, Banken offerieren bilinguale Kreditkarten, die Elektrizitätswerke verschicken Rechnungen auf Englisch und Walisisch.

Wiewohl das Walisische noch immer eine Minderheitensprache ist (nur ein Fünftel der Erwachsenen spricht es fließend, aber schon ein Drittel aller Schulkinder), wächst sein Status stetig. Viele Waliser betrachten es als förderlich für die Karriere, als Sprosse auf dem Weg nach oben. Das kann natürlich zu Kontroversen führen. Eine hitzige Debatte provozierte letztes Jahr der Vorschlag eines führenden Krankenhaus-Managers, Walisisch-Tests für angehende Mediziner einzuführen. Englischsprachige Ärzte fanden das eine »rassistische« Idee: Sie sollten, in einem Teil des Vereinigten Königreichs, gezwungen werden, sich eine Fremdsprache anzueignen – oder sich woanders Arbeit besorgen? Ähnlich benachteiligt fühlten sich englische Interessenten, denen der Kreisrat von Ceredigion den Kauf von Häusern verbot, sofern sie nicht schon fünf Jahre im Kreis gewohnt hatten. »Wir müssen unsere örtlichen Gemeinden schützen und bewahren«, erklärte der Bauer und Kreisratschef David Lloyd Evans diesen Schritt. »Wir müssen uns um unser nationales Erbe kümmern und um die Sprache unseres Landes.«

Die Angst vor »Überfremdung«, die weitverbreitete Aversion gegen (wohlhabende) englische Neuankömmlinge, ist natürlich nichts Neues in Wales. Seit Ende der siebziger Jahre eine mysteriöse walisische »Befreiungsfront« unter dem Namen *Meibion Glyndwr* – die Söhne Glendowers – Ferienhäuser und Cottages englischer Mitbürger in Wales in Brand steckte, ist das Verhältnis zwischen Engländern und Walisern getrübt. Von »ethnischen Säuberungen« sprechen seither englische Bürger, die in nicht geringer Zahl ihr Eigentum in Wales aufgegeben haben. Den »englischen Siedlern«, die Wales »kolonisieren« wollten, weinen militante Waliser auf der anderen Seite keine Träne nach – auch wenn nur wenige *Meibion Glyndwrs* Methoden gutheißen. Wie weit das Mißtrauen reicht, demonstriert die Tatsache, daß *Plaid Cymru*, die Partei der (gesetzestreuen) walisischen Nationalisten, hinter den Feuerbomben keine heimische Terror-Organisation, sondern den Arm des britischen Geheimdienstes vermutet. Immerhin ist bisher nur ein einziger Bombenleger, ein Mann namens Sion Aubrey Roberts, gefaßt und verurteilt worden – aufgrund geheimdienstlicher Informationen. Sieben uniformierte *Meibion-Glyndwr*-Bewunderer, die im Badeort Abergele 1989 eine Parade abhielten, entgingen dagegen einer Gefängnisstrafe knapp: Sie hatten Kränze für zwei »Märtyrer« der Bewegung niedergelegt, die zwanzig Jahre zuvor mit einem Bombenanschlag die Einsetzung von Charles zum Prinzen von Wales verhindern wollten, bei der Aktion aber statt dem Prinzen sich selbst in die Luft sprengten. Politische Albernheiten? Irrelevante Erscheinungen? Eine IRA sind die walisischen »Rebellen« sicherlich nicht – nicht einmal die sich von ihnen bedroht wissen, mögen sie so recht ernst nehmen. Ernster schon nimmt man, auch in London, den neuen walisischen Willen zur Selbstbehauptung, der sich zwischen Cardiff und Anglesey unübersehbar manifestiert. In Wales wiederum verfolgen die Einheimischen gespannt, was sich in Nordirland und was sich droben beim großen Bruder Schottland tut. Wenn es den Schotten gelänge, sich ein Parlament zu ertrotzen, meinen viele Waliser, dann wäre es auch in Wales mal »Zeit für etwas Neues«.

DER STEIN IST DA – DAS PARLAMENT SOLL FOLGEN

So viel Pomp, so viel feierlichen Aufwand wie an diesem Tag hat man in den Straßen der schottischen Hauptstadt Edinburgh seit dem Krönungsbesuch Königin Elisabeths II. 1953 nicht mehr entfaltet. 1200 Soldaten ihrer Majestät mit Bärenfellmütze, Bajonett und Dudelsack sind aufgeboten, den Zug entlang der Royal Mile, vom Schlößchen Holyroodhouse hinauf nach Edinburgh Castle, zu begleiten. Dutzende schottischer Fahnen – mit dem weißen Andreas-Kreuz auf blauem Grund – flattern im eisigen Winterwind, Tornado-Jets donnern über den Schloßhügel, und ein Zerstörer drunten im Hafen feuert Salut. Es ist der Nationalfeiertag der Schotten, St. Andrew's Day, und passenderweise führt Prinz Andrew die lange Schlange schottischer Honoratioren und Kirchenfürsten an, die sich in einem fast an ein Staatsbegräbnis gemahnenden Konvoi schwarzer Limousinen zum Schloß hinaufwindet. Doch kein toter König, kein prominenter schottischer Staatsmann kehrt heim an diesem denkwürdigen Morgen. Was da auf der Ladefläche eines plastik-überspannten Land-Rovers der britischen Armee »heimgebracht« und mit allen militärischen und zivilen Ehren in den Kronsaal von Edinburgh Castle befördert wird – wo man es seither für einen Eintrittspreis von umgerechnet 14 Mark besichtigen kann –, ist schlicht ein Stein. Nun ist der gut und gern 200 Kilogramm schwere Felsbrocken, dem dieser Staatsakt galt, natürlich kein gewöhnlicher Stein. Der Stone of Scone, ein über tausendjähriger Sandsteinblock aus der Gegend von Perth, ist als »Schicksalsstein« Schottlands ein symbolträchtiger Teil der schottischen und später der britischen Geschichte gewesen. Im Jahr 847 soll auf ihm der erste schottische König, Kenneth MacAlpin, gekrönt worden sein. In den folgenden vierhundert Jahren wurde das gute Sandsteinstück, als Krönungsstein, zu einem Symbol der schottischen Nation – bis ihn König Edward I. 1296 beschlagnahmen und von Scone nach London bringen ließ, wo er fortan seinen Platz im Krönungsritual englischer Monarchen hatte.

So still es viele Jahrhunderte lang um den »Stone of Destiny« gewesen war, so lautstark begann, im Zeichen eines wiedererwachenden schottischen Selbstbewußtseins, der »historische Frevel« in den Gedärmen einer »betrogenen« Nation zu rumoren. In einer spektakulären Aktion entführten 1950 vier schottische Studenten den Stein aus Westminister und brachten ihn, trotz scharfer Polizeikontrollen, über die englisch-schottische Grenze. Vier Monate lang vermochten sie das kostbare Monstrum in Schottland versteckt zu halten, bevor es entdeckt und nach London zurückverfrachtet wurde. Seit jener Zeit aber war unter schottischen Nationalisten ausgemacht, daß der Stein nach Schottland gehöre. Und in zunehmendem Maße ergriff diese Überzeugung die schottische Bevölkerung: Zuletzt, im Winter 1996, fand es selbst die konservative Regierung in London unmöglich, dem Verlangen zu widerstehen. Die Tories hatten zudem gute Gründe für ihre spektakuläre Geste: In den langen Jahren ihrer Herrschaft, vor allem in der Ära Thatcher, hatte Schottland sich dem »englischen Establishment« mehr und mehr entfremdet. Brutal durchgedrückte wirtschaftliche Strukturveränderungen, unpopuläre Privatisierungsmaßnahmen und eine dem schottischen Gemeinschaftsgeist extrem zuwiderlaufende Sozialpolitik hatten die Schotten gegen die »englischen Tories« aufgebracht. In der Folge büßte die Konservative Partei nördlich der Grenze ihre angestammte Wählerbasis ein – zu Jahresbeginn 1997 hielt sie gerade noch neun der 72 schottischen Parlamentssitze. Doch nicht nur gegen die Tories wuchs in Schottland ein Ressentiment. Als integrierter Mini-Partner Englands, so fanden immer mehr Einheimische, könne Schottland seine Interessen nicht länger durchsetzen und seine politische Kultur nicht bewahren.

Für Alex Salmond ist die Loslösung von England kein ferner Traum mehr. Das Auseinanderbrechen Großbritanniens scheint dem Vorsitzenden der Schottischen Nationalpartei, der SNP, nur noch eine Frage mittelfristiger Geduld. Die Zeichen der Zeit, erklärt der joviale, von Natur aus frohgemute Unterhaus-Abgeordnete, deuteten für jedermann sichtbar auf eine baldige Unabhängigkeit Schottlands hin. Nun gibt es, so muß Salmond einräumen, auch in Schottland derzeit keine Mehrheit für ein Ende des Vereinigten Königreichs – und es hat in der Vergangenheit nie eine gegeben. »Wir kommen aber«, begründet er seinen Optimismus, »mittlerweile sehr dicht an die kritische Schwelle heran, an der Unabhängigkeit unabweisbar wird.« Als Indiz dafür dienen Salmond jüngste Meinungsumfragen, denen zufolge sehr viel mehr Schotten lieber Unabhängigkeit wollen als die gegenwärtige Situation: »Grob gesprochen, zeigen die meisten Umfragen 35 Prozent Unterstützung für staatliche Unabhängigkeit, 40 Prozent für begrenzte Autonomie innerhalb Großbritanniens und vielleicht 10, höchstens 15 Prozent für Beibehaltung des Status quo« – die weitere Zentralverwaltung Schottlands durch Westminster-Parlament und Londoner Regierung. Was, frage ich den Führer der schottischen Nationalisten, habe diesen Stimmungsumschwung verursacht? »Wir haben hier«, so die Antwort Salmonds, »in 18 Jahren konservativer Herrschaft eine wachsende Entfremdung der Bevölkerung von der Regierung erlebt.« Die Schotten hätten ohne eigenen Einfluß auf die Ereignisse über einen allzu langen Zeitraum hin mitansehen müssen, wie die Tories ihnen eine vollkommen unpopuläre Politik aufzwangen – sei es nun mit der verhaßten Kopfsteuer der achtziger Jahre, mit der Mehrwertsteuer auf privaten Brennstoff, mit der Vernachlässigung des Nationalen Gesundheitsdienstes, mit dem Abbau und der Zergliederung des Bildungssystems oder zuletzt mit dem Tory-Widerstand gegen ein Totalverbot von Schußwaffen, wie es die meisten Schotten seit dem Schulmassaker von Dunblane fordern: »Ich denke, daß diese letzten 18 Jahre, und insbesondere die Thatcher-Jahre, einer schon vorhandenen, unterschwelligen Strömung, dem Verlangen nach Unabhängigkeit, zusätzlichen Nachdruck verliehen haben.« Die »unterschwellige Strömung«, von der Salmond spricht, bezeichnet einen »langfristigen kulturellen Wandel in Schottland«. Schottland, meint der SNP-Chef, werde schlicht »immer schottischer und immer weniger britisch«. Hat das mit dem Zerfall des imperialen Rest-Erbes Großbritanniens, mit dem Abschied von der letzten großen Kolonie Hongkong, mit der gegenwärtigen Identitätssuche Nordirlands zu tun? »Sicher, die Desintegration Großbritanniens hat dazu beigetragen. Der Zerfall des Empire bedeutet auch einen Zerfall der Idee, die Britannien zugrunde liegt – der britischen Identität. Die britische Identität war schließlich von Macht und Erfolg des Empire zusammengehalten worden. Und vergessen wir nicht, daß die Schotten sich als Bürger dieses Empire empfanden! Sie stellten die Soldaten, die Staatsmänner, die Erfinder, die Forscher – so ziemlich alles, was das Empire zu dem machte, was es war.«

Mit dem Schwinden des britischen Empire schwand, Alex Salmond zufolge, auch die britische Identität. Die Krone verlor an Ansehen, das Parlament von Westminister an Reiz. Auch die protestantischen Bande, die Ost-Schottland und England vereint hat-

BRAVEHEARTS: Ein junges Schottland auf dem Marsch in die lang geforderte Selbstverwaltung

© Colin McPherson

ten gegen die keltisch-katholischen Regionen des Westens, verloren an Bedeutung. Der Zweite Weltkrieg, der gemeinsame Kampf gegen die Nazi-Gefahr, schweißte noch einmal zusammen, was auseinander wollte. Aber das Schrumpfen und die Schwächung der Arbeiterklasse und der Gewerkschaftsbewegung im ganzen Königreich traf eine weitere Bastion gesamt-britischer Instinkte. Und schon seit den dreißiger Jahren gab es Zeichen einer »kulturellen Renaissance« in Schottland, die seit den sechziger Jahren auch klaren politischen Ausdruck fand. Nunmehr, mit zunehmender Entfernung zum Krieg, prüften die Schotten den eigenen Standort immer kritischer und selbstbewußter: »Neuerdings betrachtet sich die überwältigende Mehrheit der Schotten als schottisch und nicht unbedingt als britisch. Und ein Gutteil würde sich, wenn man sie fragte, als schottisch und europäisch bezeichnen.« Statt ihre Unterordnung in einer zentralisierten, englisch dominierten Union weiterhin zu akzeptieren, begannen sich die Schotten für Gleichberechtigung in einer neuen Art von Union, der Europäischen, zu interessieren. Und je heftiger sich Englands Nationalisten in den letzten Jahren gegen Brüssel wehrten, desto vernehmlicher forderten Schottlands Nationalisten eine eigene europäische Stimme zwecks stärkerer Kooperation mit dem Kontinent. Aber so lange ist es doch noch gar nicht her, daß die schottischen Nationalisten mit Europa wenig im Sinn hatten, oder? »Wir haben es uns«, so Salmonds Antwort, »anders überlegt: In den sechziger Jahren sahen wir Schottland sozusagen als eines der skandinavischen Länder. Das waren kleine, erfolgreiche, in manchen Fällen neutrale Länder, und wir fanden das eine sehr attraktive Vision. Aber die Skandinavier haben sich, mit Ausnahme Norwegens, der Europäischen Union angeschlossen – genau wie die anderen kleineren Länder, an denen wir, wirtschaftlich gesehen, interessiert waren. Da ist es logisch, daß auch wir unsere Zukunft als Teil dieses Ganzen sehen.« Betrachten die Schotten sich selbst denn als engagierte Europäer? Gibt es nicht gerade in Salmonds Wahlkreis im schottischen Nordosten starke Ressentiments gegen die EU, beispielsweise in der Frage des Fischfangs? »Schottland ist immer europäischer gewesen als England. Hier hat man immer mehr nach draußen geschaut. Die Fischerei-Politik der EU, die ein heilloses Durcheinander ist, bildet das einzige Problem, das wir mit der EU haben. Davon abgesehen, gibt es meiner Ansicht nach keine anti-europäischen Ressentiments in Schottland.«

Anders als die Regierungen Thatchers und Majors, so macht Salmond deutlich, habe Schottland keinerlei grundsätzliche Probleme mit dem Kurs der EU. »Schottland ist für die Sozialcharta der EU. Schottland ist für das wöchentliche Arbeitslimit von 48 Stunden. Ich denke, daß Schottland wohl auch bei der Währungseinheit mitziehen würde – solange wir auf den Banknoten unser eigenes Design behalten können, was offenbar der Fall ist.« Daß genug Banknoten vorhanden wären, um ein unabhängiges Schottland über Wasser zu halten, daran zweifelt Salmond keinen Augenblick. »Wären wir morgen unabhängig und könnten wir über unseren Teil der Nordseeöl-Ressourcen verfügen, dann stünden wir auf der Liste der reichsten Länder der Welt auf Platz acht. Platz acht – nach dem Bruttosozialprodukt pro Kopf der Bevölkerung.« Nichts dran also an der Warnung, Schottland sei als eigenständiger EU-Staat gar nicht existenzfähig? »Ich würde mir doch vorstellen, daß der achtreichste Staat der Erde nicht gerade am Hungertuch nagen müßte...« Und selbst in militärischen Fragen stellt sich Salmond ein unabhängiges Schottland als loyalen europäischen Partner vor. Von Neutralität ist keine Rede mehr. Betreffs NATO, betreffs Atomwaffen hat die SNP zwar ihre Bedenken. Aber in »europäische Verteidigungsstrukturen«, wie sie schon existieren oder sich momentan herausbilden, möchte man Schottland gern »voll integriert« sehen.

Das ungute Gefühl, die Londoner »Fremdbestimmung« womöglich gegen eine Brüsseler einzutauschen, beschleicht Salmond nicht. »Der Unterschied ist doch der Unterschied zwischen einer Union, in die wir eingebaut sind, mit 70 Stimmen in einem Parlament von 620, und einem Gebilde, das im wesentlichen eine konföderative Union ist und in der einzelne Nationalstaaten noch immer das letzte Wort haben.« Der SNP-Chef fügt hinzu, daß seiner Ansicht nach auch England von einer Auflösung Großbritanniens profitieren würde. »Dieses künstliche Konstrukt einer britischen Identität hat doch der englischen Identität enormen Schaden zugefügt. Denn die englische Identität ist im Grunde eine recht gutartige Angelegenheit – Beefeater, Morris-Tänzer, um den Maibaum hüpfen und kuriose Spiele wie Cricket spielen, auf dem Dorfplatz sitzen und warmes Bier trinken... letztlich eine harmlose Geschichte. Die britische Identität aber, das ist was anderes, das ist für viele Leute im Ausland eine bedrohliche Sache. Symbolisch gesprochen, ist das der englische Fußball-Fan und Rowdy, der sich in den Union Jack wickelt und quer durch Europa Chaos anrichtet.« Den Anspruch des »großen Britannien« loszuwerden, könne sich für England als eine heilsame Sache erweisen, meint Salmond ganz ohne Ironie. »Was ist denn die Perspektive der anti-europäischen Tories, der englischen Euro-Skeptiker? Daß Britannien irgendwie noch immer die Weltmeere beherrscht, daß es den Ton angibt in der Welt. Diese Position zu verteidigen wird sicher etwas schwerer, wenn es kein Britannien mehr gibt.« Vor allem habe das »britische Konstrukt« England daran gehindert, seine veralteten und undemokratischen Institutionen zu reformieren, sie der Neuzeit anzupassen: Freiheit von diesem Konstrukt werde auch für die Engländer bedeuten, sich auf die moderne Welt einzustellen und »mit sich selbst ins reine zu kommen«. Nicht nur die Schotten, auch die Engländer möchte der Führer der schottischen Separatisten also gern befreien. An Optimismus, wie gesagt, hat es Alex Salmond noch nie gefehlt.

Die Labour Party, bislang Schottlands stärkste Partei, sieht sich, ebenso wie die Partei der Liberaldemokraten in Schottland, durch die enorm gewachsene Popularität der pro-europäischen SNP zu Aktivitäten genötigt. Dem Schicksalsstein von Scone, so hat Labour versichert, solle ein schottisches Parlament folgen. Feierlich versprach Tony Blair den Schotten ihre eigene Abgeordneten-Kammer. Noch vor dem Jahr 2000 soll Schottland nach dem Willen Labours in Sachen Gesundheit, Bildung, Justiz, Polizei, Verkehr, Umwelt, Tourismus, Landbesitz, Wohnungsbau, Kommunalverwaltung und Kunst selbst über seine Angelegenheiten entscheiden können – unabhängig vom britischen Unterhaus, und finanziert durch eine separate Steuer, von den Konservativen bereits spöttisch »Tartan Tax«, Schottenkaro-Steuer, genannt. Der Londoner Regierung sollen, nach diesem Plan, weiterhin Außenpolitik, Verteidigung, Einwanderung, Sozialpolitik und zentrale Wirtschafts- und Finanzhoheit vorbehalten bleiben. Labours Idee ist es also, Schottland ein beträchtliches Maß an Selbstbestimmung zu bescheren, ohne die Union zwischen England und

Schottland aufzugeben. Nur ein solcher Autonomiestatus könne im Grunde die Union, den nationalen Verband britischer Staaten, retten, den die schottischen Nationalisten zu zerstören hofften und den die Tories in ihrer blinden Arroganz zu zerstören riskierten.

Im Lager der SNP ist man von Labours »Halfway-House«, von einem Parlament mit beschränkter Haftung, begreiflicherweise wenig angetan. Den aufgeklärten »neuen Unionismus« Labours nennt Alex Salmond ein politisches Manöver, mit dem den Schotten die wahre Unabhängigkeit vorenthalten werden soll. Wie die meisten seiner Landsleute – und wie die Kassandras der Konservativen Partei – betrachtet aber auch Salmond ein Schottland-Parlament à la Labour als mögliches Sprungbrett auf dem Weg zur vollen Unabhängigkeit – so wie auch der heimgekehrte Stone of Scone ein Stein sei, »auf dem wir aufbauen können«. Der »PR-Zirkus«, den die Tories mit dem Stein entfesselt hätten, werde in Schottland jedenfalls niemanden beschwichtigen, sondern den Schotten nur »Appetit auf mehr« machen.

Der Ort, an dem Salmond dies am Vorabend der Steinübergabe verkündet, ist immerhin Edinburghs alte Royal High School – das künftige schottische Parlamentsgebäude, das bereits, fix und fertig ausgestattet, auf seine Inbetriebnahme wartet und in dessen nordisch-nüchterner, dekorloser Abgeordnetenkammer, abseits des Prunks südlicherer Paläste, die schottischen Nationalisten sich an diesem Abend auf den gemeinsamen Kampf bis zum süßen Ende einschwören. Draußen in der Kälte haben sich, im Fackelschein, fünfhundert Anhänger der Unabhängigkeits-Bewegung zu ihrer eigenen Begrüßung des »Schicksalssteins« versammelt. »Danke für den Stein«, steht auf ihren Plakaten zu lesen. »Und was ist mit unserem Öl?«

VORSCHLAG ZUR GÜTE

Erstaunlich kann man diesen Widerspruch schon nennen: Hier, im hehren Anspruch der Politik, ein »Vereinigtes Königreich«, das Labour ebenso wie die Tory-Partei zusammenhalten will. Dort, in den realen Niederungen des Sports, vier Nationalmannschaften, die sich feierlich bekriegen. Und ein England, das die Krone Britanniens für sich reklamiert: Das 1996 eine Fußball-Europameisterschaft ausgerichtet hat und sich für 2006 die Fußball-Weltmeisterschaft in seine Stadien holen möchte.

Einen Vorschlag zur Güte möchte da der – selten um gute Vorschläge verlegene – Londoner *Guardian* machen: Wie wäre es denn, wenn England die Ehre, Gastgeber eines World Cup zu sein, mit den anderen Nationen der »Britischen Inseln« teilte? Hätte nicht Schottland mit hervorragenden eigenen Stadien aufzuwarten? Könnten nicht auch die Waliser, und vielleicht sogar die Iren beiderseits der »grünen Grenze«, in dieses sportliche Groß-Projekt einbezogen werden? Wären nicht die Entfernungen klein und die kommerziellen Vorteile groß, für alle Beteiligten? Könnte man so, auf seiten Englands, nicht einmal signalisieren, wieviel einem dieses »Vereinigte Königreich«, und darüber hinaus die Beziehung zu Irland, bedeute?

Ein schöner Vorschlag, möchte man meinen. Ein logischer Vorschlag, für die Statthalter eines Vereinigten Königreichs. Aber wieviel Logik, wenn es hart auf hart kommt, verkraftet Fußball-Enthusiasmus? Schon an der Frage, wer wem den Vortritt ließe bei der automatischen Qualifikation des Gastlandes, könnte sich ein mittlerer Bürgerkrieg entzünden. Engländer, Schotten, Waliser und Iren am selben Strang? Eher würde Atlantis sich aus den Wellen heben, als daß der Fußball diese vier vereinte.

VON WARMEM BIER UND AUFGEWÄRMTEM PATRIOTISMUS

Und wie kommt England nun »mit sich ins reine«? Der Teil der Insel, der sich gern für das Ganze nimmt, tut sich tatsächlich am schwersten damit, eine neue Identität zu finden – oder diese auch nur von der traditionellen großbritischen abzukoppeln. Mögen irische, walisische und schottische Nationalisten sich ihrer Sache sicher sein: Die Engländer stehen noch am Anfang eines Prozesses, der die komplexe Frage ihrer kulturellen Gemeinsamkeit beantworten und ihnen das nötige nationale Selbstvertrauen in einer Zeit radikaler Umbrüche verschaffen würde.

John Major hat jedenfalls in den letzten Jahren auf seine eigene, unverwechselbare Weise versucht, besorgten Landsleuten die Angst vor diesen Umbrüchen und ihren möglichen Konsequenzen zu nehmen. Nur keine Panik, schärfte Major den Zweiflern ein: England bleibe, was es immer gewesen sei. Selbst die europäische Herausforderung werde der britische (sprich englische) Charakter »in allem Wesentlichen unverändert überleben«. Kein EU-Vertrag werde daran etwas ändern – auch in fünfzig Jahren noch werde Britannien »das Land der langen Schatten auf Cricket-Feldern, des warmen Biers, der unbesiegbaren grünen Vorstädte, der Hundefreunde und der Totospieler« sein. Und das Land »der alten Mägde, die durch den Frühnebel zur Heiligen Kommunion radeln«. Letzteres Bild besorgte sich Major, wie literaturbeschlagene Zeitgenossen schnell herausfanden, bei George Orwell, der in seinem Kriegs-Essay »Der Löwe und das Einhorn« 1941 Merkmale des insularen Nationalcharakters notiert hatte. England, so fand Orwell damals, 1941, war einfach anders als andere europäische Länder: »Das Bier ist bitterer, die Münzen sind schwerer, das Gras ist grüner, die Reklame ist krasser.« Schlechte Zähne und künstlerische Unbegabtheit notierte Orwell ebenso wie eine »sanftere Zivilisation«: Das Land des Nierenfett-Puddings und der roten Briefkästen sei auch das Land, »in dem die Busschaffner gutgelaunt sind und die Polizisten keine Pistolen tragen«.

Nun mag die englische Welt 1941 vielleicht noch so ausgesehen haben. Aber heute, über ein halbes Jahrhundert später? Gewiß, das Gras ist auf der Insel immer noch grüner als anderswo. Die meisten Münzen dagegen sind mittlerweile so leicht und unscheinbar wie überall. Die Totospieler, von der Nationalen Lotterie überrollt, sind nicht mehr so eifrig wie ehedem, und kalte Exportbiere vom Kontinent oder aus Australien haben, dank cleverer Reklame, dem lauwarmen Bitterbier der Vergangenheit Konkurrenz gemacht. Mägde sieht man sehr selten mit dem Rad zur Messe fahren, die englischen Frühnebel sind nicht mehr, was sie einmal waren, die roten Briefkästen fürchten um ihr Monopol, Polizisten dürfen inzwischen Waffen tragen, und die gute

Laune der Busschaffner ist verflogen, seit diese Schaffner auf den meisten Linien abgeschafft worden sind. Wie aber verträgt sich das mit John Majors ländlicher Idylle? Träumte Major, in den Aktenbergen Downing Streets vergraben, alleine von den Cricket-Feldern einer verlorenen Kindheit? Oder träumte die Nation mit ihm? Der Autor Ian Jack veranstaltete einmal, um dieser Frage auf den Grund zu kommen, im Londoner *Independent* eine kleine Umfrage unter Lesern. Was denn nun eigentlich, wollte Jack wissen, »typisch englisch« zu nennen sei, im Urteil der Befragten? Die Antworten belegten nur eins – daß niemand so genau wußte, was mit der Idee »England« anzufangen war. Von »Countryside«, vom ländlichen Frieden, träumten in der Tat die meisten, dachten sie an England in der Nacht. Aber fast alle räumten auch ein, daß sie dabei ein mythisches England, kein wirkliches, vor dem inneren Auge hatten.

»Kühle, Bäume, das Grün, ein nördliches Licht«, assoziierte eine Hausfrau aus Newcastle mit England. »Anstand und eine Art Zurückhaltung, die allerdings auch einen Mangel an Wärme bedeutet. Schlechte Schulen, ein verschlissener Gesundheitsdienst, und die kleinen Gemüsehändler in den Nebenstraßen, die nur Rüben und Orangen verkaufen.« Ein Technischer Zeichner in Edinburgh sah bei England rot: »Die Engländer, das sind die Leute, die jetzt hier heraufziehen – Leute, die Miranda heißen und von den Fahrersitzen ihrer Range Rover gestochen aufeinander einquatschen.« Eine Verlegerin aus Liverpool hielt »snobistisch, unterwürfig und dumm« für typisch englische Charakter-Merkmale. Ein schöner Sommertag an der Küste von Suffolk fiel ihr, zum Ausgleich, ein, doch wollte sie sich nicht auf rustikalen Enthusiasmus festlegen lassen: »Diese Idee ist von den Politikern so mißbraucht worden, Sie wissen ja, Major und Orwell, warmes Bier, das Geräusch des Cricketballs auf dem Cricketschläger, dieser ganze Unfug.« Und Wimbledon? Gepflegter Rasen? Roast Beef? Pimm's? Big Ben im Bildchen auf der einschlägigen Ketchup-Flasche? Westminster – oder der Union Jack? »Wenn ich heute die Fahne sehe, denke ich an Betrunkene mit rasierten Köpfen«, wehrt Ian Jack selbst ab, »und an die bösartige, engstirnige Nostalgie eines großen Teils der Tory-Partei, die nur mit aller Macht verdrängen will, daß England sich verändert hat und sich noch sehr viel weiter wird verändern müssen.« Jack muß bei dieser Bemerkung möglicherweise an seinen Kollegen Robert Henderson denken, der vor zwei Jahren einmal einen nationalen Streit entfesselte, als er den schwarzen Mitgliedern des englischen Cricket-Teams in einem obskuren Sportblättchen, dem *Wisden Cricket Monthly*, vorwarf, sie setzten sich nicht in gleicher Weise für »ihr« Land ein wie die weißen: Da sie, die einen anderen kulturellen Hintergrund hätten als die eingeborenen Spieler, »voller Ressentiments« gegen England seien, sträube sich ihre Natur dagegen, für dic Nationalmannschaft ihr Bestes zu geben, schrieb Henderson damals. Und nicht nur das: Sie steckten auch noch die »unzweideutigen Engländer« des Teams an, die am multikulturellen Wahnsinn der britischen Gegenwarts-Gesellschaft schon genug zu beißen hätten. Die falschen (schwarzen) Instinkte der »ausländischen« Cricket-Spieler im England-Team und eine landesweite Verschwörung linker Akademiker, Politiker und Journalisten gegen einen gesunden Nationalstolz seien jedenfalls dafür verantwortlich, daß England in seiner ureigenen Sportart seit Jahren international nicht mehr mithalten könne. Mit diesen unverblümt rassistischen Argumenten handelte sich Henderson zwar Hohn und Spott ein in seriösen Blättern wie dem *Independent*. Seine Ansichten aber, meint Ian Jack, seien vor noch nicht allzu langer Zeit auf der Insel gang und gäbe gewesen. »Auf der Höhe des Empire, wo sehr viele Ideen unseres Englischseins herrühren, wäre einem das noch ganz normal vorgekommen.« Mittlerweile könne man sich nur wundern, wie hartnäckig sich imperiale Mythen wie der von der »magischen Rasse« der Engländer oder der von der immerwährenden Idyllik der englischen Landschaft, gehalten hätten – »trotz eines Weltkriegs, des Verlustes eines Weltreichs, der Einwanderungen und des Beinahe-Kollapses fast aller wichtigen nationalen Institutionen«. Auf jeden Fall, stimmt ein Bekannter Jacks, ein Londoner Poet, zu, schließe der Begriff England »weder die Schwarzen noch die Arbeiterklasse« ein. Im Grunde begriffen Englands Konservative ihr Englischsein noch immer in der Weise, in der (der Amerikaner) T. S. Eliot es einmal zu beschreiben suchte: »Derby Day, Henley-Regatta, das Bootsrennen von Cowes, der Zwölfte August, ein Cup-Finale, die Hunderennen, der Billardtisch, das Dart Board, Wensleydale-Käse, gekochter Kohl, in Scheiben geschnitten, Rote Beete in Essig, gotische Kirchen aus dem 19. Jahrhundert und die Musik von Elgar.« Daß dieses Erbe, zusammen mit Shakespeare-Sonetten, Morris-Tänzen und dem englischen Nationaltag St. George's Day, gebührend gepflegt und gefeiert werden sollte, ist kürzlich auch, erstmals in solcher Deutlichkeit, von der höchsten Warte des englischen Schulsystems aus verkündet worden. Der Chef der britischen Behörde für Schulaufsicht und Unterrichtsgestaltung, Nick Tate, fordert nämlich, daß mit der Untergrabung patriotischer Gefühle durch die »Intelligentsia« des Königreichs Schluß sein müsse. Man müsse »den multi-kulturellen Erziehungs-Ansatz wegfegen und ihn ersetzen durch ein Gefühl für nationale Identität und Aufgabe«, meint Tate. Der *Daily Mail* machte daraus die Schlagzeile: »Bring ihnen bei, britisch zu sein!«

Empört reagierten viele Lehrer auf diese »pseudo-patriotische« Attacke. Eine Unternehmung, wie sie Tate empfehle, sei Unfug, meint etwa Tony Mooney, der Rektor der alten Schule John Majors in Süd-London, der mittlerweile Kinder aus zwanzig Nationen angehören: Die Sehnsucht nach einem monolithischen England verkenne vollkommen die Charakteristika der gegenwärtigen englischen Gesellschaft. »Identität läßt sich doch nicht verengen auf das Stückchen Welt, in dem man gerade lebt«, meinte auch der vormalige Lord Wedgwood und langjährige sozialistische Labour-Abgeordnete Tony Benn – obwohl er selbst fast als Karikatur des englischen Charakters durchginge, als »pfeiferauchender, teetrinkender, hochnäsiger, monoglotter englischer Exzentriker« (*Daily Telegraph*). Konservative Zeitgenossen bejubelten dagegen Tates Idee einer kollektiven Erziehung zu nationaler Identität in England. Endlich, freuten sich rechtslastige Kommentatoren und Politiker, werde »die Idee kultureller Neutralität« als »das Phantom« herausgestellt, das sie all die Jahre gewesen sei. Tates Forderung signalisiere das Ende einer Ära, in der »Britischsein einfach nur eine von vielen Anschauungen im Supermarkt der Lebensstile« war, erklärte triumphierend die *Times*-Journalistin Janet Daley. Nun sei es Zeit, die »ewigen Wahrheiten« des Britischseins wieder zu lernen, fügte, in seiner simpleren Sprache, der *Daily Mail* an. Auf liberaler Seite wurde der Fehdehandschuh ebenso leidenschaftlich aufgenommen. Im *Guardian* meinte dessen Kolumnistin Suzanne Moore, die Rückwärtsgewandten täten sich offenbar unter einem neuen Banner zusammen: Wer hier nach einer einheitlichen (englischen) Kultur für England strebe, könne sich eine solche Kultur zwangsläufig nur nostalgisch vorstellen – nicht als Projekt der Zukunft. Die Einwanderung der Nachkriegszeit und die aktuelle EU-Integration, vermutet Moore, hätten diese vermeintlich patriotische Gegenbewegung ins Leben gerufen: »Unsere koloniale Vergangenheit überschattet unsere Gegenwart. Unsere europäische Zukunft macht, daß wir uns noch unsicherer fühlen.« Tatsächlich werde gegenwärtig die nationale Identität Britanniens, oder genauer: Englands, »neu geschaffen«. Und da helfe es wenig, den Leuten »warmes Bier und aufgewärmten Patriotismus aufzutischen«.

George Orwell hätte wohl – um ihm Gerechtigkeit widerfahren zu lassen – für Idyllisierung und Warmbier-Nostalgie in dieser typisch englischen Debatte ebenfalls nur Spott übrig gehabt. Daß sich ein gewisser »charakteristischer Geschmack« der englischen Zivilisation über die Zeiten hin erhalten würde, bedeutete für Orwell nicht, daß Englands zeitgenössisches Gesicht unverändert erhalten bliebe oder bleiben sollte. »Nichts steht jemals still. Wir müssen unser Erbe bereichern oder es verlieren. Wir müssen wachsen oder schrumpfen. Wir müssen vorwärts oder rückwärts gehen.« Orwell war zuversichtlich. »Ich glaube an England«, schrieb er 1941. »Ich glaube, daß wir vorwärts gehen.«

NUR EIN JUX

Apropos Fortschritt – oder multi-kultureller Wahnsinn: Trevor McDonald hat es, nach all den Jahren, also geschafft. Der schwarze Journalist, der im britischen Fernsehen die Zehn-Uhr-Nachrichten verliest, ist noch vor den Wahlen von John Majors Bildungsministerin Gillian Shephard zur »Stimme der Nation« ernannt worden. McDonald soll als Anchorman einer Körperschaft fungieren, die sich um besseres Englisch bemüht: Der Major-Regierung lag daran, daß sich die Untertanen Ihrer Majestät klarer und korrekter ausdrücken und ihre Kommunikation nicht mehr auf bloßes »Grunzen« (so Frau Shephard) beschränkten. Daß ausgerechnet der Mann aus Trinidad für diese Aufgabe ausgewählt wurde, der als kleiner Junge in der Karibik BBC-Englisch aus dem Transistorradio lernte und sich selbst aus dem Oxford Dictionary täglich ein paar neue Wörter beibrachte, war einer der kleinen konservativen Medien-Coups im Vorfeld der Unterhauswahlen. Offenbar sollte McDonald dafür belohnt werden, daß er sich aus den Niederungen kolonialen Gestammels auf die Höhe eines perfekten Queen's English hochgearbeitet hatte. Wer wollte den Konservativen vorhalten, sie wüßten ihre erfolgreichen, wohlintegrierten schwarzen Mitbürger nicht ins rechte Rampenlicht zu rücken?

Hatte John Major nicht schon, im vorigen Jahr, zum ersten Mal einen schwarzen Parteigänger zum Lord geadelt? Ein wenig spielte bei dieser Erhebung in den Adelsstand sicher auch die Blamage eine Rolle, um deretwillen der Rechtsanwalt John Taylor 1992 als Kandidat der Tories im Wahlkreis Cheltenham der politischen Konkurrenz unterlag – das konservative Fußvolk, an einen schwarzen Kandidaten nicht gewöhnt, hatte ihm in Cheltenham schlicht die Unterstützung versagt. Lord Taylor seinerseits hat der Partei die Illoyalität verziehen: »Ich bin kein Zornbolzen, der mit dem Speer durch die Gegend rennt.«

Ein Teil der neuen schwarzen Mittelklasse Großbritanniens ist offenbar nicht abgeneigt, sich politisch und ideologisch mit den Konservativen zu liieren. Die »Afro-Sachsen«, wie sie Lord Taylor getauft hat, sehen sich als Avantgarde eines schwarzen britischen Establishments. Eine neugegründete Zeitung für den schwarzen Mittelstand, *New Nation*, sucht dieses Bild soliden, staatskonformen Erfolgs zu untermauern. »Wir tragen nicht unbedingt Schirm und Melone«, sagt es Lord Taylor, »aber wir arbeiten hart, sind ehrgeizig und fragen uns, was wir für Britannien tun können.« Schwarze, braune und gelbe Briten, die aller Ehrgeiz nicht dahin getragen hat, wo Lord Taylor jetzt sitzt, oder die nicht so prominent sind wie McDonald, zeigen sich indes wenig beeindruckt von einzelnen »afro-sächsischen« Erfolgen, und noch weniger von Tory-Gesten, die ihrer Ansicht nach nur eine unerfreuliche Minderheitenpolitik kaschieren sollen: Benachteiligung »dunkler« Briten in vielen Landesteilen, generelle Gleichberechtigungs-Probleme auf allen Ebenen, die überproportionale Zahl schwarzer Todesopfer in Polizeigewahrsam und spezifische Zuwanderungs- und Asylrestriktionen, die sich in der Tory-Ära gehäuft haben.

Daß die Konservativen auch weiterhin gerne die »Rasse-Karte« ausreizen würden, Trevor McDonald hin oder her, war von vornherein der Verdacht der Minderheiten-Lobbies in Großbritannien gewesen. Tory-Generalsekretär Brian Mawhinney enttäuschte ihre Erwartungen nicht. In einem Angriff auf den Labour-Gemeinderat von Camden in Nord-London kritisierte er die Zuschüsse an eine Organisation namens »Camdens Asiatische Frauengruppe Hopscotch«. »Hopscotch« entspricht dem deutschen Hüpfspiel »Himmel und Hölle«: Mawhinney konnte sich der johlenden Zustimmung seiner Parteifreunde sicher sein. Dummerweise hatte der Generalsekretär es versäumt, sich genauer über das Objekt seines Spottes zu informieren. Anderntags stellte sich nämlich heraus, daß die Camdener Hopscotch-Gruppe keinerlei Gehopse veranstaltet, sondern ein durchaus seriöser Selbsthilfe-Verband ist, der Einwanderer-Frauen aus Bangladesch in Gesundheits- und Familienfragen berät und ihnen elementare Englischkenntnisse vermittelt. Als einer der Förderer der Gruppe entpuppte sich das britische Innenministerium und als »Hopscotch«-Schirmherrin Prinzessin Anne.

Den Scherz und seine rassistischen Untertöne hätte sich der Tory-Generalsekretär besser geschenkt, fanden die Betroffenen. Trevor McDonald verzog keine Miene, als er die Nachricht verlas.

NELSON AUFS PODEST!

Johnny Bubeula mochte, mit seinem Spiel »Nubian Jak«, eine Idee gehabt haben. Kenneth Baker hat einen ausgewachsenen Traum. Mit einem neuen Museum will der Englisch-Professor und frühere Tory-Innenminister die Nation beglücken. Es soll ein »Museum der britischen Geschichte« werden und mit falschen Vorstellungen zu Großbritannien und zeitgenössischer Krittelei aufräumen. »Kein anderes Museum erzählt die Geschichte unseres Landes«, erklärt Baker seine Ambition. »Dabei gibt es so vieles, auf das wir stolz sein können.« Einen Platz für sein Museum hat der Ex-Minister bereits gefunden. Im alten Londoner Krankenhaus St. Bartholomew, nicht weit von der St.-Paul's-Kathedrale, gehen demnächst die Lichter aus: Auf dessen Gelände könnte das Museum entstehen. Die Kosten des Projekts schätzt der Politiker auf 300 Millionen Mark – keine Kleinigkeit. Aber jeden Pfennig dieser Summe werde das Museum wert sein, meint Kenneth Baker. Unkundigen Staatsbürgern sowie Schulkindern, für die der Besuch obligatorisch sein sollte, würde das »Museum der britischen Geschichte« die rechte Kenntnis der Vergangenheit und eine vernünftige insulare Identität vermitteln.

Genau das fehle vielen jungen Briten, stimmen frustrierte Erzieher und Historiker überall im Lande zu. Die liberale Schulreform, klagt der Geschichtslehrer Chris McGovern, habe die Kenntnis großer Persönlichkeiten durch Klassenkampf und Sozialpolitik ersetzt. Statt von Wellington hörten die Kinder von Germaine Greer, statt von Cromwell von der Geschichte des Fernsehens, statt von der »Glorious Revolution« von Rassenunruhen in Notting Hill. Daß Bakers Museum diesen Unfug richtigstellen werde, erwarten diejenigen unter seinen Landsleuten, die Nelson wieder unbelästigt auf seinem Helden-Podest sehen wollen, wie in den alten Zeiten. Zwar beharrt der konservative Politiker darauf, daß er »keine Geschichte aus der Tory-Perspektive« im Sinn habe: Berater der gesamten politischen Palette sind aufgefordert worden, in die Museums-Planung einzusteigen. Skeptische Geister aber, wie der Autor Patrick Wright, wittern in dem Projekt einen Versuch, mit dem Stock einer glorifizierten Geschichte auf eine Gegenwart einzuschlagen, »die zu verstehen wir uns weigern«, und eine Zukunft zu versperren, »deren Möglichkeiten uns dann noch weniger bewußt sind«. Die Museums-Befürworter finden solche Einwände lächerlich. Gegen Nelson auf seiner Säule, meinen sie, könne ja nun wirklich niemand etwas haben. Dem Selbstrespekt des Landes könne so etwas »nur gut tun«.

7:

HALB DRINNEN, HALB DRAUSSEN

Die widerwilligen Europäer

WOHIN, IHR BLAUEN VÖGEL ÜBER WEISSEN KLIPPEN?

Die Kreidefelsen, hieß es, trügen Trauer. Die Insel, hörte man, sei keine mehr. Als im Mai 1994 der französische Staatspräsident und die Königin von England den Tunnel unterm Ärmelkanal einweihten, mischte sich, jedenfalls auf britischer Seite, ein beträchtliches Maß an Melancholie in die Freude über die neue Verkehrsverbindung. Unglücklich stand manch britischer Patriot im Geiste auf den weißen Klippen Dovers und lauschte dem Gekreisch der »blauen Vögel« über den Wassern des Kanals. Waren sie, diese gefiederten Symbole englischen Stolzes und insularer Freiheit, von nun an verstoßen aus ihren mythischen Nestern in den Felsspalten der Insel-Geschichte? War Albion, das arme Albion, nach achttausend langen Jahren seiner Andersartigkeit beraubt? Immerhin band der Kanaltunnel das Land an einen Kontinent, den die Briten gerade in jüngsten Jahrhunderten ganz gern ein wenig auf Distanz gehalten hatten – auf rauhe 22 Meilen Ärmelbreite, um genau zu sein. Sollte sich die Insel jetzt, nach dieser Tunneleröffnung, in kontinentalen Kilometern vorrechnen lassen, wie leicht ihre Ufer von Calais aus zu erreichen waren?

Die Wehmut, die den Eröffnungsreigen umspielte, jenes leise Bedauern, das die offizielle Begeisterung begleitete, kam nicht von ungefähr. Historisch gesprochen, hatte es der Bau der Röhre zwischen Sangatte und Folkestone ja auch wirklich in sich. Seit die Nordwestecke Europas in der Mittelsteinzeit durch die Überflutung des heute als »Ärmelkanal« bezeichneten Beckens vom Rest des Kontinents getrennt wurde, um im Atlantik eine eigensinnige Existenz zu führen, bot »Eurotunnel« immerhin die erste Chance, trockenen Fußes von Frankreich nach England hinüberzuspazieren. Generationen seekranker Fährpassagiere hätten wer weiß was für eine solche Verbindung gegeben. Mittlerweile rollt der »Eurostar« (wenn ihn nicht gerade ein Feuer oder ein Rindvieh auf den Schienen bremst) in drei Stunden von Paris direkt nach London. Ob diese Tatsache nun im strengen geographischen Sinne ein »Ende der Insel« konstituiert, darüber kann man, wenn man will, natürlich streiten. Unstreitig ist aber, daß der Tunnelbau in Großbritannien, vor allem in der englischen Seele, im psychischen Gelände zwischen Dover und Hadrianswall, seine Folgen haben mußte. Schließlich definierte sich England jahrhundertelang über seine Küsten, seine Insellage. Die Insel prägte die Mentalität der Insulaner. Ein »Eurostar« war in diesem Konzept nicht vorgesehen. Statt dessen rühmte sich die Insel ihrer Insularität. Den Inselmenschen waren die Küsten die äußere Membran ihres Gemeinwesens. Über die Küsten ließ sich abgrenzen, ließ sich nationale Identität schaffen. Vor allem lag im Insel-Charakter der Keim für ein starkes Gefühl kollektiver Resistenz, für ein Verlangen nach Unabhängigkeit. Die Feinde Englands haben das stets erfahren. Englands Verbündete, in der Europäischen Union und anderswo, haben sich bis heute nicht daran gewöhnt.

Natürlich war dieses Abgrenzungsbedürfnis nur die eine Seite der Medaille. Die andere war, von Anfang an, die Einsicht in die wirtschaftliche Notwendigkeit des Austauschs. Die Insel atmete mit ihrer Membran. Schon die Kelten, über den Klippen Dovers angesiedelt, betrieben lebhaften Handel über den Kanal hinweg. Am Fuß der Kreidefelsen entwickelte sich ein Hafen, der viele Jahrhunderte später zum Knotenpunkt der Kommunikation mit dem Kontinent, zu einer Landungsbrücke für Millionen werden sollte. England war nie ein Eiland für sich selbst. Es war zu allen Zeiten, in Krieg und Frieden, auf vielfache Weise mit dem übrigen Europa, mit dem Rest der Welt verbunden. Dennoch blieb im historischen Gedächtnis nicht der Austausch haften, sondern die

Abgrenzung. Der Fährhafen war die Realität der Insel. Die Kreidefelsen wurden ihr Mythos. Die schroffe Küste nämlich, die den nahesten Punkt zum Kontinent markierte, war das Gesicht, das England seinen Nachbarn mit Vorliebe zeigte. Sie war die Trennwand zwischen drinnen und draußen. Ihr Anblick, vom Kanal her, rührte englische Heimkehrer zu Tränen, während er auswärtige Passagiere schon lange vor der Landung in Nervosität versetzte: Kein kontinentaler Tourist wird die hochnotpeinlichen Verhöre vergessen, die noch bis vor ein paar Jahren am Zollpunkt Dover mit Ausländern veranstaltet wurden.

Unwillkommenen Gästen boten die Felsen die weiße Stirn. Sie waren, in den alten Tagen, natürlich leicht zu verteidigende Stellungen. Sie eröffneten einen weiten Blick über den Kanal. Auf ihrer Höhe schwangen, als in Dover noch kein Zollamt existierte, keltische Krieger in voller Kriegsbemalung und mit furchterregendem Gebrüll die Streitäxte, um Invasoren fernzuhalten. Julius Cäsar war der erste, der den militärischen Vorteil der Klippen für die Eingeborenen schriftlich festhielt. Als er im Jahr 55 vor Christus auszog, um sich das rätselhafte Land im Norden Galliens zu unterwerfen, hielt er seine Schiffe wohlweislich von den Kreidefelsen fern. »Unter keinen Umständen« sei dies ein Platz zum Aussteigen, fand der römische Feldherr, da »von diesen Bergkämmen eine Lanze direkt aufs Ufer hinuntergeworfen werden könnte«. Römer, Sachsen, Normannen, Wikinger: Sie alle meisterten tückische Gewässer, um einen Blick hinter die Klippen Dovers, ins Land der Druiden und des Fünf-Uhr-Tees zu werfen. Sie alle ignorierten Zollposten und insulare Empfindlichkeiten. Das Schwert war ihre Sprache. Das »Home« der Einheimischen machten sie zu ihrem »Castle«. Den bestehenden Kulturen zwangen sie die eigene auf. Heute stehen die Zeugnisse ihrer »Kultivierungs«-Arbeit – ein römischer Leuchtturm hier, ein angelsächsisches Kirchlein da – in friedlicher Eintracht auf dem Gelände der Burg von Dover, hoch über der See. Später in der Geschichte nahmen Dovers Klippen symbolische Qualität an. Im elisabethanischen Zeitalter sah man die Kreidefelsen als ein »Bollwerk«, Britannien als »die Festung«, den Ärmelkanal als einen »Burggraben«. Shakespeare, der sich 1605 in Dover aufgehalten haben soll und nach dem eine der dramatischsten Kreideformationen in der Gegend benannt ist, sprach damals, in »Richard II.«, von England als von einer »Feste, von der Natur selbst erbaut gegen alle Ansteckung und gegen die Hand des Krieges«, und von der »silbernen See« als von einem »Wall« oder einem »Wassergraben« zum Schutz des heimischen Herdes vor böswilligen Besuchern.

Napoleon, der einiges für den Fall der englischen Festung gegeben hätte, sah den »Wassergraben« ebenfalls unter militärischen Gesichtspunkten: »Gebt mir acht Stunden lang Kontrolle über den Kanal, und ich bin der Herrscher der Welt.« Bezeichnenderweise war es das napoleonische Frankreich, das erste Pläne für eine Untertunnelung des Kanals schmiedete. Was nicht mit Kriegsschiffen zu unterwerfen war, sollte wenigstens auf zivilem Wege in greifbare Nähe gerückt werden. Auf englischer Seite brachten manche Ingenieure und Politiker dem Plan Sympathien entgegen. Die überwiegende Haltung jedoch, an der das Projekt scheiterte, war die eines profunden Mißtrauens. Ein Kanaltunnel, fürchtete man, hätte England den dunklen Mächten des Kontinents (den Franzosen, den Ratten, dem Republikanismus und der Tollwut) ausgeliefert. Englische Illustrationen der Epoche spiegeln noch die Panik, die Vorstellungen einer französischen Tunnel-Invasion auslösten. Die Franzosen also hielt man auf Ärmellänge. Den Höhepunkt ihrer Strahlkraft aber, als einer Ikone britischer Wehrhaftigkeit, erlebten die Kreidefelsen, als sich, gleich zweimal, die Deutschen mit Britannien anlegten. In beiden Kriegen wurde Dover zur »Front Town«, zur Frontstadt des Königreichs, ausgerufen. Damals wanderte der Ort endgültig ins Reich der Legende. Während in geheimen Bunkern im Innern der Felsen, an Fenstern hoch überm Kanal, nach dem Feind Ausschau gehalten wurde und sich drunten im Hafen Zehntausende von Soldaten ins Kriegsgebiet verladen ließen, ging Vera Lynns Lied von den »blauen Vögeln über den weißen Klippen Dovers« durchs ganze Land. Churchill in Hellfire Corner, mit Helm und Zigarre oben auf den Klippen, vom Wind umweht, von den Möwen umflattert: Das war das Bild, das man sich von Britannien machen sollte, ein Bild so recht nach dem Geschmack dieser – von Churchill so genannten – »stolzen Insel-Rasse«. Einer gegen alle, ein Volk gegen die ganze Widrigkeit der Welt, sagte dieses Bild. Die Finger weg, Herr Hitler, von der Insel. England, die un-

WASSERGRABEN ADE: Insels Neuzugang, der Eurostar im Bahnhof Waterloo International

einnehmbare, die unbeugsame Zitadelle der Freiheit. Noch heute zehren national gestimmte Tories vom Glanz jener Tage, vom goldenen Licht über den Klippen Dovers.

War es die Morgendämmerung oder ein Abendschimmer? Die Deutschen wurden geschlagen, nachdem sie der »Burggraben« des Kanals gebremst hatte, wie in den alten Zeiten. Die Waffensysteme der neuen Epoche aber, das war rasch klar, machten vor keinem Wasser mehr halt. Wehrmachtsgeschosse schafften es bis Dover, Bombenflieger und Kriegsraketen erreichten ohne weiteres London. Wenige Jahre später wurden die Klippen, militärisch gesprochen, vollends obsolet – mit der Entwicklung von Atomwaffen, denen ein bißchen Kreide und 22 Meilen Nordsee wenig Respekt abnötigten. Der nukleare Schock traf die Insel hart; fast so hart wie 1973 der Beitritt Großbritanniens zur Europäischen Wirtschafts-Gemeinschaft unter Edward Heath. Wieviel, fragten sich die Insulaner, war ihre Festung noch wert? Zunehmend fand sich England in ein Netz von ökonomischen, von technischen Entwicklungen verstrickt, die seine nationale Autonomie schmerzlich eingrenzten. Die Zeiten relativer Eigenständigkeit waren vorbei. Der alte Kelten-Handel auf dem Kanal hatte sich in ein festes System globaler Abhängigkeiten gewandelt, aus dem es keinen Ausweg gab und in dem multinationale Konzerne, ausländische Kapitalinteressen den Ton angaben. Der Zerfall des Empire und Margaret Thatcher besorgten den Rest. Sie ließen England zurück mit einer angeschlagenen industriellen Basis, nach der die ehemaligen Rivalen und Feinde gierig schnappten. Mittlerweile brauchten die Deutschen keine Zerstörer mehr, um sich die Kronjuwelen der englischen Wirtschaft einzuverleiben. Sie kauften sie einfach, mit harter D-Mark, auf. Die britische Regierung aber, einer rücksichtslosen Marktideologie verhaftet, schaute den Eroberungszügen tatenlos zu – ein Tränchen für »Rover«, nun in BMW-Besitz, doch keine Proteste, man hatte ja die Regeln akzeptiert in diesem monetären Spiel ohne Grenzen. So gesehen, war zum Ende dieses Jahrhunderts ein Kanaltunnel logische Konsequenz. Die Technologie machte ihn möglich. Der Kommerz hielt ihn für erforderlich. Die Politik gab ihren Segen, im Namen von Investment und Arbeitsplätzen. Die Waren- und Verkehrsströme des neuen, »integrierten« Europa sollten nicht mehr allein auf Europas Wasserstraßen angewiesen, den Launen der Nordsee ausgeliefert sein.

Aber was war mit den alten Bedenken? Mit den Widerständen, auf englischer Seite, gegen eine Anbindung an den Kontinent? Sie durften einem potentiell profitträchtigen Projekt nicht im Wege stehen: Also wurden sie abgedrängt in tiefere Regionen, aus denen sie nun, wie traurige Monster, in den Nächten der Anfechtung und der Gipfeltreffen der Europäischen Union das müde Haupt erheben, um ihre Frustration hinauszubrüllen über den Kanal. Wollte man ihnen glauben, müßte England morgen von einer Armee tollwütiger Füchse und Bürokraten überschwemmt werden und übermorgen in einem Meer afrikanischer Flüchtlinge untergehen.

»Old fears die hard«, die alten Ängste weigern sich zu sterben. So leicht ist die Vergangenheit nicht abzustreifen. Mit ihrem Tunnel zwar beginnen sich die meisten Briten auszusöhnen. Die Melancholie der Eröffnungstage hat, nach drei kurzen Jahren Tunnelbetrieb, einem Sinn für die Nützlichkeit der Einrichtung Platz gemacht – vor allem, wenn's der Urlaubszeit entgegengeht. Noch ein bißchen länger freilich wird es dauern, bis alle Inselwelt den »Burggraben« in der eigenen Seele untertunnelt hat. Und die Kreidefelsen mit ihren Möwen? Nun, die bekommt eh niemand mehr zu Gesicht, der sich durch »Eurotunnels« Röhre ins Hinterland von Folkestone, auf die Kuhweiden, befördern läßt: In dieses Wissen mag sich schon ein Tropfen Wehmut mischen.

Vielleicht ist es ja auch kein Zufall, daß der Kanaltunnel sich just unter Dovers Shakespeare-Klippe, mit ihren literarischen Anklängen und ihrem weiten Blick über die »Straits«, in den Meeresboden bohrt. Hier, am Fuß der Klippe, deren Rücken auch schon von einer Autobahn zerstört ist, hat man auf einem künstlichen Landvorsprung die ebenso gigantische wie häßliche Entlüftungs- und Ventilationsanlage für den Tunnel angesiedelt. Daß an dieser historischen Stelle ein Mythos – die Insularität der Insel – von einem andern – dem »Ende der Insel« – untergraben wird, entbehrt nicht einer gewissen Ironie. Wenn England erst den Schock seines neuen, klippenlosen Verhältnisses zu Europa überwunden hat, wird es diesen Streich der Geschichte gewiß noch zu bewundern wissen.

Der Euro-Preis für den Geistesblitz des Jahres muß, finde ich, an ein britisches Reiseunternehmen gehen, das endlich die Lösung für ein drängendes Problem vieler Insulaner gefunden hat. Wie, so fragte sich John Bridge von der Touristikfirma »Supreme Holidays«, war all jenen Kunden zu helfen, die gern mal ein Croissant verzehrten, eine Maß leerten oder einen Flamenco tanzten, denen es im Kreis von Franzosen, Deutschen oder Spaniern aber nicht geheuer war?

Die Antwort, die Bridge fand, war geradezu genial. Sie hieß »Auslandsurlaub – ohne Ausländer«. Was »Supreme Holidays« einführte, waren lange Wochenenden in einem Hotel in der englischen Stadt Walsall, die jeweils einem kontinentaleuropäischen Land gewidmet sind, bei denen man aber garantiert auf keinen Kontinentaleuropäer trifft. Bei diesen »Weekend-Breaks« wird den verehrten Gästen für umgerechnet 200 Mark alles geboten, was sie bei einem Urlaub in dem betreffenden Land erwarten könnten, vom Schafskäse oder den Cognac-Schwenkern über einschlägiges Liedgut bis zu den Tänzen der jeweiligen europäischen Region. Teller dürfen zerdeppert werden, Schunkeln im Dreivierteltakt ist vorgesehen, und das Hotelpersonal soll in Landestracht in Erscheinung treten. Nur eben vor dem Zusammenstoß mit den wirklichen Trägern solcher Tracht ist man sicher: Kein französisches Palaver, kein griechisches Gezeter soll den reinen Genuß eines Euro-Urlaubs in der Heimat stören.

»Eurosceptic Tour« hat John Bridge diese Art des Urlaubs getauft, denn die EU-Verächter im Lager der britischen Konservativen brachten ihn auf die Idee. Er habe sich die Euro-Rebellen angesehen, grinst der erfindungsreiche Unternehmer, und den Bedarf erkannt: »In diesem Teil der Welt wimmelt es schließlich von Euro-Skeptikern.« Die erste »Tour«, ein Deutschland-Wochenende, war jedenfalls schon Wochen vorher ausgebucht. »Mir schmeckt die deutsche Küche, und ich trinke gern deutsches Bier, aber von den Leuten möchte ich lieber verschont bleiben«, zitierte eine Londoner Zeitung einen Kunden, der das Sonderangebot für sich, seine Familie und ein befreundetes Paar gebucht hat. Ein anderer Teilnehmer erklärte sein Interesse so: »Da kann man sich mal gehenlassen, ohne daß man befürchten muß, jemandem auf die Zehen zu treten, oder gleich in einem ausländischen Gefängnis zu landen.«

Wie aber, fragt der Leser solcher Nachrichten besorgt, sollen die Magennerven der Beteiligten mit einem massiven Angebot an Sauerkraut, Weißwürsten, Brezeln und Steinkrügen fertig werden? Auch daran, glücklicherweise, hat John Bridge gedacht. Nach dem Eintreffen nämlich, Freitag abends, wird den Gästen erst einmal eine gute Portion Fish and Chips serviert – »damit sie mit einem richtigen Teller anständigen englischen Essens ins Wochenende starten können«.

TAUSCHE MEILE GEGEN METER

Es ist schon komisch mit Britannien und Europa. In Siebenmeilenstiefeln eilt der europäische Kontinent der Wirtschafts- und Währungseinheit entgegen, während die Briten sich noch verzweifelt mühen, das rechte Schuhwerk für diesen Marsch zu finden. Aber wie sollen sie auch? Schlimm genug, daß der Rest der Welt auf eigenen Schuhgrößen besteht: Kontinentale Größen auf britisches Fußwerk umzurechnen, oder umgekehrt, ist eine Herausforderung, der nicht jede Verkäuferin im kleinen Schuhgeschäft auf Putney High Street unbedingt gewachsen ist.

Und nicht nur bei den Meilenstiefeln drückt der Schuh. Wohin man schaut, ringt britische Tradition mit dem wachsenden Einfluß kontinentaler Gewohnheiten. Milch und Bier beispielsweise werden noch immer in Pints gemessen: Mineralwasser dagegen kommt in Litern. Beim Metzger oder im Fischgeschäft kauft man Ware wie seit alters in englischen Pfunden und Unzen. Das Waschmittel aber bemißt sich in Kilogramm. Im Lebensmittel-Laden wiederum finden sich die verschiedensten Maße im gleichen Regal, Seite an Seite – Schokolade in Gramm, Süßigkeiten in Quarterpounds. Wohnfläche wird, wenn überhaupt, in Quadratfüßen gemessen, Teppichboden hingegen in Quadratmetern. Kleider sind eine Foot-and-Inch-Angelegenheit. Stoff rollt, in den meisten Fällen, vom laufenden Meter.

Wie verwirrend diese Zweispurigkeit ist, davon können Londoner Freunde, die nach 1974 in der Schule vom imperialen Maß aufs metrische umgesattelt wurden, ein Lied singen. Die »Schule fürs Leben« stimmte sie auf metrischen Fortschritt ein, aber das Leben selbst hielt, der Schule zum Trotz, an den vertrauten Maßeinheiten fest. Auch meine metrisch geschulten Freunde sprechen heute noch hartnäckig von einem »six-footer«, wenn sie die Körpergröße einer hochgewachsenen Person andeuten wollen (sechs Fuß sind 1,8288 Meter), oder kündigen vor Abmagerungskuren als ihren innigsten Wunsch an, »einen Stein zu verlieren« (»to loose a stone« bedeutet, sich um 6,348 Kilogramm zu erleichtern).

Die alten Zollstäbe und Yardstöcke kommen aus der Mode, aber die neuen, vom Kontinent importierten Maße fassen nur langsam Fuß – Verzeihung: Meter. Begreiflicherweise trauern viele Briten den anschaulichen Begriffen der Vergangenheit nach: Ein Sechs-Fuß-Mensch oder ein Stein-Verlust waren noch konkrete, vorstellbare Maße. Was soll man von einem Menschen halten, der soundso viele langweilige Zentimeter mißt und soundso viele nutzlose Kilo wiegt? Dabei ist, wie eine frustrierte Londoner »Gesellschaft zum Erhalt der Imperialen Maße« klagt, 1997 »kaum mehr etwas sicher« vor den Metrikern und Euro-Modernisierern. Verwirrt lesen vor allem ältere Leute, zum Beispiel bei einer Autofahrt, Streckenangaben in Meilen und hören zugleich im Autoradio Hinweise in Kilometern. An Tankstellen können sie ihr Fahrzeug nicht mehr mit vertrauten Gallonen füllen, sondern müssen den neumodischen bleifreien Stoff auch noch literweise bezahlen. Und selbst das Wetter, über das man sich doch früher rasch einig war, ist seit dem Vormarsch kontinentaler Gebräuche nicht mehr das gleiche. Statt in Fahrenheit wird die Temperatur nun zunehmend in Celsius gemessen, was bereits zu beträchtlichen Kommunikationsschwierigkeiten geführt hat und ratloses Landvolk in eine Sprache der Einsilbigkeit treibt, die davon ausgeht, daß es draußen halt entweder einfach »warm« oder einfach »kalt« ist.

Wie sind solche Umbrüche für eine Nation mit stolzen Traditionen zu verkraften? War es nicht hart genug für Britannien, den guten alten Shilling über Bord zu werfen und die Insel-Währung aufs Dezimalsystem umzustellen? Nunmehr fordern die kontinentalen Partner von ihnen, um kommerzieller Kompatibilität willen mit Pfund und Unzen, mit Quart und Gallonen, mit Gill und Noggins, mit Fathom und Square Feet zu brechen. Seit Oktober 1995 sind metrische Maßeinheiten auf der Mehrzahl aller verpackten Ware groß zu schreiben: Die imperialen Angaben erscheinen für eine Übergangszeit gerade noch als Fußnoten, als Kleingedrucktes für die altbackene Kundschaft. Da mag sich die »Gesellschaft zum Erhalt der Imperialen Maße« noch so grämen – bald wird wohl auch, wenn nicht der Linksverkehr, so doch das Recht auf eigene britische Schuhgrößen endgültig abgeschafft. Nur eine Handvoll Zugeständnisse haben die Briten einstweilen der Brüsseler Bürokratie abgerungen. Milchflaschen und Biergläser dürfen weiter nach Pint bemessen werden, Straßenschilder dürfen weiter Meilen verzeichnen, Land darf weiter in Acres registriert und Gold weiter nach Troy-Unzen gewichtet werden.

Und natürlich wird beim Pferderennen weiter in Furlongs, in Achtelmeilen, gerechnet. Gewisse Dinge, wie Pferderennen und Pubgläser, sind schließlich – bis auf weiteres – heilig.

BSE, ZUM BEISPIEL

Ja, war denn was? Gab es da eine Krise? Hatte der damalige Gesundheitsminister Stephen Dorrell im März 1996 wirklich erklärt, die Regierung werde, wenn nötig, den gesamten britischen Rinderbestand – knapp 12 Millionen Tiere – schlachten lassen? Hatten namhafte britische Wissenschaftler tatsächlich verkündet, eine »Epidemie« in der Beef-futternden Bevölkerung, mit möglicherweise Hunderttausenden von Toten, sei nicht auszuschließen? Mußten damals wirklich die Supermärkte ihr unverkäufliches Rindfleisch auf den Müll werfen? Sahen die Beefburger-Ketten sich gezwungen, auf ausländisches Fleisch und vegetarische Gerichte umzustellen? Man kann es kaum glauben, schaut man sich heute im Vereinigten Königreich um. Jene Krise, wenn es sie denn gab, scheint aus dem nationalen Gedächtnis gelöscht zu sein wie ein flüchtiger Alptraum, wie eine lästige Irritation. Würde man Stephen Dorrell heute nach seiner damaligen Äußerung fragen, könnte er sich vielleicht nicht einmal mehr an sie erinnern.

Längst steht Rindfleisch, zumindest frisches Rindfleisch, wieder ganz oben auf der Speisekarte. Ein Teil der Schulen zögert zwar noch, es seinen Zöglingen zu servieren, aber in den Restaurants wird Beef gegessen wie noch nie. Die Burger-Joints offerieren wieder stolz »heimische Ware«. Supermärkte und Metzgereien melden, sie hätten die kurzfristigen Einbrüche beim Beef-Verkauf zu 90 Prozent wieder aufgeholt. Mag auch der Rest der Welt es boykottieren: Die Briten wollen ihr Beefsteak auf dem Teller haben, BSE hin oder her. »Britisches Beef ist das beste und das sicherste der Welt«, brüstet sich der Boß der Supermarkt-Kette ASDA, Archie Norman. »Unsere Kunden wollen nichts anderes.« Rindfleisch im Wert von 40 Millionen Mark pro Woche setzt ASDA um. Krise? Von Krise kann keine Rede sein. Die einzige Krise existiert, nach britischer Auffassung, im Kopf verwirrter Kontinentaleuropäer. Deren Boykott britischer Ware, das im vorigen Sommer verhängte EU-Einfuhrverbot für britisches Beef, ist nach Überzeugung der meisten Briten von keiner wissenschaftlichen Theorie gedeckt. Nur die falsche Rücksicht auf irregeleitete Verbraucher-Ängste habe kontinentale Administrationen zu ihrem unheilvollen Schritt bewogen – Ängste, die aller realen Grundlage entbehrten, in Britannien aber Einkünfte und Arbeitsplätze kosteten.

Nicht nur die britischen Landwirte klagen, in aller Unschuld, über schmerzhafte Verluste. Verwundert haben Hotels und Theater der britischen Hauptstadt in der von BSE überschatteten Saison 1996 dramatische Abbestellungen verzeichnen müssen. »Den Touristen macht der Rinderwahn zu schaffen«, räumte der Generaldirektor der Gesellschaft Londoner Theater, Rupert Rhymes, ein. Offenbar, so giftete die Theater-Zeitschrift *The Stage*, glaubten »hysterische Amerikaner und andere Zeitgenossen«, sie könnten sich »BSE durch Sitzen auf Theatersesseln zuziehen«. »Geradezu eine Manie« seien vor allem in Deutschland »Fragen der Hygiene«, klärte die Zeitschrift *Spectator* ihre Leser über die Probleme der Deutschen mit dem britischen Rindfleisch auf. Im Städtchen Wellington, in der Grafschaft Somerset, erregte man sich über die Bitte einer Gruppe bayerischer Besucher aus der Partnerstadt Immenstadt, für die Dauer des Besuchs doch Rindfleisch von der Speisekarte zu streichen. »Wir verkaufen hier das beste Beef in ganz Großbritannien – besser als alles, was man in Europa bekommt«, gab der örtliche Metzger Clive Webber seinem Zorn Ausdruck. »Wer uns besuchen kommt, sollte auch bereit sein, unser Beef zu essen.«

»Wir müssen den Rüpeln klarmachen, wo's langgeht, und daß sie sich verpissen können«, hob die Tory-Abgeordnete Teresa Gorman die Debatte aufs rechte, nationale Niveau. »Die Deutschen werden keine Ruhe geben, bis nicht die letzte Kuh hierzulande geschlachtet ist.« Was andernorts grünen Alarm auslöste, ließ britische Politiker nur schwarz-rot-gold sehen: Immerhin hatte schon John Majors Außenminister Malcolm Rifkind suggeriert, Bonn bezwecke mit dem Einfuhrverbot nichts anderes, als der deutschen Wirtschaft auf unlautere Weise Vorteile zu verschaffen. Und Major hatte sich, mit Pauken und Trompeten, in einen »Beef-Krieg« gegen die EU gestürzt – bei dem er sich prompt eine blutige Nase holte. «Battle for Cattle«, nicht Nachdenken über landwirtschaftliche Produktionsformen, war in der Hitze dieses Gefechts die Losung. Mit dem Blechhelm statt mit koordinierter Aktion sollte das Problem angegangen werden. Was zu einer ökologischen Herausforderung hätte werden sollen, wurde zum Paradebeispiel für gestörte zwischenstaatliche Beziehungen, für alte Ressentiments und neue Haßtiraden. »Tretet den Hunnen in den Arsch«, formulierte es die *Sun* am kürzesten und bündigsten von allen. Hinter der Beef-Krise, erklärte das Blatt, steckten doch nur die üblen Teutonen: Denen müsse man wieder mal zeigen, was eine britische Harke sei. In einem kuriosen BSE-»Aktionsprogramm« empfahl die *Sun* ihren zehn Millionen Lesern, von nun an deutsches Bier zu boykottieren, deutsche Designerkleidung zu meiden und Spielen deutscher Fußball-Teams auf britischem Boden fernzubleiben. Die deutsche Nationalhymne solle man rückwärts abspielen, und deutschen Touristen, »auch wenn sie perfekt Englisch sprechen«, solle man künftig jede Auskunft verweigern: So sorge man dafür, »daß die Krauts wirklich sauer werden« und daß Bonn das Einfuhrverbot für Beef »schon morgen« wieder fallen lasse.

Was half's, daß der liberale *Guardian* nach dieser Aktion »die anti-deutsche Stimmung« im Tory-Lager als »eine absolute Schande« beklagte und daß der Präsident des britischen Unternehmer-Verbandes, Sir Bryan Nicholson, spottete, einige seiner Landsleute hätten wohl noch nicht mitbekommen, daß der Zweite Weltkrieg schon zu Ende sei. Die *Sun* ließ sich in ihrer BSE-Mission nicht beirren. »Jetzt müssen wir alle zusammenstehen, um die Bedrohung aus Europa abzuwehren«, beschwor das Blatt feierlich die Nation. »Britannien erwartet von jedermann, daß er seine Pflicht tut – und sein Beef ißt.«

HITLER EINS, KLINSMANN ZWEI

Sorry, Karl Marx. Pech gehabt, Ludwig van. Der bekannteste Deutsche aller Zeiten ist noch immer Mister Adolf Hitler – jedenfalls bei 14- bis 16jährigen britischen Schulkindern, denen die Goethe-Institute im Vereinigten Königreich 1996 in einer repräsentativen Umfrage eine Reihe aufschlußreicher Auskünfte entlockten.

Überraschen kann es nicht, daß der Österreicher Hitler unter jungen Briten auch heute noch die Hitliste deutscher Prominenz aus Geschichte und Gegenwart anführt. Alle europäische Integration, alle Informations-Vermehrung der letzten Jahrzehnte hat den »Fuhrer« nicht von seinem traditionellen Spitzenplatz auf dieser Liste vertreiben können. Weit hinter Hitler erst rangiert Jürgen Klinsmann, dem wohl sein Gastspiel bei den Tottenham Hotspurs 1994/95 diesen zweiten Platz bescherte. Boris Becker und Steffi Graf, Michael Schumacher und Ludwig van Beethoven besetzen die nächsten Plätze. Es folgen Lothar Matthäus, Albert Einstein, Michael Stich, Joseph Goebbels und Hermann Göring. Sportler und Nazi-Führer, bunt gemischt, bestimmen offenbar das Bild, das sich britische Schüler von den Deutschen machen. »Hitler, Klinsman, Mataus – andere Fußballer kenne ich nicht«, gab einer der Befragten bedauernd zu Protokoll. Vom gegenwärtigen Regierungschef der Bundesrepublik wußte nicht einmal ein Drittel der Schüler den Namen. Und die ihn kannten, taten sich einigermaßen schwer beim Aufschreiben: Helmüt, Helmit, Hermit, Helmet – Köhl, Kolle, Cole und Coal waren einige der einfallsreichen Varianten.

Was wissen britische Schüler sonst noch über Deutschland? Daß die Deutschen groß, blond und blauäugig sind, natürlich; daß sie Volkswagen, BMW und Mercedes produzieren; und daß ihre Hauptstadt wieder Berlin ist, wie zu Hitlers Zeiten. Gewisse Fragen provozierten indes unterschiedliche Antworten. Schüler, die Deutsch lernten und Deutschland schon einmal besucht hatten, fanden die Deutschen überwiegend freundlich, fair und entspannt – 77 Prozent gaben an, daß sie die Deutschen »mochten«. Britische Schüler, die weder Deutsch sprachen noch je in Deutschland waren, räumten dagegen mehrheitlich ein, daß sie die Deutschen »nicht mochten«. Die Deutschen seien aggressive Militaristen und Nationalisten, fanden sie, unhöflich, arrogant, humorlos, und fürchterliche Langeweiler obendrein. Den *Guardian*, alarmiert ob solcher Meinungen, reizte die Goethe-Institut-Umfrage zu einem Appell an die britische Jugend, mehr Deutsch zu lernen – und sich die Deutschen einmal aus nächster Nähe anzusehen. Kein Land werde in Großbritannien, und besonders in England, so stereotyp betrachtet wie Germany; und kein nationales Vorurteil sei für die Briten so schädlich wie dieses. Schon weniger als zwei Wochen Aufenthalt genügten, um vorgefaßte Meinungen gründlich aufzuweichen, konstatiert der Verfasser der Studie, Geoff Sammon von der Universität in Bonn. Da liegt doch eine Lösung nah, die sich, gegen etwas finanziellen Einsatz, für Deutschland auszahlen könnte – nämlich alle britischen 14- bis 16jährigen im nächsten Sommer mal zu einem Kurzurlaub nach Germany einzuladen. Jürgen Klinsmann könnte den Empfangschef spielen…

VOM EURO-WOLF UND DEN INSEL-SCHWEINCHEN

Nein wirklich, sie sind arm dran, die kleinen Insel-Schweinchen. Vor den Toren Westminsters steht der große böse Wolf und sucht ihr Haus, die »Mutter der Parlamente«, in Grund und Boden zu pusten. Wie es der Bösewicht geschafft hat, sich ins Vereinigte Königreich einzuschmuggeln, bei den scharfen Einwanderungsgesetzen, weiß niemand so recht. Woher er aber kommt, darüber besteht kein Zweifel: Der goldene Sternenkreis auf seinem blauen T-Shirt verrät, wer hier die Statthalter britischer Souveränität in Angst und Schrecken versetzt. Das Bild vom Euro-Wolf und den verstörten Schweinchen ziert eine Broschüre, mit der die britische Regierung seit einer Weile gegen »Euro-Mythen« im eigenen Lande zu Felde zieht. So ähnlich, meint man im Londoner Außenministerium, stellten sich offenbar britische EU-Gegner die Gefahr vor, in der die Nation permanent schwebe. Die »Märchen«, die dabei von interessierter Seite verbreitet würden, böten zweifellos »Anlaß zu viel unschuldigem Amüsement landauf und landab«, säten aber zugleich auch ernste Zweifel an der Europäischen Union, die keinerlei Berechtigung hätten – also müsse man diesem Unsinn wehren und der Nation »die Fakten« unterbreiten. Was, zum Beispiel, ist von der Information zu halten, die Briten müßten künftig kontinentale Wasserleitungen verlegen, kontinentale Stecker benutzen und ihr Abendessen auf kontinentale Art und Weise zubereiten? Alles Unfug, klärt die britische Regierung ihre Bürger auf: Mit solchen »Euroscares«, mit solcher Panikmache wollten gewisse Kreise auf der Insel nur die heimische Bevölkerung gegen die EU aufhetzen und die Zusammenarbeit zwischen London und seinen europäischen Partnern erschweren.

In der Tat häufen sich in letzter Zeit in der Londoner Regenbogenpresse, aber auch in seriöseren konservativen Blättern wie der *Times* und dem *Telegraph* alarmierende Berichte aus Brüssel, denen zufolge die Briten in Kürze gezwungen sein werden, um der EU-Integration willen all ihre Lebensgewohnheiten und uralten Traditionen fahrenzulassen. So müssen, einschlägigen Berichten zufolge, die Briten fürchten, in Zukunft keine Sojamilch mehr kaufen zu dürfen, den Betrieb ihrer geliebten Oldtimer-Dampfzüge einstellen zu müssen und, wegen der angeblich minderwertigen Qualität ihrer Ware, vom schwunghaften europäischen Eichel-Handel ausgeschlossen zu werden. Schlimmer noch: Kräutertee und königlicher Jelly, heißt es, würden von der EU als Drogen betrachtet und seien bald nicht mehr frei erhältlich. Erdbeeren dürften nicht mehr eckig, Gurken nicht mehr krumm,

Bananen nicht mehr allzu kurz sein. Schnecken habe die EU-Bürokratie, den Franzosen zu Gefallen, bereits als »landgestützte Fische« klassifiziert, und EU-Vorschriften würden künftig auch die Größe und die Teighöhe englischer Pizzas im Detail festlegen. Bis ins Intimleben hinein fühlen sich freiheitsliebende Briten von den Brüsseler Behörden verfolgt und vermessen. Angeblich will die Europäische Union in Zukunft sämtliche Kondom-Größen verordnen. »Freche« Ansichtskarten aus den englischen Seebädern, mit quellenden Busen und anzüglichen Texten, sollen als »sexistisch« verboten werden. Valentinskarten – Grußkarten zum turteltäubischen Valentinstag, dem 14. Februar – sollen keine Herzen mehr verzeichnen dürfen. Das Rauchen im öffentlichen Bereich wolle die EU generell verbieten, heißt es, und Whisky-Fässer droben an der schottischen Quelle dürften, wegen Feuergefahr, nur noch mit Handschuhen angefaßt werden.

Alles Unsinn, meint dazu das Foreign Office. Kein wahres Wort dran, stimmt die Londoner Außenstelle der EU zu. Redlich mühen sich die professionellen »Mythenkiller« der Union, Euro-Märchen aufzudecken und sie durch rasches und rücksichtsloses Eingreifen im Keim zu ersticken. Aus Großbritannien jedenfalls, wissen sie, kommen fast alle Euro-Märchen: »Andere europäische Länder haben offenbar nicht dieses – wie soll man sagen – Phänomen.« Aber wo sitzen die Märchen-Erzähler? Und welche Motive bewegen sie? Nun, gelegentlich hat eins der großen konservativen Blätter einen Korrespondenten in Brüssel stationiert, der es als seine Mission betrachtet, mit furchterregenden Frontberichten den Anti-Brüsseler Widerstandswillen daheim auf der Insel zu stärken – wie Boris Johnson, der heutige Top-Kolumnist des *Daily Telegraph*, der Anfang der neunziger Jahre in Brüssel mit seinem Ein-Mann-Feldzug zur Rettung des »britischen rosa Würstchens« vor den »Fleischwölfen der EU-Bürokratie« nach übereinstimmender Kollegenansicht als erster die Europhobie zum Modeartikel machte. Meistens aber, darin sind sich die Insider einig, werden die Mythen in London selbst ausgeheckt, gepflegt und gestreut. Vor allem seit Mitte der neunziger Jahre ein großer Teil der Tory-Presse direkt gegen die Europäische Union Position bezogen hat und auf Austritt Großbritanniens aus der EU dringt, häufen sich die Attacken gegen europäische Direktiven und »Diktate«. Der *Sunday Telegraph* hat neuerdings gar einen waschechten Historiker engagiert, um seinen Lesern jeden Sonntag neue Schreckgeschichten über die Euro-Metropole zu präsentieren: Christopher Bookers gesammelte Sagen aus dem Brüsseler »Lügenschloß« haben es bereits zu einer Buchveröffentlichung unter dem gleichen Titel gebracht. Die »Mythenkiller« der EU indes kann keine Gruselstory mehr erschüttern: Sie haben sie alle gehört, sie alle zu entschleiern gesucht. Zu den schönsten Verdrehungen, an die sie sich erinnern, gehören dabei die Behauptungen, die Union wolle die Uniformität von Weihnachtsbäumen erzwingen, die typisch britische – quadratische – Gin-Flasche solle verboten werden, und alle Fischer in der EU müßten nach EU-Vorschrift Haarnetze tragen. Letztere Idee sei wenigstens lustig, finden die Euro-Funktionäre in London. Nicht jeder Euro-Mythos kann sich dieses Vorzugs rühmen.

Auch lachhafte Mythen können indes die Betroffenen verunsichern. So sah sich jüngst das Foreign Office verpflichtet, in aller Form der Nachricht zu widersprechen, die EU stehe im Begriff, Bierdeckel als unhygienische Artikel des Lebens aus dem europäischen Verkehr zu ziehen. Noch schwerer schlug die Meldung ein, daß künftig kein trockenes Brot mehr an Schwäne verfüttert werden dürfe. »Stimmt nicht«, beharrte das Außenministerium. Zwar solle, nach einer neuen EU-Bestimmung, mit Abfällen wie trockenem Brot »verantwortungsbewußt« umgegangen werden. Kein Brüsseler Bürokrat aber halte britische Kinder davon ab, dem lieben Federvieh Backwerk in den Rachen zu schieben, bis es platze.

«WIR KÖNNEN NICHT EWIG AM SPIELFELDRAND SITZEN«

Auch Glenys Kinnock hat von den »Brüsseler Geschichten« die Nase voll. Die Labour-Politikerin, die seit dem Sommer 1994 Südost-Wales als Abgeordnete im Europäischen Parlament vertritt, hat für die »Verdrehungen« und die »Trivialisierung« europäischer Initiativen in den Tory-Blättern kein freundliches Wort:

»Was immer wir in Brüssel oder Straßburg tun, es wird von einer durch und durch negativen Presse ständig untergraben.« Die permanente »Verkehrung von Fakten in reine Farce« trifft Glenys Kinnock um so mehr, als sie EU-Politik täglich an vorderster Front miterlebt – als EU-Parlamentarierin, aktiv an prominenter Stelle in der sozialistischen Fraktion, als Ehefrau des EU-Verkehrskommissars (und ehemaligen Labour-Vorsitzenden) Neil Kinnock, und als Mutter eines Sohnes, der im Euro-Parlament als Assistent beschäftigt ist. »Äußerst frustrierend« findet Frau Kinnock es jedenfalls, daß die britische Bevölkerung so viel über Gefahren und so wenig über den Sinn und Nutzen der EU zu hören bekomme. Selbst die BBC, bemängelt sie, lasse es an Aufklärung und Information sehr fehlen.

Ob sie denn, frage ich die britische Politikerin in ihrem kleinen, mit bunten Postern behängten Büro im Parlamentarier-Block in Brüssel, in der euro-skeptischen Berichterstattung daheim einen Beweis sehe für eine wachsende anti-europäische Stimmung im Vereinigten Königreich? Nein, sie meint eher, »daß den Anti-Europäern eine vollkommen unverhältnismäßige Beachtung zuteil wird«. Im Umfeld entscheidender Unterhaus-Wahlen, so gibt sie zu bedenken, blühten Kampagnen wie die anti-europäische naturgemäß zu voller, unverdienter Pracht auf. Absolut verantwortungslos sei es freilich, wenn Presse und Politiker in immer größerer Zahl anfingen, von einem Rückzug aus Europa zu sprechen. Für Glenys Kinnock ist solches Stammtischgerede reiner Unsinn: »Auf diesem Zug müssen wir dabeisein – und dürfen nicht immer nur versuchen, bei der erstbesten Gelegenheit wieder abzuspringen.« Natürlich, räumt Frau Kinnock ein, seien gewisse Reflexe, schon wegen der geographischen Lage Großbritanniens, »unvermeidlich«. Die Tatsache, daß das Land eine Insel sei, stärke traditionell das Gefühl, daß man seiner eigenen Wege gehen könne, wenn man wolle: »Weil wir nicht Teil der Landmasse Europas sind, glauben manche Leute bei uns, daß wir auch nicht Teil der wirtschaftlichen und politischen Entwicklungen in Europa zu sein bräuchten.« Zugleich eigne sich Großbritanniens Geschichte zweifellos zur Illustration jener Instinkte, die davon ausgingen, »daß wir schon früher allein gegen den Rest Europas standen, daß wir es wieder im Alleingang schaffen können, und so weiter«.

Von den konservativen Euro-Skeptikern, von den Tory-Nationalisten würden solche Instinkte bewußt zum Schüren eines untergründigen Fremdenhasses benutzt. Warum? Weil sie an diese Version der Geschichte glauben? »Weil sie selbst Fremdenhasser sind.« Der Glaube an die Überlegenheit der »britischen Rasse«, die Überzeugung, daß Britannien die Fähigkeit besitze, in schwierigen Situationen alles allein zu regeln, beflügele die Nationalisten, meint Glenys Kinnock. Mit solch unehrlichen Ansichten suche man die Bevölkerung in die Irre zu führen. »Das Ganze ist eine Art reaktionärer Hysterie. Man spielt mit den Gefühlen der Leute. Am krassesten haben wir es ja im letzten Sommer, zur Zeit der Fußball-Europameisterschaft in England gesehen. Und ein Gutteil von all dem ist in Wirklichkeit schlicht Aversion gegen die Deutschen. Die anti-deutschen Gefühle spielen, würde ich sagen, die Hauptrolle.« »Beschämend« findet die Abgeordnete aus Wales, die sich mit ihrem Mann im Herzen Europas ein zweites Zuhause geschaffen hat, solche Gefühle, solche alten Ressentiments. Wäre es, frage ich, angemessen zu sagen, daß anti-europäische Emotionen in England stärker zum Tragen kommen als in Wales oder in Schottland? Xenophobie, wägt Glenys Kinnock ab, gebe es natürlich in jedem Land, in jeder Nation: »Aber vielleicht, es ist wahr, haben wir sie in Wales oder Schottland nicht im selben Grade, in dem man sie in England hat.« Und warum nicht? »Das mag mit den starken Solidaritäts-Gefühlen zu tun haben, die man in Wales oder Schottland gegenüber der EU und gegenüber gezielter EU-Hilfe empfindet. Außerdem wirft die Identitätsfrage für uns Waliser oder für die Schotten keine großen Probleme auf. Ich zum Beispiel empfinde mich gleich leidenschaftlich als Waliserin und als Britin und als Europäerin – der Sprung vom einen zum andern bereitet mir keine Schwierigkeiten. Die Engländer dagegen hatten einen solchen Sprung nie zu machen. Sie waren in ihrer Geschichte nie etwas anderes als eben Engländer.«

Natürlich waren auch Glenys und Neil Kinnock selbst nicht immer so begeistert von Europa wie heute. In den siebziger Jahren noch, bei der britischen Volksabstimmung über die EWG, votierten beide für einen Austritt. Lag ihnen Europa damals ferner als heute? »Wir waren damals gegen den Gemeinsamen Markt. Wir hatten das Gefühl, daß dieser Markt nur Geschäftsinteressen

LÄCHELN FÜR EUROPA: Glenys Kinnock – Labours Euro-Star an der Euro-Front in Brüssel

diente, nicht den arbeitenden Menschen. Wenn ich mir das aus heutiger Sicht überlege, würde ich sagen, daß es mir damals wahrscheinlich an Weitblick fehlte – ich konnte mir nicht vorstellen, daß die Europäische Wirtschafts-Gemeinschaft eines Tages mehr sein würde als ein Gemeinsamer Markt.« Für die Kinnocks, wie für die ganze Labour Party, begann das Umdenken in den achtziger Jahren, mit der zunehmenden Isolation der Linken in Britannien – und Britanniens in Europa. Mit den nationalistischen Tönen, die Margaret Thatcher gegen Europa anschlug, mochten »Internationalisten« wie Neil und Glenys Kinnock nicht identifiziert werden. Von den radikal monetaristischen Experimenten der Eisernen Lady im Innern, denen die Gewerkschaften hilflos ausgeliefert waren, hob sich zudem ein sozialdemokratisch gefärbtes Europa unter Jacques Delors äußerst vorteilhaft ab. In einem jahrelangen, zähen Umorientierungs-Kraftakt zog damals Neil Kinnock, als Labour-Vorsitzender, »die Bewegung« mit sich in pro-europäische Wasser. »Wir fingen damals an zu begreifen, daß wir mit vielen Problemen, die uns beschäftigten, in Großbritannien selbst nicht fertig werden konnten. Und wir sahen, daß diese Sache hier, die europäische, immer schneller in Gang kam. Und daß wir von dem, was in Europa geschah, immer stärker betroffen waren.« Wie tief verankert, frage ich die Labour-Abgeordnete, sei denn nun Labours neugefundenes Interesse an Europa? Wie hätte man sich die Europa-Politik unter einer Labour-Regierung vorzustellen? »Ganz anders, vollkommen anders, denke ich. Natürlich muß auch eine Labour-Regierung demonstrieren, daß britische Interessen bei ihr gut aufgehoben sind. Aber eine Labour-Regierung muß nicht mit den Füßen stampfen, muß sich nicht bockig zeigen, muß nicht permanent auf eine Armee euroskeptischer Abgeordneter im eigenen Lager Rücksicht nehmen, wie das bei den Tories der Fall ist.«

Auch bei Labour, wende ich ein, gebe es aber eine ganze Reihe von Parlamentariern, denen der Integrationskurs Europas nicht behage. »Keine in einflußreicher Position«, wehrt Glenys Kinnock ab. »Und bei den parlamentarischen Neuzugängen herrscht sowieso mehr Verständnis für die Notwendigkeit, positiver zu sein.« Generell habe man einfach bei Labour einen Begriff davon, daß enge Zusammenarbeit mit den Partnern im eigenen, nationalen

Interesse liege: »Wir können nicht ewig am Spielfeldrand sitzen und das Spiel den anderen überlassen. Wir sollten mitten drin sein, um unsere Sache zu vertreten – und nicht immer nur die Frustration anderer Mitgliedstaaten auf uns ziehen, wie bisher.« Labour habe ja schon ein paar konkrete Versprechen zur Weiterentwicklung der EU gemacht, zum Beispiel für ein einflußreicheres Europa-Parlament. Auch zur Unterzeichnung der EU-Sozialcharta habe sich die Partei verpflichtet und zu »anständigen Sozialleistungen für unsere Bürger« allgemein. Aber nicht, noch nicht, zu europäischer Währungseinheit? »Die Währungseinheit kommt, das wissen wir ja. Das Ganze ist vor allem eine Frage des richtigen Zeitpunkts.« Sie selbst, bekennt sie freimütig, sei jedenfalls »schon immer für eine einheitliche europäische Währung gewesen«. Und wieviel Bewegungsfreiheit in Europa würde sie den EU-Bürgern zubilligen? »Ich persönlich würde gern mehr Offenheit, mehr Bewegungsfreiheit sehen.« Aber besteht nicht Tony Blair, ganz wie John Major, auf der Beibehaltung britischer Grenzkontrollen – auf der »Feste Britannia« sozusagen? »Auch das ist eine Frage der Zeit und der politischen Möglichkeiten. Natürlich muß so eine Sache richtig angegangen werden, die Leute müssen sicher sein, daß es funktioniert und daß eine anständige Absicherung existiert. Aber irgendwann wird auch das kommen. Es wird kommen müssen.«

In Einklang scheint sie wohl zu sein mit diesem neuen Europa, die Lehrerin, Drittwelt-Aktivistin und Anti-Atomwaffen-Demonstrantin aus dem walisischen Anglesey. »Das Ganze ist auch eine Generationenfrage. Ich glaube, die meisten jungen Leute haben heute ein sehr entspanntes Verhältnis zu Europa, für die ist Europa kein Problem mehr. Die essen ausländisches Essen, lernen Sprachen, haben Kenntnis anderer Kulturen – anders als meine oder noch frühere Generationen. Die sind viel offener als wir, die reisen. Als ich in meinen Zwanzigern war, hatte ich noch überhaupt nichts von der Welt gesehen, wir hatten schlicht kein Geld für so was.« Mittlerweile hat die 52jährige die Heimat verlassen (auch wenn sie regelmäßig in Wales Station macht) und sich einen Kontinent erobert, im Tausch für die politische Szene Londons. Leid, sagt sie, tue es ihr jedenfalls nicht, vom Korsett einer First Lady der Labour Party in die Rolle einer Europa-Abgeordneten geschlüpft zu sein, die eine unabhängige Meinung vertreten könne. »Befreiend« sei tatsächlich die Entdeckung gewesen, »daß Ehefrau des Labour-Vorsitzenden zu sein noch nicht das ganze Leben war«. Immerhin mußte sie in den Londoner Jahren nicht nur die massiven Anfeindungen mit ertragen, die Neil Kinnock galten: Sie stand auch selbst, »als ewige Lady Macbeth«, in der Schußlinie der Tory-Presse, die mit einer klugen und unabhängigen Politiker-Frau schlicht nicht zurecht kam. Nun, in Brüssel, kann sie ihre eigene Sache vertreten, ohne mit ihrem Mann, dem EU-Kommissar, in Konflikt zu kommen: »Und für eine Frau ist hier in Brüssel, wo Frauen mehr zu sagen haben und wo Konsens an der Tagesordnung ist, die Arbeit doch sehr viel angenehmer als daheim in Großbritannien.« Eine Rückkehr nach London, in dieser Phase spannender Umbrüche und Veränderungen, reize sie nicht? Nein – auf ihrem jetzigen Posten, meint sie, könne sie die Ereignisse viel besser, und in freundlicherer Umgebung, beeinflussen. »Die Zukunft liegt hier, in Europa. Daran habe ich gar keine Zweifel mehr.«

8:

DIE GRÜNE HERAUSFORDERUNG

Ein alternativer Blick auf die Insel-Gesellschaft

MR. PATELS PROBLEM

All die Jahre haben wir in Großbritannien den grünen Enthusiasmus im übrigen Europa mit heiterer Verwunderung zur Kenntnis genommen. Während etwa die Deutschen brav ihren Müll sortierten und sich über Bio-Nahrungsmittel, Solardächer und die rechte Katalysatortechnik ereiferten, haben wir hier weiter geschluckt und gefuttert, was uns vorgesetzt wurde, und unseren Müll ohne Ansehen des Materials in unsere grauen Mülltüten gestopft. Recycling war kein Wort aus unserem täglichen Sprachgebrauch. Wasser in Plastikflaschen, Bier in Aluminiumdosen, das war alles kein Problem. Die Luft, dachten wir, reinigt der Wind. Die Erde war an Regeneration gewöhnt. Verschmutzte Strände konnten nur eine Erfindung von Brüsseler Bürokraten sein. Und nun, nach all diesen Jahren, sollen wir umdenken? Nun, da anderswo die Umwelt aus der Mode kommt, sollen wir hier den Umweltschutz zu unserer Sache machen? Mit einem Mal scheint auf der Insel grüne Eile geboten. Die Zeitungen berichten von einer Asthma-Epidemie durch Abgase. Das Fernsehen zeigt Bilder sterbender Flüsse. Die Leute reden von gesünderem Leben. Und manche meinen sogar, was sie sagen.

Windfarmen werden gebaut, es gibt umweltfreundliche Waschmaschinen und Autos mit Spargang. Allenthalben quellen Bodenwellen aus dem Asphalt (»schlafende Polizisten« heißen sie hierzulande), um Wohnstraßen zu beruhigen. Das Netz der Glas-Container zieht sich immer enger zusammen: Immer weniger kann man es sich erlauben, einen Müllsack vor die Tür zu stellen, dessen klirrender Inhalt den Nachbarn das Vorhandensein sorglos weggeworfener Flaschen verrät. Und nicht nur das. Seit kurzem führen die Labour-Stadträte einzelner Londoner Stadtteile einen »Versuch« durch, bei dem jede Woche Zeitungspapier, Pappe und Dosen an der Haustür abgeholt werden. Wer sagt denn, daß Britannien hinter Europa herhinke? Nur Mr. Patel, der Lebensmittel-Händler an der Ecke, drängt seinen Kunden noch immer Plastiktüten auf, obwohl immer mehr Leute mittlerweile, politisch korrekt, mit Basttaschen zum Einkaufen kommen. Rücksicht auf Mutter Erdes strapazierte Ressourcen? »Aber ich verlange doch gar nichts für meine Tüten«, meint Mr. Patel verständnislos. Was hat er falsch gemacht, daß seine Kundschaft plötzlich seine schönen, kostenlosen Tüten ablehnt?

Armer Mr. Patel. Die neue Welt ist schwer zu begreifen. Daß im Lande Sellafields und des Rinderwahnsinns plötzlich grüne Ideen um sich greifen würden, war ja nun wirklich und wahrhaftig nicht zu erwarten.

»REGULIERT UNS!«

Greenpeace Großbritannien: Das ist, nach Sellafield, nach Shell, nach *Brent Spar*, nach Nigeria, das unbestrittene Hauptquartier des organisierten grünen Widerstandes auf der Insel. Es ist ein komfortables Hauptquartier geworden, mit dem Umzug der Organisation in ein lichtes und repräsentatives Gebäude (ein früheres Tierlabor) im Nord-Londoner Stadtteil Islington. Die improvisierten Bemühungen der alten Zeiten, in engen Bürozellen, haben einer stilvolleren Arbeit, in weiten, hellen Räumen und unter weißem Segeltuch, Platz gemacht.

Greenpeace ist salonfähig geworden in den 25 Jahren seiner britischen Existenz. Sogar einen Generaldirektor von altem Erbadel gönnt die Organisation sich dieser Tage – auch wenn Lord Peter Melchett, Gutsherr aus Norfolk, seine Adelszugehörigkeit

»ruhen« läßt, solange er Greenpeace leitet, und in Hemdsärmeln progressive Ideen unters Volk zu bringen sucht. Was denn, so frage ich den »Herrn der Grünen«, aus Greenpeace eigentlich geworden sei in diesem Vierteljahrhundert unermüdlichen Einsatzes für eine gesündere Umwelt? Größer, meint Melchett, sei die Organisation jedenfalls geworden. »Auch internationaler. Und effizienter. Wir haben es heute mit komplexeren Fragen in einer komplexeren Welt zu tun. Das verlangt uns differenzierteres Denken ab.«

Daß Greenpeace sich in eine »Bürokratie« verwandelt habe, die »ihrem eigenen Erfolg zum Opfer gefallen« sei, wie Kritiker gern behaupten, glaubt Peter Melchett natürlich nicht. Wer zu Greenpeace stoße, der brauche nicht auf einen korporativen Geist eingestimmt zu werden, der bringe seine Leidenschaft für die Sache, seine Begeisterung für die zentralen Werte der Organisation vielmehr schon mit. »Und diese Werte, die uns bewegen, sind im Grunde die gleichen wie früher: Entschlossenheit, die Dinge zu verändern, manches zu stoppen, anderes in Gang zu setzen. Nicht Theorie und Ideologie zu diskutieren, sondern die Welt zu sehen, wie sie ist, und eine bessere Behandlung der Umwelt zu erreichen.« Die Konfrontation mit Umwelt-Schädigern sieht Melchett weiterhin als oberste Aufgabe für Greenpeace: »Und diese Konfrontation kann vielerlei Gestalt annehmen. Sie kann zum Beispiel bedeuten, daß man eine Firma zerstört, indem man eine andere unterstützt. Konfrontation ist nicht mehr nur Blockade eines Abflußrohrs – die Welt hat sich geändert, und wir ändern uns mit ihr.«

Zielt Greenpeace heute bewußter auf Unternehmen und nicht mehr, wie früher, überwiegend auf Regierungen? »Das meine ich damit, daß sich die Welt geändert hat. Zu einem gewissen Grad hat sich Macht verschoben, von den politischen Institutionen zu den großen Konzernen, weil die Politiker sich zurückgezogen haben, weil sie beschlossen haben, weniger Kontrolle über die Industrie auszuüben.« Diese Deregulierung sei in jüngster Zeit überall in der Welt auszumachen gewesen: »Und Frau Thatcher mag die Sache durchaus ins Rollen gebracht haben.« Mit dem Erwerb größerer Macht hätten die Konzerne auch größere Verantwortung übernommen – dieser Verantwortung aber seien sie sich kaum bewußt, noch hätten sie die nötigen »Mechanismen« entwickelt, um verantwortungsbewußt zu handeln.

»Kein Wunder«, meint Melchett, »daß die Kritik zugenommen an, etwa an Shell in Sachen Nigeria, oder an BP in Sachen Kolumbien. Nimmt man den Fall *Brent Spar* zum Beispiel, so war Shells ursprüngliche Reaktion: Was wollen denn die Leute, wir haben doch eine Genehmigung der Regierung. Neuerdings wünschen sich solche Firmen geradezu mehr Aufsicht. Reguliert uns, statt uns zu beschuldigen, sagen sie: Nur demokratische Institutionen können letztlich kollektive Mechanismen für verantwortungsbewußtes Handeln schaffen.« Im Falle *Brent Spar* erzielte Greenpeace, Hand aufs Herz, ein zweifelhaftes Ergebnis: Sieg über Shell zwar, Demontage der Öl-Plattform an Land, aber auch erzwungenes Eingeständnis falscher Greenpeace-Angaben über den Verschmutzungsgrad der Plattform. Welche Lehren haben die britischen Greenpeace-Aktivisten aus dieser Episode gezogen? »In dieser Kampagne haben wir uns einfach zu sehr eingelassen auf Medienbedürfnisse, die bloß wissen wollten, was für Gift, welche Chemikalien, wieviel davon. Wir dachten, daß wir eine Messung bräuchten, und wir waren dumm genug, so eine Messung vorzunehmen, was wir nie hätten tun sollen, und das Resultat haute, wie man weiß, nicht hin.« An der Sache selbst aber ändere das nichts: »In allem übrigen gründeten wir unsere Argumente auf Shells eigene Zahlen.« Die Versenkung der Plattform habe man jedenfalls, mit gutem Grund, verhindern können. Und nachdem jüngst auch zwei größere norwegische Plattformen an Land gebracht worden seien, sei klar, daß bei der »Entsorgung« hunderter weiterer Nordsee-Installation Versenkung nicht mehr als Lösung gelte: »Niemand erwartet mehr ernsthaft, daß diese Plattformen noch ins Meer gekippt werden können.«

Welchen Erfolg schreibt sich Greenpeace in seiner Kampagne gegen die Atomkraft, insbesondere gegen die umstrittene nukleare Wiederaufbereitungsanlage Sellafield und die Plutoniumschmiede Thorp im nordwestenglischen Cumbria, zu? »Sellafield hat eine Schlüsselrolle gespielt bei der Enthüllung des Chaos und der Inkompetenz und der ganzen schmutzigen Affären, die mit der Atomindustrie einhergehen. Es hat jenen blinden Glauben in die Technologie erschüttert, der einen so verblüfft, wenn man sich die alten Wochenschauen ansieht... Darüber hinaus hat Sellafield natürlich Menschen schwer geschädigt, Kinder und Erwachsene, vor allem in Irland und in Cumbria selbst. Es ist ja nicht zufällig mit solcher Präzision an einem Standort plaziert worden, von dem aus sein gefährlicher Abfall teils in ein anderes Land getragen wurde, und an dem die örtliche Bevölkerung so vollkommen abhängig war von Jobs und Einkommen, die es über Jahrzehnte lieferte.« Und daß Thorp, die neue Mammut-Anlage zur Produktion von Plutonium auf dem Gelände von Sellafield, zum Ausklang des Atomzeitalters noch ans Netz gegangen sei, hält Melchett für »eine Tragödie«. Jedermann wisse, daß Thorp »eine Obszönität« sei, und daß die Anlage wohl höchstens die Hälfte ihrer Lebenserwartung in Betrieb sein werde: »Niemandem würde es heute im Traum einfallen, noch mal so eine Anlage zu bauen.«

Erstaunlich, werfe ich ein, sei es ja doch, daß Großbritannien in der Vergangenheit eine so rücksichtslose Meeres- und Luftverschmutzung betrieben habe, während es sich gleichzeitig stets zugute hielt – und zugute halten durfte –, ein Land der Gärtner und der Wanderer, der Vogelfreunde und der Heckenschützer zu sein. »Das ist wohl wahr«, meint Lord Peter. »Es ist ein Paradox, und ich will nicht behaupten, daß ich dieses Paradox letztlich auflösen könnte.« Immerhin glaubt auch der Greenpeace-Generaldirektor, daß dieser Widerspruch zu tun hat mit der britischen Zuversicht, dem Wind und dem Wetter die Reinigung der Insel überlassen zu können. »Geographisch läßt sich da etwas erklären, mit unseren kurzen Flüssen, starken Gezeiten und bewegten Lüften. Den Schmutz, den wir verursachten, haben wir traditionell an Deutschland, Dänemark, Schweden, Norwegen weitergegeben. Und natürlich haben wir selbst keinen Schaden genommen, weil niemand westlich von uns je sauren Regen oder sonstigen Dreck auf uns losgelassen hat.«

Auch dem Gebrauch und den Gebräuchen der Naturwissenschaften im Lande gibt Melchett schuld an der Verharmlosung von Umweltschäden. Zum einen beschränkten sich britische Wissenschaftler allzuoft auf »Schlußfolgerungen aus fein säuberlich kontrollierten Labor-Situationen«, statt in die wirkliche Welt hinauszuschauen. Zum anderen würden ihre Erkenntnisse von Journalisten und Politikern allzu rasch vermarktet, nach dem groben

Muster »Ja, Nein, Schwarz, Weiß«. In Sachen BSE zum Beispiel habe die Regierung die Botschaft »Beef ist sicher« herausgelesen aus wissenschaftlichen Untersuchungen, »die das gar nicht behaupteten, die sehr viel vorsichtiger argumentierten«. Dabei stehe Britannien erst am Anfang einer Nahrungsmittel-Krise, die bald schon, mit genetisch manipulierter Ware, neue Proteste in der Bevölkerung auslösen werde: »Da ist dieses nagende Gefühl, daß Dinge geschehen, von denen man nichts weiß, und die einem, wenn man von ihnen wüßte, nicht gefallen würden.« Zum Glück zeige sich neuerdings ein wesentlich größerer Wille zum kollektiven Widerspruch als je zuvor: »Mehr als in anderen Ländern hat grüner Aktivismus hier bei uns einen enormen Aufschwung erlebt.« Der erbarmungslose Transport von Schlachtvieh, der wildwuchernde Straßenbau, die genetische Veränderung von Nahrungsmitteln brächten die Leute aus ihren Häuschen – und hätten die britische Greenpeace-Abteilung zu dem Schluß geführt, daß Greenpeace-Anhänger sehr viel mehr an Aktionen beteiligt werden wollten und sollten als in früheren Zeiten.

Pech für die grüne Lobby im Lande, daß das britische Mehrheits-Wahlrecht es den Grünen verwehrt, eine vernehmliche Stimme im Parlament zu werden! Aber Peter Melchett sieht nicht nur im politischen System ein bremsendes Moment für die Entwicklung von Umwelt-Bewußtsein auf der Insel. Auch die auf schnellen Profit fixierte Optik der Londoner Aktienmärkte macht er für mangelnde Reformen verantwortlich. Und natürlich »ein Fehlen von Führungsbereitschaft und Vision« bei den Politikern.

Findet Melchett bei der Labour Party, für die er selbst einmal als junger Staatssekretär in der Regierung saß, ein größeres Verständnis für grüne Anliegen als bei den Konservativen? »Bis zum vorigen Jahr haben wir wenig Zeichen dafür gesehen, daß die Labour Party die Umwelt sonderlich ernstnähme. In diesem Jahr dagegen hat Tony Blair in mehreren Reden deutlich gemacht, daß er in der Umwelt mehr sieht als nur eine lästige Geschichte, die sich in der Schublade ›Umweltministerium‹ ablegen und vergessen ließe. Das unterstützen wir natürlich stark.« Vorsichtig-optimistisch also, im Blick auf Labour? »Wir Greenpeace-Leute beurteilen Politiker immer nach ihren Taten – hier in Britannien oder sonstwo in der Welt.«

Kein Land Europas bietet solche Möglichkeiten. Keins wird von solchen Winden heimgesucht wie Großbritannien. In keinem Land könnten die Rotoren schnurren wie in diesem. Und welchen Gebrauch haben die Briten von dieser Chance gemacht? Praktisch keinen. Die achtziger Jahre hat man dazu benutzt, den Wettkampf der Giganten, Atom gegen Kohle, zu inszenieren. Nebenher hat man neue Öl- und Gasfelder erforscht. Die Sonne, meist hinter Wolken, pflegte man als Energiequelle zu ignorieren. Den Wind aber, das himmlische Kind, hat man Wind sein lassen: Was nahe lag, schien denkbar fern.

Keine 600 Windturbinen gibt es heute im Königreich der Winde – das sehr viel weniger luftbewegte Deutschland hat schon über 4000. Gerade einmal den Strombedarf einer Stadt wie Bristol kann Britannien von seiner aktuellen Kapazität decken – wo es doch, wenn es wollte, leicht vierzig solcher Städte versorgen könnte. Wiewohl es bereits in den siebziger Jahren Tests gab, wurde die erste Windfarm, in Cornwall, vor nicht mehr als fünf Jahren gebaut. Immerhin scheint man neuerdings gewillt, die spät erkannten Möglichkeiten besser auszuschöpfen und Anschluß an den technologischen Fortschritt anderer Länder zu finden: Peinlicherweise müssen Windturbinen importiert werden, weil die britische Industrie in dieser Richtung schlicht nicht vorgeplant hat. Nun will auch Großbritannien können, was das kleine Dänemark kann. Vor der Küste von Norfolk soll ein Exempel statuiert werden in Sachen kommerzieller Windfarm, mit 25 massiven Türmen, jeder größer als Big Ben. Diese wuchtige Windbatterie soll 1998 den Betrieb aufnehmen und 56000 Bewohner der Region mit Strom beliefern. Gelänge es den rührigen Gegnern der Windkraft, das Projekt noch zu Fall zu bringen, stünde wohl auch die Zukunft der Windkraft im ganzen Lande in Frage. Werden die stählernen Giganten gebaut, können sich die Briten, mit etwas Verspätung, auf ein windbewegtes neues Jahrhundert gefaßt machen.

AUF DER JAGD NACH MÜCKEN, METEORITEN UND MONEY

Alle Kinder in London kennen das »Natural History Museum«. Es ist das Gebäude an der Cromwell Road, in das sie an verregneten Sonntagen geschleppt werden, wenn ihre Eltern nicht mehr weiter wissen; der Terrakotta-Palast, der sie mit Mücken und Meteoriten, mit Darwin und den Dinosauriern vertraut macht.

Der Diplodokus in der Eingangshalle des Museums, das gute alte Saurier-Gerippe, gehört sozusagen zum nationalen Inventar – so viele Schulkinder sind an ihm vorbeigeführt worden, daß eigentlich die Dielen ächzen müßten vor Verzweiflung unter den Schuhsohlen der kleinen Gäste in den Museumskorridoren. Dabei ist das »NHM« erst 1881 eröffnet worden, vor nicht viel mehr als hundert Jahren, und zwar auf dem Gelände der Internationalen Ausstellung Londons in South Kensington. Ein echt viktorianischer Streich ist es gewesen, damals, eine kühne Verbindung klassischer Stilarten und moderner Technologie, ein Amalgam aus Marmor, Eisen, Stahl und fabelhaften Mosaiken. In der Wissenschafts-Kathedrale fand 1881 die kostbare und riesige Privatsammlung des Medikus Sir Henry Sloane aus dem 18. Jahrhundert Aufnahme, die die Grundlage des Britischen Museums bildete. Und diese Sammlung zwischen Aufstieg und Niedergang des Britischen Empires wuchs sich rasch aus zur größten, zur renommiertesten ihrer Art in der Welt.

Heute rühmt sich das Museum, 68 Millionen Pflanzen, Tiere, Mineralien und Fossilien zu beherbergen: Eine enorme Zahl, die es nach Überzeugung seines wissenschaftlichen Direktors Paul Henderson zur »führenden Einrichtung« macht – »auch wenn das Smithsonian-Institut in Washington diesen Anspruch vielleicht bestreiten möchte«. Sieben Millionen Besucher pro Jahr verzeichnet das Museum, viele davon von außerhalb der Britischen Inseln. Fast tausend Schulkinder marschieren an jedem einzelnen Museums-Tag durchs Portal. Für sie ist der Eintritt, traditionsgemäß, kostenlos. Den Kindern aber, wie den anderen Besuchern, präsentiert sich hinter den modernen Ticket-Schaltern längst nicht mehr das gefürchtete »gesammelte Vitrinenwissen«, das ihren Eltern den Museumsbesuch oft zur Qual machte.

»In meiner eigenen Kindheit ist mir hier noch eingeschärft worden: Faß nichts an, schau nur!« bekennt die Informationschefin des Museums, Jane Bevan. »Diese Zeiten sind vorbei. Heute suchen wir unsere Besucher zu begeistern, suchen wir die Leute einzubeziehen.« Eine Menge Vorrichtungen und Knöpfe, Videos, Aktivitätsecken und grafische Tricks sollen offenbar diese Wirkung erzielen. Auch in Saurier-Land hat man seine pädagogischen Lektionen gelernt. Natürlich hat das Fernsehen, haben die Erfordernisse des ausgehenden 20. Jahrhunderts das Museum zu solchen Anstrengungen gezwungen. Die konkurrenzlose Stellung der Einrichtung aus viktorianischen Tagen ist Geschichte. Ehrfürchtiges Staunen und Schulgehorsam haben präzisen Ansprüchen ans Medium Platz gemacht: Heute muß man sich um seine Kunden sorgen.

Nicht einmal die Finanzierung aus öffentlichen Mitteln, ein stolzes Merkmal britischer Museumstradition, ist heute mehr gewährleistet. Rund 70 Prozent des Museums-Budgets bestreitet noch der britische Staat. Die übrigen 30 Prozent, immerhin fast 30 Millionen Mark im Jahr, muß sich das Museum selbst besorgen. Das tut es über die nicht gerade niedrigen Eintrittspreise, aber zunehmend auch durch den Verkauf von Publikationen, Gebühren für Leihausstellungen, Lizenzverträge für die Spielzeugherstellung, vor allem der notorisch populären »Dinos« – Spielbergs »Jurassic Park« erwies sich als ein Kassenfüller. »Wiewohl wir eine international renommierte Institution sind«, beschreibt Jane Bevan die Lage, »sind wir doch zugleich auch eine Firma, ein Unternehmen.« Seit einiger Zeit vermietet das Museum seine Haupthalle für Parties, Bälle und Geschäftsveranstaltungen: Wenn bei Amphibien und Neandertalern das Licht ausgeht, darf um die alten Saurier-Knochen noch getanzt werden. Auch Modenschauen lassen sich vor naturhistorischer Kulisse gewinnbringend abhalten. Erst kürzlich war Londons »Fashion Week« im Museum zu Gast, auf halber Strecke zwischen lebender und toter Materie.

Auf diese Weise nutzt das Museum seine Räume, seine Rechte und sein Renommee. Seinen wirklichen Marktwert aber hat es in etwas anderem entdeckt – im Wert seiner Sammlungen, seiner wissenschaftlichen Arbeit. Mittlerweile ist man im »Natural History Museum« immer mehr geneigt, das vorhandene Forschungspotential und unvergleichliche Datenangebot als attraktive Ware zu begreifen – und für gutes Geld feilzubieten. »Contract Research«, Auftragsforschung, ist an der Tagesordnung. Großunternehmen werden animiert, für eine entsprechende Gebühr auf die Dienste des wissenschaftlichen Museums-Personals zurückzugreifen. British Petroleum zum Beispiel zieht seit einiger Zeit das Museum zu Rate, wenn es neue Bohrungen in der Nordsee starten will. »BP betrachtet uns als vitale Quelle«, meint Direktor Henderson. »Keine Beraterfirma verfügt über das Wissen, über die Expertise, die wir hier haben.«

Zur Illustration dieser Fähigkeit lädt Paul Henderson zu einem Blick hinter die Türen der Ausstellungsräume des Museums ein. Die »Personaldurchgänge« nämlich, hier und da auf den Korridoren, verbergen keine Besenkammern, wie man denken könnte, sondern das unterirdische Gehirn der Institution. Drunten im weiträumigen Keller-Labyrinth des Museums und in den vielen, kurios verschachtelten Anbauten auf seiner Rückseite haben 350 wissenschaftliche Mitarbeiter ihre Büros, die die Sammlung betreuen, auswerten und auf immer neuen, exotischen Expeditionen ergänzen. Biologen und Mineralogen, Botaniker und Paläontologen mit illustren akademischen Titeln verwalten hier die Schätze früherer Generationen und fügen ihre eigenen Funde, ihre eigenen Forschungsresultate an. Mit massiven Elektronen-Mikroskopen, mit akribischer Rechenarbeit, mit Laserstrahl und Bildschirm-Analyse sind die Natur-Detektive um neue Erkenntnisse bemüht, manchmal, nach Art Daniel Düsentriebs, im experimentellen Alleingang, manchmal in europäischer oder weltweiter Kooperation zu bestimmten Gegenständen. Auf den Spuren Captain Cooks sucht sich das »Natural History Museum« zugleich immer neue Forschungsobjekte zu verschaffen. In der chinesischen Taklamakan-Wüste fahndet man nach Meteoriten; in Ecuador nach Nutzpflanzen und alternativen Wirtschaftsmethoden; in Mexiko nach krankheitsübertragenden Fliegen; in der Ebene des Senegal-Flusses nach Parasiten, die ganze Völkerschaften bedrohen. Wie verhält sich Metall unter tropischen Bedingungen, und was folgt daraus für den Abbau von Mineralen? Wie reagieren malaysische Ameisen-Kolonien auf rigorosen Kahlschlag? Welche Folgen haben bestimmte Forstmethoden für die Regenwälder von

FEINE EXPERIMENTIERKISTE: Blick in die Haupthalle des Natural History Museum in London

Belize und ihre Insekten? Gewissenhaft distanziert man sich bei diesen weltumspannenden Unternehmungen von der imperialen Einstellung vergangener Zeiten. Wiewohl natürlich viele Museumsschätze der kolonialistischen Vergangenheit Britanniens zu verdanken seien, meint Jane Bevan, gehe man heute nicht mit einer »Empire-Attitüde« in die Welt hinaus. »Technologie-Transfer«, Ratschlag für die Betroffenen sei mittlerweile Politik des Hauses, denn die politischen Entscheidungen würden ja in den Ländern selbst gefällt.

Das »grüne Bewußtsein«, das in den achtziger Jahren auch Großbritannien erreichte, hat dem »Natural History Museum« eine neue Richtung und frisches Interesse beschert. Der Ökologie ist nicht nur eine – von BP gesponserte – spezielle Ausstellung in den Museumsräumen gewidmet, sondern Fragen des Gleichgewichts von Ökosystemen bestimmen auch einen Gutteil der Forschungsprojekte an der Cromwell Road. Von Messungen draußen vor der eigenen Haustür (»Die Cromwell Road ist eine der verschmutztesten Straßen dieser Stadt«, sagt Paul Henderson) bis zur Erarbeitung einer elektronischen »Worldmap for Biodiversity«, eines neuartigen Computer-Programms zur Dokumentation der Vielfalt der Arten in der Welt und ihrer Bedrohung, reichen die aktuellen Arbeitsgebiete, die sich das Museum abgesteckt hat.

Daß die Nachfahren der viktorianischen Schmetterlingssammler mit dieser Forschung heikles Neuland betreten, ist ihnen bewußt. Gelegentlich hat dieser Zustand, der mehr einem instinktiven Tasten als einem zielstrebigen Marsch mit dem politischen Kompaß gleicht, kuriose Folgen – etwa wenn das Museum eine Ölfirma zu Fragen der effizienten Ausbeutung von Bodenschätzen berät, und zugleich eine Umweltschutz-Lobby zur Frage, welche Schäden durch diese Ausbeutung verursacht werden. »Da kassieren wir in derselben Sache zweimal ab«, räumt ein Museums-Mitarbeiter mit liebenswertem Lächeln ein. Klar ist jedenfalls, daß das Museum in einem historischen Umbruch begriffen ist, dessen Konsequenzen sich noch kaum abschätzen lassen. Mag vorn der Diplodokus, wie in den alten Tagen, Wache stehen – hinten, im stillen Computer-Kämmerlein, wird längst am Wesen der Zukunft mitgebastelt, an Naturerhalt, »Biodiversität« und ökologischen

Konzepten – auch wenn man darauf besteht, »nur wissenschaftliches Werkzeug« und keine Lösungen anbieten zu wollen.

Der Geist aus den Vitrinen, das Hohe Lied der Schöpfung, weist dabei den Weg zu neuen, grünen Horizonten: Daß die aus einem kleinen Forschungsprojekt über Hummeln hervorgegangene »Worldmap« demnächst ein Polit-Bestseller, eine heiße Ware auf dem Markt der Wissenschaften werden wird, läßt sich schon heute unschwer prophezeien. Vielleicht, meinen die »Worldmap«-Projektleiter, mit feinem englischem Understatement, sei man ja hier auf »etwas Nützliches« gestoßen: »Vielleicht wird ja das 21. Jahrhundert das Jahrhundert der Restaurations-Ökologie werden – eine Epoche des Wiederaufbaus der natürlichen Welt.« Sollte die Geschichte in diese Richtung weisen, will Londons »Natural History Museum« jedenfalls die Nase vorn haben. Den richtigen Riecher hat es in hundertjähriger Übung schon entwickelt.

URLAUB AUF DER AUTOBAHN

Ach – sich hineinzustürzen in die Cromwell Road und sich im Strom blinkenden Metalls zu aalen! Was dem alten Dagobert Duck das tägliche Bad im Talerglanz seines Entenhausener Geldspeichers war, ist uns Heutigen ja wohl das erregende Vergnügen eines Staus. Niemand hat darin soviel Erfahrung wie wir Londoner Autofahrer. Wir kosten es nämlich schon seit vielen Jahren aus, nicht mehr voranzukommen. Wir genießen es, im Häusermeer der Hauptstadt in unseren Blechkisten festzusitzen, zwischen den anderen rauchenden Karossen, jenseits der eitlen Hoffnung auf Fortbewegung, auf der Schnellstraße des Reifungsprozesses zu gesunder Resignation.

Über die Jahre haben wir uns akzeptieren gelernt als kleine, bunte, festgefahrene Rädchen eines Verkehrsgetriebes, das nichts anderem mehr entgegentreibt als dem totalen Stillstand – und das uns die Chance gibt, hinterm Steuer endlich all die Romane zu lesen, für die wir sonst nie Zeit hatten, die Konzerte zu hören, deren Existenz wir schon vergessen hatten, die Telefongespräche zu führen, die längst überfällig waren, oder auch einfach bloß unseren Gedanken über eine Welt nachzuhängen, an der wir sonst doch nur achtlos vorbeirasen würden, wenn wir uns nicht klugerweise gegenseitig an diesem Rasen hinderten.

Kein Wunder, daß vielen Londonern das Auto quasi zum Erstwohnsitz geworden ist. Zwischen kurzen, unvermeidlichen Perioden zu Hause und am Arbeitsplatz leben immer mehr Bewohner der britischen Metropole praktisch auf Rädern, in immer eleganteren Modellen, auf immer komfortableren Polstern, in immer raffinierterer Inneneinrichtung, mit immer mehr Zeit für ihre bislang zu kurz gekommenen persönlichen Interessen. Vor allem auf der Londoner Ringautobahn, der M25, im Volksmund »Der magische Kreisverkehr« genannt, trifft man jene Mitbürger wieder, die mittlerweile die Existenz auf Rädern dem Leben in vier Wänden vorziehen. Auf dem garantiert immer verstopften Riesenring um London können sie ihrer Leidenschaft sorglos und in unbegrenztem Maße frönen. Bisher gab es für diese Stausüchtigen nur ein Problem: Was tun, wenn die Urlaubszeit nahte und der Schrecken einer dreiwöchigen Ferienhaus-Existenz am Meer oder in den Bergen drohte, ganz ohne Aussicht auf das tägliche Bad im wohligen Gestank eines Staus? Der Anreiseweg mochte ja noch ein oder zwei exzessive Stautage bieten – aber dann? Nun, auch hier ist neuerdings Abhilfe zur Hand. Seit einiger Zeit offerieren Touristik-Unternehmen in Süd-England nämlich Urlaub auf der Straße – und zwar, richtig geraten, auf der M25. Für alle Londoner leicht zu erreichen, eignet sich die Ringautobahn für ein derartiges Unternehmen in idealer Weise. Bei gegenwärtiger Schleich-Geschwindigkeit ist sie in drei Wochen gerade einmal zu umrunden. Die M25 war also prädestiniert für eine Zukunft als attraktiver Urlaubsort. Es war nur eine Frage der Zeit, wann findige Geschäftsleute ihren Finger auf diesen noch ganz unvermarkteten Teil der Landkarte legen würden.

Propagiert wird das Projekt »Sommerferien auf der M25« übrigens von rund dreißig Herbergen, die die Ringautobahn säumen. Die Hoteliers und Moteliers wollen passionierten Autofahrern Gelegenheit geben, ihre Freizeit den Alltagsgewohnheiten anzupassen und sich zwischen zwei tollen Tagestouren im Schneckentempo auf der M25 bei einem Sardinen-Sandwich im Hotel-Restaurant für die Vergnügungen des nächsten Tages auf dem heißen Asphalt zu stärken. Das landschaftliche Panorama, an dem die Autofahrer vorbeikröchen, sei schließlich »äußerst beautiful«, sagt ein Sprecher der Urlaubsinitiative. »Und das Wichtige ist doch, daß die Autobahn den Leuten direkte Zufahrt zu allen Sehenswürdigkeiten bietet.« Aber die Sehenswürdigkeiten »Autoschlangen in Rekordlänge«, »massenhaft Baustellen« und »total verstopfte Zu- und Ausfahrten« sind noch lange nicht alles: Zusätzlich warten die M25-Sommerferien mit interessanten Sonderangeboten der Hoteliers auf wie »Überlebens-Picknicks« für die ganze Familie, einer Besichtigung des »Themenparks« Heathrow Airport oder einem Gratis-Tank Benzin zwecks froher Weiterreise. Wer könnte da widerstehen? Ach, sich hineinzustürzen...

VERDERBLICHE LIEBE

Und was sind nun, diesseits der Hysterie, die nackten Fakten? Statt 14 Millionen Autos, wie vor zwanzig Jahren, hat Großbritannien heute 25 Millionen. Allein in den letzten zehn Jahren hat sich das Verkehrsvolumen in den Städten um 50 Prozent erhöht. Auf den Autobahnen hat es sich im gleichen Zeitraum verdoppelt. 94 Prozent aller Reise-Kilometer werden auf den eigenen vier Rädern zurückgelegt, und 92 Prozent aller Fracht laufen über die Straßen. Zum Arbeitsplatz, zur Schule, zum Einkaufen fährt der Brite (und die Britin) mit dem Wagen: Was früher morgendliche oder abendliche Rush Hour war, ist heute, vor allem in London, ganztägige Verstopfung. Der Auto-Lobby selbst ist nicht geheuer, was die von den Konservativen lang geförderte Liebe zum Individualtransport da angerichtet hat. »Eine Zeitbombe tickt unterm Verkehrssystem des Königreichs«, warnt John Dawson, Direktor des Automobil-Verbandes AA. »Wir alle müssen uns dieser Herausforderung stellen und diese Entwicklung stoppen, bevor es zu spät ist«, erklärt Stephen Glaister, Autor eines vielzitierten Reports der London School of Economics.

Als kürzlich einmal ein Lastwagenfahrer mit seinem Wagen an der Einfahrt zu einem Themse-Tunnel hängen blieb, brachte er den Verkehr im Osten der Stadt acht Stunden lang zum Erliegen und setzte 250000 Mit-Fahrer schachmatt. Einige Ungeduldige, die es nicht über sich brachten, den Motor abzuschalten, mußten im Nachbar-Tunnel zu Taschentüchern und Schals greifen, um nicht von giftigen Dämpfen übermannt zu werden. Verrückt? »Wenn die öffentlichen Verkehrssysteme besser wären, würde man die Leute leicht von der Straße kriegen«, meint Roger Higman von der Umweltschutz-Organisation »Friends of the Earth«. Mit allerlei ehrgeizigen Plänen und kleinen Tricks suchen derweil städtische Gemeinden die schlimmsten Folgen der Auto-Epidemie einzudämmen. Parkzonen für Anlieger, Radklemmen und der Abtransport falsch geparkter Wagen sollen für ein Minimum an Bewegungsfreiheit sorgen, Fußgängerampeln, Bodenwellen und Kamera-Augen den rasenden Verkehr abbremsen helfen.

So verzweifelt sind viele Bewohner britischer Innenstädte geworden, daß sie, laut Umfragen, ihre Innenstädte gern in Fußgängerzonen umgewandelt sehen wollen, nach kontinentalem Vorbild. »Ich habe als Kind noch auf den Straßen von Rochdale gespielt«, verschafft der Straßen-Protestierer Philip Connolly seinen Gefühlen Luft. »Von der dreckigen Luft mal ganz abgesehen: Welches Kind würde es heute noch wagen, auf eine Straße zu gehen?«

WER RETTET DAS LAND VOR DEN STÄDTERN?

Der Fluchtweg aber, in »die Natur« hinaus, ist verstellt. In den Dörfern zwischen Kent und Cumbria hat sich nämlich, fast unmerklich über die Jahre, das vertraute Idyll der traditionellen Dorfszenerie in ein Krisengebiet verwandelt. Der ländliche Ort mit seiner Kirche, seinem Laden, seiner Schule und (natürlich) seinem Pub, mit seinen hübschen Häusern und steinernen Brücken und den Brombeer-Hecken um Wiesen und Felder mag noch in Büchern oder Museen anzutreffen sein. In der Realität zählt er in dieser Reinkultur jedoch zunehmend zu den bedrohten Arten. Teils liegt das an ökonomischen und sozialen Umbrüchen, die auch das Leben auf dem Lande in den letzten Jahren gründlich verändert haben, teils aber auch, perfiderweise, an der Passion des städtischen Bürgertums für die »Countryside«. Der wachsende Zugriff wohlhabender Großstädter auf die dörflichen Gemeinschaften, der Kauf von Wochenend-Refugien und Schlaf-Cottages, die urbane Sehnsucht nach einem Flecken pastoraler Abgeschiedenheit, nach einem Stückchen »ländlichen Friedens«, hat zahllose alte Weiler in fataler Weise untergraben und soziales Leben vielerorts zerstört.

Viele Faktoren haben bei dieser Entwicklung mitgespielt. Die englische Landwirtschaft hat sich, über die letzten dreißig Jahre hin, »verschlankt« und merklich konzentriert. Hundert Farmer pro Woche haben, seit den sechziger Jahren, ihrer Scholle und ihrem Vieh den Rücken gekehrt. Mit der Abwanderung gingen Jobs verloren, lösten sich alte Bindungen auf. Die Zuwanderung der Großstadt-Pendler aber vermochte diesen Verlust an sozialer Struktur nicht auszugleichen. Sie führte im Gegenteil zu größerer Vereinzelung und trieb zugleich die Haus- und Grundstückspreise hoch – zum Leidwesen des kapitallosen Teils der Einheimischen, wie der örtlichen Lehrer beispielsweise, die sich das Wohnen im Ort häufig nicht mehr leisten konnten. Schulschließungen und bröckelnde Gemeinde-Loyalität zogen ihrerseits eine Krise der kleinen Kaufläden, der »Village Shops«, nach sich. Die motorisierten Zuwanderer, gewohnt, in Supermärkten ihre Kofferräume zu füllen, hatten mit den örtlichen Kolonialwaren nichts im Sinn. Den Kolonialwarenhändlern und Kleinpostämtern ging die Kundschaft aus: Die Geschichte eines Kaufmanns in der Grafschaft Sussex, der seine Kundschaft um Kredit anging, um weiter seine Regale bestücken zu können, ist noch in guter Erinnerung. Heute haben nur noch zwei von fünf englischen Ortschaften ihren eigenen Laden. Mit dem Pub ist vielerorts auch der zweite soziale Fokus eingegangen. Pfarrämter haben ihre Tore geschlossen und sind gewinnbringend verscherbelt worden. Der rollende Gemüsewagen aus der Kreisstadt, die Bücherei auf Rädern, der pendelnde Priester ersetzen, einmal pro Woche, die früher selbstverständliche lokale Selbstversorgung.

Thornbury, in der Grafschaft Hereford, nicht weit von der Grenze zu Wales, ist ein typisches Beispiel für die soziale Verarmung, die immer mehr englische Ortschaften in jüngster Zeit durchmachen. Kein Pub, kein Postamt, kein Laden, kein Gemeindezentrum. Die Schule? In den siebziger Jahren geschlossen worden. Das Pfarrhaus? An Privat verkauft. Die Buslinie? Vor fünf Jahren eingestellt. Der Arzt? Muß telefonisch aus dem Nachbarort gerufen werden. Alles, was Thornbury seinen Bürgern an Gemeinschaftseinrichtungen noch zu bieten hat, ist eine Telefonzelle. Gemeinschaftsgeist? Individuelle Entfaltung in der ländlichen Provinz? Die Village-Forscher der neunziger Jahre halten das für eine, wenn auch hartnäckige, Schimäre. Was zwischen den Autobahn-Torturen des Freitags und des Sonntags liege, sei in den meisten Fällen ein Weekend in splendid isolation, und dazu ein Leben in weiterer Abhängigkeit vom motorisierten Untersatz – Fußgänger, Radfahrer, Kinder auf der Straße suche man in den englischen Dörfern der Neuzeit vergebens. »Die zukünftigen ländlichen Orte«, prophezeit der Autor Nicholas Roe, »dürften voller betuchter Familien sein, die ohne Kontakt zueinander existieren und hinter den Auspuffwolken ihrer Pendler-BMWs verschwinden. Und jede dieser Familien sucht verzweifelt nach dem Gemeinschaftsgeist, den zu zerstören sie mitgeholfen hat.« Etwas zuversichtlicher gibt sich der frühere Chefredakteur der konservativen Londoner *Times*, Simon Jenkins, der im neuesten Trend der massiven Pendler-Suche nach ländlicher Geborgenheit eine erste Chance zum Erhalt der englischen Countryside sieht: den »neuen Dörflern« werde der spürbare Mangel an dörflicher Authentizität in wachsendem Maße bewußt. »Die kleinen Ortschaften zu retten«, räumt allerdings auch Jenkins ein, »wird schwer. Man müßte sie für jeglichen Durchgangsverkehr sperren und die Supermärkte draußen auf der grünen Wiese schließen, die die Dorfstraßen haben veröden lassen. Wir bräuchten lokale Sondersteuern zur Rettung solcher Schreine des Village-Kultes wie Kirchen, Läden und Schulen. Und es muß ein rigoroses Verbot der weiteren Verschandelung der Landschaft her.« Welche Regierung, so fragt man sich, würde ein so radikales Programm zur Landreform durchdrücken?

Colin Seymour ist der Held aller britischen Naturfreunde. Der 63jährige pensionierte Lehrer hat sich ins Buch der grünen Verdienste eingeschrieben, indem er in seinem Heimatort Flamborough eine Hecke von einundfünfzig Metern Länge rettete. Von einem Gericht ließ sich Seymour bescheinigen, daß die Hecke unter dem Schutz einer über 200 Jahre alten kommunalen Verordnung stehe, wie sie zahllose englische und walisische Orte in ihren Archiven haben. Nun ist der Gemeinderat von Flamborough nicht nur mit seinem Plan auf die Nase gefallen, die Hecke einem neuen »Bowling Green«, einem Rasenstück zum Kugelschieben, zu opfern. Der Rat sieht sich auch verpflichtet, die Hecke für alle Ewigkeit zu pflegen und zu erhalten. Tausende anderer Gemeinderäte studieren derweil ihre Dokumente, um herauszufinden, ob auch ihre Hecken von dem Spruch betroffen sind. Möglicherweise seien durch seine Kampagne 60 000 Kilometer Hecke im Königreich gerettet worden, glaubt Colin Seymour. Das wäre zwar nur ein Sechstel des geschätzten Gesamtbestandes an Hecken in Großbritannien, aber gewiß doch mehr als nichts. Schließlich hat das Land allein in den letzten zehn Jahren rund ein Drittel seiner Hecken verloren – rund 170 000 Kilometer. Die »Hedgerow« aber, so haben die Briten angesichts der Bedrohung ihrer angestammten Feldumrandungen plötzlich gemerkt, ist ein Herzstück der Identität und Tradition des Landes. Älter oft als die ältesten Gebäude Britanniens, gelegentlich sogar prähistorischen Ursprungs, haben die Hecken im nationalen Bewußtsein tiefe Wurzel geschlagen. In ihrer markanten Widerborstigkeit gehören sie zum unverwechselbaren Bild der insularen »Countryside«. Mit ihrer Schutzfunktion gegen den Wind – und gegen Schneeverwehungen auf den Straßen – sind sie unentbehrlich. Der Reichtum an Flora und Fauna, den sie bergen, ist legendär: Zur Bewahrung der Hecken verbinden sich selbst Gruppen, die sich sonst spinnefeind sind, wie Jäger und leidenschaftliche Gegner der Jagd in England.

Eric Thomas, ein passionierter Heckenmaler aus Hertfordshire, findet jedenfalls, »daß Hecken ebensosehr Teil unseres kulturellen Erbes sind wie die Kathedrale von Salisbury«. Den gottesfürchtigen Schmetterlingen, die in Hertfordshires Hecken zu Hause sind, soll es nur recht sein. In Flamborough danken die Feldmäuse ihrem Schicksal – und Colin Seymour.

BESUCH IN SUMMERHILL

Der Mythos lebt. Er lebt fort unter hohen Bäumen, in einem alten, viktorianischen Schulhaus, das wir von Bildern kennen, das uns in einer anderen Zeit vertraut geworden und ans Herz gewachsen ist. »Sie fahren den Hügel hinauf, und gleich hinter den Gleisen scharf links«, beschreibt es mir ein älterer Herr in der Kleinstadt Leiston, der einen Kinderwagen vor sich herschiebt. »Es ist nicht zu verfehlen, der Name ist auf die Mauer aufgemalt.«

Leiston liegt in der englischen Grafschaft Suffolk, und der Name der Schule ist, natürlich, Summerhill. Die Mauer wirkt, wenn man davorsteht, etwas kleiner, als es einem von den Bildern in Erinnerung ist. Von den Bäumen, die einst dem Bild einen schützenden Rahmen gaben, sind einige verschwunden, zusammen mit den Eisenbahnwaggons, den legendären Schüler-Quartieren, die mittlerweile grauen Fertigbauten Platz gemacht haben. Auch das Schulhaus ist um einiges karger und düsterer, als man es erwartet hätte: Offenbar hat der Mythos die Wirklichkeit übersteigert, den Pionierplatz anti-autoritärer Erziehung aus der Ferne und über die Zeiten hin in einen kleinen Paradiesgarten verwandelt. Immerhin, dieses Schulhaus und dieses Fleckchen Erde im fruchtbaren Ackerland East Anglias waren es, in die der schottische Pädagoge Alexander Sutherland Neill 1928 den Keim für eine revolutionäre Neuorientierung im pädagogischen Denken seiner Zeit pflanzte. Von hier ging die Signalwirkung aus, die Summerhill weit über Großbritannien hinaus haben sollte. Hierher pilgerte, als in den sechziger Jahren der Muff unter den Talaren unerträglich geworden war, Europas und Amerikas junge Lehrer-Generation, die nach einer Alternative, nach neuen Vorbildern verlangte. Hier nahm der Mythos seinen Ausgang, zu dem Summerhill nach 1968 wurde – als Inbegriff einer Schule, an der Kinder angstfrei, glücklich und selbstbewußt heranwachsen konnten. Summerhill wurde zum Synonym für Freiheit, für kindliche Selbstbestimmung und demokratisches Zusammenwirken – ein Gegenbild zum gängigen Schulbetrieb, dessen autoritäre Strukturen Schüler und Erzieher in ein System bitterer Repression und wütenden Aufbegehrens einspannten.

Neills Prinzipien, wiewohl von weitreichender Konsequenz, waren simpel genug. Die Kinder in Summerhill sahen sich keinen Zwängen ausgesetzt. Sie sollten selbst entscheiden, ob sie spielen wollten oder lieber zum Unterricht gehen. Niemand sollte ihnen vorschreiben, was sie zu tun oder zu lassen hätten. Sie würden, meinte Neill, schon selbst herausfinden, was sie für ihr Glück, für die Bildung ihrer Persönlichkeit bräuchten. Auch über ihre Spiel- und Lebensregeln sollten die Kinder selbst entscheiden. Jede ihrer Stimmen wog genausoviel wie eine Lehrerstimme oder seine eigene, Neills Stimme, in der demokratischen Versammlung Summerhills. Dies waren die ehernen Prinzipien des Kinderfreundes und sturen Demokraten Neill, und er widmete ihnen ein langes Pädagogenleben, das bis 1973 währte. Und bis heute hat sich an ihnen in Summerhill nichts geändert. »Das Wesen der Schule, die Theorie, die Schuladministration ist noch die gleiche wie zu Neills Zeiten«, versichert Zoe Readhead, die Tochter des Schulgründers, die heute die Schule leitet. Noch immer ist der Besuch des Unterrichts für alle Schüler freiwillig. Noch immer wird emotionale Entwicklung, wird spielerisches Lernen großgeschrieben. Noch immer haben die Lehrer für die Schüler dazusein (und nicht umgekehrt). Und noch immer legt die wöchentliche Schulversammlung in strikt basisdemokratischer Weise die Regeln fest und ahndet alle Regelverstöße – ganz wie zu Neills Zeiten.

An einem Freitagmittag nach dem Essen, wenn die Glocke zur Versammlung ruft, kann der Besucher so im Halbdämmer des Schulfoyers noch immer praktizierte Selbstbestimmung erleben – freilich erst, wenn die Versammlung seiner Anwesenheit zugestimmt hat. Dort werden die Konflikte der Woche besprochen und durch Abstimmung die Strafen für Übertretungen der Schulgesetze verhängt. Zwei Tage Radfahrverbot für einen Jungen, der heimlich mit dem Rad eines anderen in die Stadt gefahren ist; eine Woche Ausgangssperre für zwei Knirpse, die sich durch freches und gefährliches Verhalten unbeliebt gemacht haben;

Kekse-Entzug für einen Schüler, der einen anderen geschubst hat. Summerhill in Aktion: Da sitzen sie, die Summerhillianer, auf dem abgewetzten Parkettboden der Schule, auf der alten Holztreppe, auf ein paar ruinierten Polstermöbeln, und suchen kollektive Ordnung ins Chaos zu bringen, mit einem Versammlungssprecher, diesmal einem japanischen Jungen, der die Anträge sammelt und die Abstimmungen durchführt und sich alle paar Minuten mit einem schroffen »Shut up« (»Haltet die Schnauze«) Gehör verschafft. »Toby hat mich ohne Grund einen Scheißkopf genannt«, beklagt sich ein Dreikäsehoch. »Ein verdammter Mistkerl ist das.« Allgemeine Belustigung, Toby erhält einen Verweis. Ein Mädchen, Misha, fühlt sich von mehreren Jungs gehänselt und verspottet. Das wird ernster genommen. Die Klage wird aufgegriffen, diskutiert. Misha ist den Tränen nahe. Die Hänsler werden scharf zurechtgewiesen. Am Ende wird per Mehrheitsbeschluß die ganze Schule verpflichtet, das Mädchen in Ruhe zu lassen – bei Nichtbefolgen des Beschlusses drohen nächsten Freitag weitere Sanktionen.

Für eine Schule, die der Freiheit der Schüler verpflichtet ist, nimmt sich Summerhill bemerkenswert reglementiert aus. Fast 200 Regeln umfaßt der gegenwärtige Katalog freiwilliger Selbstkontrolle. »Wecken morgens ist um 9 Uhr. Um 9.30 Uhr mußt du aus dem Bett sein. Bevor du zu Bett gehst, mußt du einen Schlafanzug anziehen. Niemand darf mehr Klavier spielen, wenn die Lichter aus sind. Niemand darf in der Öffentlichkeit rauchen. Auf Dächer klettern ist verboten. Ebenso das Sitzen auf Fensterbrettern.« Lang, lustig und ausgesprochen sinnvoll ist die Liste. »Wände beschmieren kostet ein Pfund. Im Haus sind keine Streichhölzer und Feuerzeuge erlaubt. Pfeile dürfen nur aufs Dartboard geworfen werden. Niemand darf geschubst werden. Niemand darf auf der Tischtennisplatte sitzen. Niemand darf in einen Raum eingeschlossen werden. Abfälle wegwerfen ist verboten, in Summerhill und in der Stadt. Kinder dürfen keinen Alkohol trinken. Nicht mal ein Schlückchen. Betrunkene Lehrer zahlen fünf Pfund Strafe.«

Kein Freibrief für regelloses Verhalten also in Summerhill – nur werden die Regeln eben statt von der Schulleitung von allen gemacht. Und von allen akzeptiert. In Summerhill, wo die Kinder ihre Gesetze selber schmiedeten, bräuchten sie gegen Gesetze nicht zu rebellieren, meint Zoe Readhead. Ihre Schüler, »gesetzestreu, unrebellisch, rücksichtsvoll«, nennt sie »den Traum jeder Regierung«. Freilich hält die Summerhill-Erbin an der Neillschen Tradition fest, daß für das Ausleben angestauter Aggressionen Raum zu schaffen ist – soweit nicht andere in diesem Freiraum gefährdet werden. Entsprechend wird Hänselei und Schubserei vom Kollektiv unterbunden. Niemand schert sich aber darum, daß Kinder mit Plastik-Schießprügeln durchs Gelände ziehen. »Wir üben hier keinen moralischen Druck aus«, erklärt Zoe Readhead diesen Standpunkt. »Wenn Kinder vorgeben, Monster oder Mörder zu sein, und mit Spielzeuggewehren auf dem Gelände herumrennen, dann haben wir dagegen nichts einzuwenden. Diese Schüler wachsen zu ganz unaggressiven Erwachsenen heran, weil sie in ihrer Kindheit die Chance haben, ihre Aggression auszudrücken, sie durchzuspielen, den Unterschied zwischen Vorstellung und Spiel und Wirklichkeit erst einmal zu lernen.« Immerhin habe Summerhill ihres Wissens noch nie einen Kriminellen hervorgebracht – kein schlechtes Resultat, nach allen geltenden Regeln.

Solch ein Anspruch fordert das konventionelle Schulsystem natürlich heraus. Schon Neill hatte damit seine Schwierigkeiten, und seine Tochter muß die Schule heute wieder, mehr als in den siebziger oder achtziger Jahren, verteidigen. Summerhill sieht sich nämlich neuem Druck der Schulbehörden ausgesetzt. Die Prinzipien der Schule stehen wieder einmal zur Debatte. Der »Bildungswert« der Institution wird vom Londoner Bildungsministerium in Frage gestellt. Und ein Bericht des Schulinspektorats von vor ein paar Jahren hat der Schule in etlichen Punkten schlechte Noten erteilt: Das Fehlen einer Anwesenheitspflicht störte die Inspektoren, das ewige, »unangemessene« Fluchen an der Schule, ein »zu enges« Lehrangebot und »unbefriedigende« Prüfungsergebnisse. Generell, hieß es in dem Bericht, seien »die Standards zu niedrig« und die Gebäude nicht sicher genug. Und nicht einmal Zoe Readhead will bestreiten, daß es Probleme an der Schule gibt. Daß es an Geld fehlt, daß bauliche Ausbesserungen nur langsam vorankommen, daß sie ihren Lehrern nicht genug bezahlen kann, ist in Summerhill kein Geheimnis. Auch sind die gesellschaftlichen Erwartungen, die Anforderungen an Internate wie das ihre gewachsen: Das muß, zwangsläufig, zu Konflikten zwischen Schule und Staat führen.

Im Grunde hat sich dieser Konflikt schon seit einiger Zeit angekündigt, und nicht nur das kältere politische Klima der Tory-Ära ist dafür verantwortlich gewesen. Gelegentlich haben Besucher der Schule in dem Vierteljahrhundert seit Neills Tod schon Zeichen des Niedergangs in Summerhill ausgemacht. Der Verfall der Gebäude ist moniert worden, das Fehlen der Persönlichkeit und innovativen Kraft des Summerhill-Gründers wurde häufig beklagt. Auch der Wert der Schule als pädagogisches Vorbild ist zunehmend in Zweifel gezogen worden. Mit ihren hohen Schulgebühren, meinte etwa die Bildungsexpertin Wendy Berliner, sei »diese Internatsschule kaum der Platz für Kinder aus normalen Verhältnissen, für die Neill ursprünglich Sorge tragen wollte«. Auf Summerhill griffen überwiegend »betuchte Leute« zurück, deren Sprößlinge mit anderen Schulen nicht zurechtkämen. Kein Zufall sei es, daß ein Gutteil der Summerhill-Kinder heute aus Japan stamme – Kinder von Eltern, die es sich leisten könnten, ihren Nachwuchs vom rigiden japanischen Schulsystem und dem enormen Erfolgsdruck ihrer Gesellschaft freizukaufen.

Die Kinder immerhin sind offenbar heilfroh, dem alten Schulsystem entkommen zu sein, und ziehen ihre privilegierte Spiel- und Lernwiese jedem herkömmlichen Schultypus vor. »In meiner alten Schule«, erzählt eine deutsche Summerhill-Schülerin, »haben sie uns vollkommen die Lust aufs Lernen genommen. Das hier ist hundertmal besser.« Dem Papa, einem Psychologen der »68er Generation«, möchte die 15jährige nacheifern, wenn sie die Schule hinter sich hat: Dem frühen Enthusiasmus ihrer Eltern für die englische Schule hat sie es ja auch zu verdanken, daß sie lange nach der Epoche der anti-autoritären Bewegung, im gelobten Summerhill Unterschlupf finden konnte. In der Tat tummeln sich in Summerhill heute eine ganze Reihe von Kindern aus »sehr liberalem Hause« – die »Kinder der Rebellen der sechziger Jahre«, wie Zoe Readhead sie nennt. Gelegentlich, meint die Schulleiterin, bringe das Probleme eigener Art mit sich, Probleme, die zu Neills Zeiten noch unbekannt gewesen wären. Manche der Kinder seien nämlich weder in repressiven Verhältnissen noch in selbstverantwortlicher Freiheit aufgewachsen. Statt dessen habe man ihnen daheim, in mißverstandener Freizügigkeit, »einfach alles erlaubt«, sie endlos und hoffnungslos verwöhnt.

Worin sonst sich die heutige Summerhill-Generation von früheren Generationen unterscheidet? »Oft hat es den Anschein, als wären die Kinder weiterentwickelt. Manchmal kommen sie einem ein bißchen altklug vor. Sie haben mehr Zeit mit Erwachsenen verbracht als mit anderen Kindern, sind sehr erwachsenenorientiert. Vor allem übers Fernsehen nehmen sie die Erwachsenenwelt in sich auf«, sagt Zoe.

Daß die heutigen »Kids« in Summerhill aber gleichgültiger wären, oder aggressiver, als es ihre eigenen Spielgefährten in den fünfziger und sechziger Jahren waren, bestreitet die Tochter A. S. Neills entschieden. Der entsprechende Vorwurf ist der Schule in den vergangenen Jahren wiederholt gemacht worden. Vor allem eine britische Film-Dokumentation, die 1992 mit Berichten über schmutzige, zornige und gewalttätige Summerhill-Kinder Furore machte, hat dem Ruf der Schule schwer geschadet. Die »traurige Wahrheit«, so hatte der Filmautor Tom Roberts damals behauptet, sei es nun leider mal, daß die Zeit des radikalen Schul-Experiments Summerhill in einer Gegenwarts-Gesellschaft weitgehender Freiheit und Freizügigkeit abgelaufen sei und daß Schule und Schüler nicht mehr wüßten, was sie in diesen neunziger Jahren mit sich anfangen sollten. Zoe Readhead und die Summerhillianer haben diese Version der Dinge heftig bestritten. Aber verunsicherte Bewunderer Summerhills haben sich seither gefragt, ob es nicht wirklich eine »traurige Wahrheit« hinter dem schönen Schein der Schule gebe.

Ist Summerhill also obsolet geworden? Hat sich das Experiment überlebt? Den Eindruck, vor dem Ende zu stehen, macht die Schule auf einen unbefangenen Besucher eigentlich nicht. Die beiden kleinen Jungs, die mit ihren Rädern glücklich-schreiend über eine Wiese holpern, wirken nicht wie eine Kampagne für ein verlorenes pädagogisches Konzept. Dem Mädchen, das vor dem Hauseingang mit Hingebung an einem Totempfahl schnitzt, läge nichts ferner als der Gedanke, daß latente Mordlust ihrer Schule den Garaus bereiten könnte. Gewiß, Summerhill ist nicht unbeschadet über die Zeiten gekommen. Es ist ein wenig steckengeblieben in seiner Geschichte. Der alte Mann fehlt, man kann es drehen und wenden, wie man will. Der historische Zündungseffekt ist verbraucht. Einiges, was früher sinnvoll war, droht heute zum Ritual zu erstarren – das Fluchen, die starre Form der Schulversammlung, das Austeilen der kleinen Geldstrafen. Daß sich die Welt draußen verändert hat, daß die Schulen der neunziger Jahre auch in England nicht mehr die gleichen sind wie die zu Anfang des Jahrhunderts, mag man in den Mauern Summerhills nicht recht wahrhaben. Kein Wunder, daß den Besucher das Gefühl beschleichen kann, der Lack sei etwas am Blättern, während das Modell tapfer weiterdampfe. Aber daß es dampft, daran besteht kein Zweifel. Das Engagement, die Loyalität der Lehrer sind unbestritten. Die Schulleiterin, selbst in Summerhill aufgewachsen, vertritt die Idee, die der Schule zugrundeliegt, leidenschaftlich. Das Unterrichts-Angebot mag begrenzt sein, doch sucht es sich neuzeitlichen Erfordernissen anzupassen – als Gegenpol zur alten Holzwerkstatt Summerhills, die Neill so sehr am Herzen lag, verfügt die Schule heute auch, am anderen Ende des Geländes, über eine kleine Computer-Abteilung. Die Unterrichtsräume nehmen sich überwiegend bunt und freundlich aus. Und von den Kindern läßt sich kaum sagen, daß sie ihre Schule hassen.

Nicht einmal das Atomkraftwerk Sizewell, das in unmittelbarer Nähe Summerhills aus dem Boden gestampft wurde, hat bislang den erstaunlichen Optimismus, den Überlebenswillen der Schule brechen können. Im Schatten Sizewells, unter der Wolke ewiger Finanzprobleme und von frostigen Windstößen aus der Bildungszentrale London geplagt, trotzt Summerhill mit alter Hartnäckigkeit den aktuellen Widrigkeiten. Diesseits des Mythos lebt es sein andersartiges, nicht mehr ganz so sensationelles Leben weiter. So das Geld nicht ausgeht und die Inspektoren besänftigt werden können, wird die Schule fortbestehen. Sie wird nicht mehr sein, was sie einmal war. Aber sie wird immer noch Impulse geben können. Sie wird ein kostbares kleines Korrektiv zum herkömmlichen Schultypus bleiben. »Ein paar gute Ideen« für die Welt draußen halte Summerhill noch allemal bereit, meint Zoe Readhead: »Und eines Tages werden die Leute froh darüber sein, daß es uns noch gibt.«

9:
MILLENNIUMS-TRÄUME

Die Briten und das Jahr 2000

ES WAR EINMAL EIN KÖNIGSSOHN

Es war einmal ein Königssohn, der hieß Charles. Er wohnte in einem Schloß und wäre sehr gern König seines Reiches geworden. Seine Mutter aber, die Frau Königin, sagte zu ihm: »Mein lieber Junge, in unserem Lande erbt man die Krone nur, wenn der Monarch das Zeitliche segnet – und ich hab nun mal keinerlei Pläne, meine Gebeine schon zur ewigen Ruhe zu legen.« Jedesmal, wenn der Sohn die Rede auf die Thronfolge brachte und in aller Bescheidenheit die Absichten seiner Mama erfragte, enttäuschte die Königin seine Hoffnungen. Darüber zogen die Jahre ins Land, und wenn der Königssohn in den Spiegel schaute, fand er, daß nicht nur Falten ernster Bekümmerung sich auf seinem Gesicht eingegraben hatten, sondern daß auch sein Haar sich bereits lichtete. »Hab Geduld, Sohn«, tröstete seine Mutter ihn. »Du bist erst achtundvierzig Jahre alt, ein bißchen Reife wird dir bei der Thronfolge gut anstehen.« Der Prinz indes, wen konnte es wundern, hielt sich für reif genug, um Krone und Zepter zu übernehmen. Schließlich hatte man ihn von Kindesbeinen an auf das Königsein vorbereitet. In zwei geschlossenen Anstalten, in denen schon sein Vater Schüler gewesen war, hatte man ihm Pflichtbewußtsein beigebracht und ihm das Abc des fürstlichen Wissens vermittelt. In der königlichen Flotte hatte man ihn in den tieferen Sinn hierarchischen Handelns, militärischen Drills und der kalten Dusche eingeweiht, und in Australien hatte man ihm Gelegenheit gegeben, im Busch herumzustromern und sich mit den Sitten und Gebräuchen der Eingeborenen vertraut zu machen – eine für die spätere Arbeit als König besonders nützliche Fähigkeit. An der Universität war der Prinz sodann in Fächern wie Archäologie, Anthropologie und Geschichte unterwiesen worden, da seine Eltern wollten, daß ihr Sohn sich in die Vergangenheit vertiefe. Was sie ihm verschwiegen, war, daß die Vergangenheit für einen Königssohn deshalb besondere Bedeutung hatte, weil niemand sicher sein konnte, ob dem Königshaus noch eine Zukunft beschieden war.

Nebenher lernte der Prinz alles, was ein Prinz an Etikette, an Benimm und an Small talk eben so beherrschen muß. Die Großmutter, die auch noch, halbvergessen, im Schloß lebte, irgendwo unterm Dach bei den Fledermäusen, nahm ihn für diese Zwecke unter ihre Fittiche. Auch Onkel Mountbatten, der in besseren Zeiten einmal Vizekönig von Indien gewesen war, widmete sich in seinen letzten Jahren liebevoll der Erziehung des Prinzen. Jedenfalls so lange, bis eines Tages Mordbuben aus dem Nachbarland den Onkel samt seinem Fischkutter mit republikanischem Dynamit und einem gehörigen Knall vom Diesseits ins Jenseits beförderten. Das Schicksal seines Onkels stimmte den Prinzen ziemlich nachdenklich. So war das Königshaus also von dunklen Kräften bedroht? So liebten nicht alle die Monarchie, die Krone, die Dynastie der Windsors? So war es nicht nur eine feine Sache, allüberall im Lande bekannt zu sein und als Königssohn in einer gläsernen Kutsche zu fahren?

Mit grimmiger Entschlossenheit warf sich der Prinz fortan auf sportliche Aktivitäten, um sich bewußt der Gefahr auszusetzen und im Kitzel des physischen Risikos das Mißliche seiner Lage zu vergessen. Charles lernte Schwimmen, Tauchen und Surfen. Er lernte Fliegen, und er lernte Fallschirm-Springen (wobei sich seine ungelenken Beine einmal so im Schirm verfingen, daß es ihn fast Kopf und Kragen gekostet hätte). Er lernte Rugby-Spielen, und natürlich lernte er Reiten. Wie hätte er, abstammend von Hannoveranern, das Glück der Erde nicht in den Ställen suchen können? So verrückt war er auf ein wildes Roß unter seinen Prinzenschenkeln, daß er seiner pferdenärrischen Schwester Anne beim Pferderennen fast den Rang ablief. Vor allem erwarb er die altehrwürdige englische Fertigkeit, vom Sattel aus mit einem Stock ein Bällchen über eine Wiese zu schlagen. Ganz ohne Schrammen ging es, bei so viel sportlichem Ehrgeiz, natürlich nicht ab. Aber erst als er, just zu seinem vierzigsten Geburtstag, auf einem Skiausflug einen seiner treuesten Begleiter auf unmarkierter Piste für immer in einer Lawine verschwinden sah, fielen dem Königssohn die Schuppen von den Augen. Da hängte Charles den Fallschirm, die Rennskier und den Polosattel an den Nagel. Nachdenklich wie er war, und ein wenig deprimiert, beschloß er, die lange Wartezeit bis zur Thronfolge eher durch intellektuelle und künstlerische Glanzleistungen zu überbrücken. In dieser Hinsicht konnte er natürlich auf gewisse Steckenpferde zurückgreifen, die er, neben der Betätigung als »Royal Action Man«, nicht aus den Augen verloren hatte. Das Malen mit Wasserfarben war eine dieser persönlichen Neigungen. Schließlich hatte der Prinz in der Vergangenheit schon ganze Ausstellungen mit seinen Aquarellen bestritten – was auch immer die ewig nörgelnden Kritiker an seinem Stil auszusetzen hatten. Auf die brauchte man ja glücklicherweise bei Hofe nicht zu hören. Eine andere Vorliebe war das Schreiben. Auch hierin hatte Charles ausreichend Erfahrung und angemessenen Erfolg. Ein Bilderbuch, das er in Mußestunden auf seiner Mutter Jacht einmal für seine jüngeren Brüder Andrew und Edward verfaßt hatte und das den Titel »Der alte Mann von Lochnagar« trug, war sogar für eine Fernsehproduktion in einen Zeichentrickfilm verwandelt worden!

Und doch: All diese kulturvollen Aktivitäten konnten dem Prinzen nicht die erhoffte Befriedigung verschaffen. Bilderbücher und Aquaralle waren eine feine Sache. Aber was trugen sie bei zur Lösung der großen Probleme der Gegenwart? Wie konnte man malen und fabulieren, wenn dem Volk im Königreich das Nötigste fehlte: Strümpf' und Schuh', die rechte Schulbildung und ein geschärfter Sinn für den Kollaps der Umwelt unter dem Druck der ökonomischen Umstände und der Wachstums-Ideologie? Hier, so sagte sich der Prinz, war eine Aufgabe, der er nicht ausweichen durfte. Hier war eine Mission, die er, der Thronfolger, zu bewältigen hatte. Der Ignoranz mußte man entgegentreten, in aller Öffentlichkeit, in aller Entschiedenheit, in der funkelnden Rüstung eines Kreuzritters, der furchtlos in die Schlacht zieht gegen die Mächte der Finsternis. Hier fand Prinz Charles sein Schlachtfeld, seine Feldstatt. Hier konnte er sich Ruhm und Dank erwerben. Hier konnte er seinem Leben als Monarch im Wartestand einen Sinn geben – den Sinn, der ihm zuvor so schmerzlich gefehlt hatte.

Und Charles zog in die Schlacht. Er zückte das Schwert gegen Armut und Elend und rief die hoffnungslose Jugend im Lande auf, nicht der Resignation anheimzufallen, sondern sich hinter seinem Banner in »Nachbarschafts-Armeen« zum »Dienst an der Gemeinde« zusammenzufinden. Er rückte vor mit seinem heiligen Speer gegen die Unwissenheit, die, wie er klagte, nicht nur Schüler im ganzen Lande befallen hatte, denen man neuerdings Shakespeare vorenthielt, sondern schon seine eigenen, königlichen Sekretäre, denen die kostbare Muttersprache ein Buch mit sieben Siegeln war, wie er, leider, aus seiner Korrespondenz täglich erschließen mußte. Mit blanken Fäusten hieb er ein auf die »Wertezerstörer«, die, wie er wähnte, allerorten am Werk waren wie besessene Wühlmäuse. Verdutzt duckten sich unter den Hieben seiner wohlgesetzten Formulierungen die Lehrer, die die Sprache hatten verkommen lassen, die Architekten, denen der gute Geschmack abhanden gekommen war, die Stadtplaner, die ohne Rücksicht auf menschliche Bedürfnisse vorangeplant hatten, die Politiker, denen es an Phantasie und sozialem Verantwortungsbewußtsein fehlte, die Journalisten, die nicht wach genug waren für neue Entwicklungen, und die Profiteure, die sich mit der Zerstörung der Natur die Taschen füllten. Selbst die Königin duckte sich, weil ihr der Kreuzzug ihres Sprößlings nach und nach etwas unheimlich vorkam. Ihr Gatte, Papa Philip, konnte eh nicht verstehen, was in seinen Sohn gefahren war, daß der partout keine Ruhe geben wollte. Konnte Charles nicht, wie jeder normale Aristokrat seines Alters, an lustigen Fuchsjagden, schnellen Autos und amourösen Abenteuern Genüge finden? »Chazza spinnt wieder«, pflegte Philip zu sagen, wenn der Kronprinz kopfschüttelnd seine Rundgänge im Schloß machte, im Selbstgespräch neue, planetarische Lösungen diskutierend, oder wenn er des Nachts an den Türen der elterlichen Schlafzimmer auf-

NACHDENKLICHER THRONFOLGER: Prinz Charles, der Philosoph der Windsors, kontempliert die Zukunft

tauchte, weil er über dem Weinen der Regenwälder in Brasilien einfach nicht mehr schlafen konnte. Auch seine geliebte Großmama konnte sich nicht erklären, was den von organischem Ackerbau und alternativer Medizin faselnden Enkel umtrieb. »In unserer Zeit«, meinte sie, »haben wir uns über derlei Zeug wahrhaftig nicht den Kopf zerbrochen.«

Wie ein Lauffeuer verbreitete sich unter den gemeinen Leuten die Nachricht vom hehren Kreuzzug des ältesten Sohnes ihrer Königin. Die meisten fanden, Charles sei ein wackerer Mann, daß er seine Überzeugungen so freimütig unters Volk bringe. Daß er empfänglich sei für die Drangsal moderner Zeiten, daß er seinem Gewissen folge und sich nicht, wie die endlose Kette seiner Urahnen, in diskretes Schweigen hülle, wurde ihm vielfach mit Bewunderung vergolten. »Da schaut euch doch den Prinzen an«, sagten die Leute. »Er sagt, was er denkt, und er denkt eine Menge, und das ist mehr, als man von den meisten Ministern Ihrer Majestät behaupten kann.« Einige Mißmutige freilich mochten ins allgemeine Lob nicht einstimmen. Der Prinz, argwöhnten manche, sei »wohl gaga« und gänzlich ungeeignet für den Thron – und das nur, weil Charles einmal in einer schwachen Minute bekannt hatte, daß er am liebsten mit den Pflanzen seines Gartens Zwiegespräche führe. Andere ereiferten sich darüber, daß ein Königssohn, dem es an nichts fehle, sich erdreiste, den Armen und Ausgebeuteten im Lande Ratschläge zu erteilen. »Was weiß er schon davon«, sagten sie, »er wird nie selber um Brot betteln müssen.« Wieder anderen gefiel es nicht, daß Charles noch in seinen kühnsten Äußerungen ein Anwalt konservativer Ansichten blieb, wie in der Auseinandersetzung mit den Architekten, in der sie ihm vorwarfen, einem »romantischen Bild der Vergangenheit« anzuhängen, statt wagemutigen neuen Entwürfen eine Chance zu geben. Aber was erwarteten sie eigentlich von Charles? Natürlich unterhielt er sich mit Pflanzen und trauerte um den »Verlust der Seele« in allen Dingen. Natürlich gab er »Rat von oben herab«. Natürlich schien durch seine Ideen das Muster klassischer Konvention hindurch. Wie hätte es anders sein können? Schließlich war er, ein waschechter Königssohn, hinter viktorianischen Palastmauern, in der Abgeschiedenheit geheimdienstlich bewachter Zimmer, in Internaten und Kadettenschulen aufgewachsen. Auch ein Bedürfnis, sich seinem Volke mitzuteilen, konnte daran nichts ändern.

Niemand mußte das schmerzlicher erfahren als die junge Diana, die Charles zur Frau nahm, als es an der Zeit war, Nachkommen zu zeugen, und als Philip seinem Ältesten entsprechend Bescheid gesagt hatte. Daß Diana vor ihrer Ehe den ihr Angelobten »Sir« nennen mußte, war schon kein sehr gutes Zeichen. Später gelang es ihr zwar, Charles in etwas flottere Anzüge zu stecken, als er sie früher getragen hatte. Aber ihn für ihre eigenen Neigungen zu begeistern, gelang ihr nicht. Die Welt der frechen Mode, der bunten Lichter, der heißen Musik und des unbefangenen Schwatzes war nicht die seine. Er wollte lieber ernsthafte Gespräche führen und Weltprobleme lösen, als seine Zeit mit billigen Vergnügungen zu vertrödeln. Camilla, seine alte Freundin, hatte das schon immer verstanden. Diana, seine Frau, die er sich so gern zu seinesgleichen erzogen hätte, verstand es nicht. Sie hatte keine Lust, sich erziehen zu lassen. Sie wollte einfach bleiben, was sie war. Und sosehr sie seine Familie und das ganze Hofzeremoniell im Grunde ihres Herzens haßte, so einig war sie sich doch mit ihnen über den grübelnden Thronfolger. »Er spinnt wieder, der Chazza«, stimmte sie ihrem Schwiegervater zu, wenn Charles sich wieder einmal in die Einsamkeit schöpferischer Inspiration zurückzog. Am Ende konnte niemand erwarten, daß sie beieinander bleiben würden. Der Prinz brauchte seine Pflanzen und seine weltbewegenden Gedanken. Und Camilla. Die Prinzessin brauchte Abwechslung. Der Ausgang dieses Abenteuers war absehbar. Die Königin aber, die sich das alles mit wachsendem Kummer über ihre Lieben ansah, war untröstlich über das Ende des Märchentraums, als der die Charles-und-Di-Geschichte einst um die Welt gegangen war. »Wenn die Leute nicht mehr an Märchen glauben, fangen sie gar noch an, am Königshaus zu zweifeln«, sagte sie sich, selbst nachdenklich geworden. »Also werde ich steinalt werden müssen, um das Zepter in festen Händen zu halten – vielleicht bis wir der Welt ein neues Märchen bieten können und der kleine William einmal, zu meinem Goldenen Dienstjubiläum im Jahre Zweitausendundzwei, das königliche Zepter übernehmen kann.«

So kam es, daß dem Thronfolger jenes Königreiches die Krone, die er sich fürs Leben gern einmal aufgesetzt hätte, von Jahr zu Jahr vorenthalten wurde. »Mal du nur weiter deine Aquarelle«, sagte seine Mutter, »und warte noch ein Weilchen.« Da malte der Königssohn folgsam Aquarelle und wartete. Und wenn er nicht gestorben ist, dann malt er heute noch.

JEDER FÜR SICH

Nicht nur Diana, Charles, Camilla, Fergie, Andrew und Edward ziehen es dieser Tage vor, ihr Leben im Alleingang zu bewältigen (wenn man einmal von all den Hofschranzen absieht, die ihnen das Alleinsein auf angemessene Weise erleichtern). Auch die bürgerlichen und proletarischen Landsleute der Hauptdarsteller des Windsor-Dramas teilen offenbar die Ansicht, daß der Ehebund eine etwas angestaubte Sache ist, auf die man sich entweder gar nicht einlassen oder der man, so bald es geht, wieder entkommen sollte. Immer mehr Briten nämlich, so enthüllen es jüngste Statistiken und Hochrechnungen, sind es zufrieden, ein Leben als Single – unverheiratet oder geschieden – zu führen. Schon sechs Millionen Briten leben heute in Ein-Personen-Haushalten. Im Jahr 2000 werden es fast acht Millionen sein. In zwanzig Jahren wird sich der Anteil der Ein-Personen-Haushalte an der Gesamtzahl der britischen Haushalte auf 36 Prozent erhöht haben – 1971 waren es noch keine 20 Prozent. Das bedeutet, daß schon bald jeder dritte Haushalt auf der Insel aus nur noch einer Person besteht: Das alte Vorbild Elisabeths und Philips, eines »ordentlich« verheirateten Paares mit entsprechender Kinderschar, hat seine Wirkung auf einen Gutteil der britischen Jugend eingebüßt.

Wie ernst der Trend zur sozialen Vereinzelung jedenfalls von britischen Firmen genommen wird, zeigen neue »Produkt-Entwicklungen« wie die erfolgreiche Einführung des »halfloaf«, des halben Brotlaibs, durch die Großbäckerei Hovis, oder das immer reichhaltigere Angebot an Mini-Schnellgerichten in den einschlägigen Supermärkten. Auch Klein-Kühlschränke und Geschirrspül-Maschinen im Taschenformat finden derzeit reißenden Absatz. »Vor fünf Jahren wäre das noch eine Seltenheit gewesen«, kommentiert Marktforscherin Angela Hughes vom Institut Mintel den Wandel. »Heute ist es ganz normal.« Ein weiteres Zeichen der Zeit ist die Nachfrage nach kleinen Wohnungen. Eine Million zusätzlicher Wohneinheiten sei in den nächsten 15 Jahren gefragt, vermeldet die Regierung. Das entspräche einer Stadt von der Größe Birminghams. Natürlich spielt auch die größere Lebenserwartung eine Rolle bei dieser Entwicklung. Doch der Löwenanteil des neuen Bedarfs geht aufs Konto bindungs-unlustiger Junggesellen und Gesellinnen, alleinstehender Mütter und geschiedener Zeitgenossen, die die Neuverheiratung schlicht scheuen – ganz wie die mählich zerfallende zweite Garnitur im Buckingham-Palast.

IM CYBER-PUB

»Zwei Pints und einmal Internet, bitte«: Im Cyber-Pub fühlt sich der moderne Brite ganz zu Hause. Das Bierglas in der einen Hand und die Maus in der anderen, braucht er nun wenigstens in seinem »local« auf neueste Informations-Technologie nicht länger zu verzichten. Zwischen Theke und flimmerndem Bildschirm kann er wechseln, wenn er des einen oder des anderen einmal überdrüssig wird. Wenn der Small talk vor Ort verebbt, kann er sich, per leichtem Tastenanschlag, mit der großen Welt draußen in Verbindung setzen. Cyber-Pubs, oder Internet-Cafes, sind der letzte Schrei einer computerhungrigen Gesellschaft. Es sind Lokale, in denen außer den üblichen Getränken auch Zugang zum Internet geboten wird. Das erste Cyber-Pub der Insel eröffnete, im Sommer 1995, die Ansells-Brauerei in Nottingham, die eine Marktlücke erspähte. »Die Leute wollen mehr von ihrer Freizeit«, sagte damals Ansells Generaldirektor Martin Grant. »Als Pub-Betreiber müssen wir auf die veränderten Erwartungen mit erfindungsreichen neuen Konzepten reagieren.« Nottinghams Cyber-Pub bot entsprechend acht Computer-Plätze und, für zwölf Mark pro Stunde (Studenten acht Mark), Spiel und Spaß mit der Maus. Anfängern stellte das Pub geschultes Personal zur Verfügung. Die Drinks gab es zu normalen Preisen. Der Erfolg der Aktion war unbestreitbar. An Wochenenden drängten sich 300 Besucher pro Tag in die elektronische Wasserstelle. Kein Wunder, daß die Pioniertat sich schnell herumsprach: Inzwischen, zwei Jahre später, gibt es kaum eine größere britische Stadt mehr ohne Internet Wirtschaft.

Einer Bastler-, Tüftler- und Techniker-Nation wie der britischen ist solch drängendes Interesse an permanenter Netz-Bindung, auch in den Stunden der Erholung, nachzufühlen. Seit die Briten den Computer für sich entdeckten, haben sie in ihrem Enthusiasmus den Rest der Welt klar hinter sich gelassen. Heute kann das Vereinigte Königreich darauf verweisen, über die weltweit höchste Pro-Kopf-Dichte an PCs weltweit zu verfügen. Jeder dritte britische Haushalt besitzt mittlerweile einen Computer – in Deutschland sind es nur 20 Prozent und in den USA gerade 15. Erstmals, so fand jüngst eine Studie heraus, hat die Computerbegeisterung im Lande auch das Interesse am Fernsehen überholt. Vor allem Schüler schalten die Glotze ab, um statt dessen auf ihren elektronischen Bildschirm zu starren. Während die durchschnittliche private Zeit, die die Briten wöchentlich an ihrem Computer verbringen, zehn Stunden beträgt, hält es jüngere Briten oft sehr viel länger am PC. Eltern klagen in zunehmendem Maße darüber, daß Kinder, die von der Schule nach Hause kämen, sich nicht einmal Zeit für ein »Hello Mum« ließen, bevor sie schon hinterm Bildschirm verschwänden und sich in ein Computerspiel vertieften.

Der pädagogische Wert dieser Entwicklung ist, wie sollte es anders sein, umstritten. Während Befürworter eines frühen Einstiegs in die PC-Welt stolz vermerken, daß schon die kleinsten Wichte heute ihren Eltern den Gebrauch von Computern erklären könnten und gut auf die vernetzte Zukunft vorbereitet seien, weisen Skeptiker auf Statistiken hin, denenzufolge heute jedes dritte britische Kind außerhalb der Schule praktisch kein Buch mehr in die Hand nimmt. Auch in den Schulen selbst herrscht Unschlüssigkeit, wie man auf die Welle der Technologie-Begeisterung reagieren solle. Einige Anstalten suchen den Beginn der Computer-Arbeit noch hinauszuzögern. Andere, wie die Queenswood School in Hatfield, ein führendes Internat für höhere Töchter in der Grafschaft Hertfordshire, rüsten ihre Zöglinge mit kostspieligen Laptops aus, weil sie die Zeit der Bücher und der konventionellen Schreibweise für abgelaufen halten. »Ich glaube ja nicht, daß Handschrift ganz verschwinden wird«, sagt es die Queenswood-Rektorin Clarissa Farr, »aber Handschrift wird möglicherweise so selten werden wie handgemalte mittelalterliche Manuskripte. Eines Tages werden wir sie vielleicht als Spezialfach unterrichten.«

Für soviel PC-Optimimus, für soviel Cyber-Begeisterung und Internet-Enthusiasmus hat freilich auch im Lande der sich multiplizierenden Bildschirme nicht jedermann den rechten Nerv. Viel zu viel Unfug redeten die Apostel des neuen Computer-Zeitalters, brummt der Tory-Politiker und frühere Bildungsminister Sir Rhodes Boyson: »Wenn die Leute wirklich glauben, daß Computer alles übernehmen können, dann werden ihnen schon sehr bald die Gehirne eintrocknen.«

POESIE AUF RÄDERN

Die Aufzüge mögen, weil's an Geld fehlt, stillstehen. Die Züge mögen hier und da blockiert sein. Aber der Fluß der Sprache in der Londoner U-Bahn ist nicht zu stoppen. Wie die Werbung, großflächig und feingesponnen, sich oft als ein Gedicht präsentiert, tauchen umgekehrt Gedichte auf Werbeflächen auf – auf den kleinen weißen Rechtecken über den Wagenfenstern der »Tube«, zwischen Kensington und Piccadilly Circus, zwischen Highgate und Clapham zu genießen in großen Lettern. Es ist Poesie auf der Durchreise, die da gereicht wird, ein Sortiment verbaler Leckerbissen, die unter dem Namen »Poems on the Underground« unterwegs sind. Ein bißchen Shakespeare ist dabei, und ein bißchen T. S. Eliot, und jede Menge Zeitgenössisches – Verträumtes, Tiefempfundenes, gereimte Heiterkeit. »Ich hab die Pflaumen gegessen, die im Eisfach waren«: William Carlos Williams. »Letzte Nacht träumte ich auf Chinesisch«: Shirley Geok-Lin Lim. »Welche Lippen mich einst küßten, und wann, und wo, hab ich vergessen«: Edna St.Vincent Millay. »Two Sticks and an Apple ring the Bells at Whitechapel«: Das alte Lied von Londons Glocken.

Alles kann einem begegnen auf diesen vergleisten Wegen, auf denen die Gedichte spazierenfahren, sich kreuzen, aneinander vorbeiziehen, an Weichen auseinander schwenken. »Ich traf einen Reisenden aus versunkenem Land«: Percy Bysshe Shelley. »Ann, Ann! Komm sie, so schnell sie kann! Da ist ein Fisch, der redet, in der Pfann«: Walter de la Mare. »Viel Wahnsinn ist göttlicher Sinn«: Emily Dickinson. »Es tropft und glüht so grün der Wald«: Judith Wright. »Tyger, tyger, burning bright, in the forests of the night«: William Blake.

Ein wenig komisch, zugegeben, mutet's einen manchmal an, zur Stoßzeit im Heringssalat der Central Line zu stehen, verschwitzt und müde, auf dem Weg zur Arbeit oder auf dem Weg nach Hause, und von nächtlichen Wäldern und glühenden Tigern, von Pflaumen und chinesischen Träumen zu träumen, und von all dem anderen, was uns die geheimnisvollen Gedichtesammler der Underground von Woche zu Woche so präsentieren. Da sind die Londoner Marktschreier dabei, die in Reimen des 17. Jahrhunderts »Rosmarin, Salbei und Thymian« feilbieten, und da sind Huldigungen an die Themse und an Westminster Bridge im ersten Morgenlicht, und da ist der Lerchenflug ins Land Anderswo und die Sehnsucht nach warmen Steinen an exotischen Stränden: »Weiße Hitze. Ein grüner Fluß. Eine Brücke, versengte gelbe Palmen.« (Derek Walcott)

Kaum noch ist vorstellbar, daß die U-Bahn-Oberen zunächst zögerten, dem lyrischen Reichtum Londons ein Plätzchen unter Londons Pflaster zu verschaffen! Immerhin waren sie zu einem Experiment bereit – und erkannten schnell den Erfolg der neuen Dienstleistung. Während die Initiatoren der »Poems«, eine Gruppe von Londoner Literaturfreunden, anfangs noch eine Gebühr für das Aushängen der Gedichte an die »Tube«-Administration entrichten mußten, fahren die kleinen Kunstwerke seit ein paar Jahren zum Nulltarif spazieren. Längst hat das Londoner Beispiel auch in anderen britischen Städten und auf dem europäischen Kontinent Schule gemacht. Mittlerweile kann man die mobile Lyrik sogar in Buchform, als mehrbändige London-Underground-Anthologie, erstehen. Die Popularität der Aktion Poesie auf Rädern ist unbestritten. Wer wäre davon überrascht? Beim morgendlichen Rattern über die Geleise unterm Hammersmith-Rondell spricht einem ja nichts mehr aus dem Herzen als Robert Burns' aufrichtige Klage über die kalten Ostwinde zur britischen Winterszeit: »Morgens in aller früh aufstehen, nein, das ist nichts für mich, früh aufstehen am Morgen.« Wer glaubt schon den grinsenden Zahnpasta-Visagen, der blendenden Frische der Werbe-Ikonen? Das Gedicht »An meine ersten weißen Haare« von Wole Soyinka trifft doch viel eher, was uns Passagiere im Zug des Lebens beschäftigt: »Drei weiße Haare! Zarte Eindringlinge ins Gestrüpp, Zeitdeuter...«

Humor braucht's auch, und die heiteren Beiträge, die den Untergrund aufhellen wie kleine Sterne an einem Firmament endloser Nacht, gehören zu den beliebtesten Gedichten in der »Tube«. Auf eins von ihnen zu stoßen, kann die Stimmung eines Tages verändern, mit ein paar leichten Strichen nur. »Ich bin ein Dichter. Und ich liebe Bananen. Ich bin bananas (bekloppt). Und ich liebe einen Dichter«, beginnt ein Nonsens-Poem Wendy Copes, unter dem Titel »Die Ungewißheit des Dichters«.

Mein eigenes Lieblingsstück unter Tage ist immer noch Edwin Morgans »Lied des Loch Ness Monsters«. Es hebt an mit den Worten »Sssnnnwhuffffll? Hnwhuffl hhnnwfl hnfl hfl? Gdroblboblhobngbl gbl gl g g g g glbgl« und endet »Gombl mbl bl – blm plm, blm plm, blm plm, blp«. Wer noch nicht verstanden hat, worum es geht, dem erklärt der Dichter gern den Sinngehalt des Kunstwerks: Das einsame Monster taucht aus den Fluten von Loch Ness auf und schaut sich nach den Gespielen seiner Kindheit, den prähistorischen Reptilien, um. Da es niemanden finden kann, der ihm aus den alten Tagen noch bekannt wäre, taucht es wieder ab, nachdem es sich ein bißchen ausgeflucht hat. Edwin Morgan, dem Monster-Poeten, ist übrigens die fragwürdige Ehre zuteil geworden, im Auftrag einer anderen U-Bahn, nämlich der von Glasgow, ein Gedicht verfaßt zu haben, das die Auftraggeber so schockierte, daß sie es ein für allemal von den Anschlagtafeln ihrer U-Bahn-Wagen verbannten. Die Dichtung war so gut gelungen, daß sie, befürchteten die U-Bahn-Oberen, von arglosen Fahrgästen für bare Münze hätte genommen werden können.

Das Gedicht ging so: »Wußten Sie eigentlich schon, / daß es in jedem U-Bahn-Wagen / einen speziellen Sitz gibt, / mit einem kleinen Loch drin, / und daß unter dem Sitz / sich ein Behälter mit Piranha-Fischen befindet, / die schon seit längerem / nicht mehr gefüttert worden sind. / Sobald der Zug anruckelt, / regt das die Fische auf, / und sie springen hoch durch den Sitz. / Die daraus resultierenden Skelette / der Pechvögel unter den Fahrgästen / verhelfen der U-Bahn / zu einer zusätzlichen kleinen Einnahme: / Sie hängen landauf, landab / in medizinischen Lehrsälen.«

EIN PLASTIK-IGEL ZUM GEBURTSTAG JESU?

Nein, der Londoner Zoo ist für dieses Datum leider schon ausgebucht. Auch das Segelschiff *Cutty Sark*, in Greenwich, ist vergeben, und die meisten Schlösser im Lande haben längst Abnehmer gefunden. Das Savoy Hotel hat doppelt so viele Anfragen wie Betten zu vermelden. Und die Royal Albert Hall? Die haben sich – bislang unbekannte – Veranstalter schon im Jahre 1975 für diesen speziellen Abend vertraglich unter den Nagel gerissen.

Der 31. Dezember 1999, der letzte Tag des letzten Jahres mit der Ziffer 1 vorneweg, soll den Briten Gelegenheit für die größte Party aller Zeiten geben. Daß das Jahrtausend strenggenommen erst ein Jahr später zu Ende geht, kümmert die Feier-Lustigen dabei wenig: Mit typisch britischem Pragmatismus hat man beschlossen, das Jahr 2000 eben durchzufeiern, um das kleine Kalender-Problem zu lösen. Der Silvester-Abend 1999 aber soll den großen Knalleffekt garantieren und die Insulaner in die rechte Millenniums-Stimmung versetzen. Straßenfeste, Tanzveranstaltungen, Festivitäten an besonderen Orten oder in exzentrischer Manier sind geplant, um diesen Jahreswechsel von den anderen abzuheben. Ein paar Leuchttürme und Dampfeisenbahnen sind noch zu mieten, hört man. Im »Orient Express« nach Wien will der Tory-Politiker und millionenschwere Erfolgsautor Lord Archer mit seinem Freundeskreis das Jahr 2000 begrüßen. *Eurostar* bietet eine Silvesterfeier unterm Ärmelkanal an, und *British Airways* offeriert seine Überschall-Flugzeuge vom Typ *Concorde* für eine »historische Doppelfeier« zum Jahr 2000 – knallende Champagnerkorken erst in London und dann, nach dem Sprung über den Atlantik, ein zweites Mal in New York.

Das Millenniums-Fieber grassiert im Vereinigten Königreich. Die Nation, die immerhin den Nullmeridian und »Greenwich Mean Time«, die Welt-Standardzeit, ihr eigen nennt, will die Jahrtausendwende gebührend feiern. Und nicht nur der britische Bürger macht sich Gedanken darüber, wo und wie er das Jahr 2000 einläuten kann. Auch die britische Regierung hat beschlossen, zur Ankunft des neuen Millenniums ein bißchen kräftiger auf die Pauke zu hauen. Sie hat eine Millenniums-Kommission eingesetzt, Millenniums-Architekten beauftragt, etwas auszutüfteln, und Millenniums-Gelder aus Lotterie-Einnahmen für die Einrichtung eines monumentalen »Schaufensters für Großbritannien« freigegeben. Das Ergebnis dieser regierungsamtlichen Bemühungen hat jedoch nicht zu einhelliger Freude unter den Regierten geführt. Die regionalen Millenniums-Initiativen zwar – ein Sportstadium in Cardiff, ein Wissenschaftszentrum in Bristol, ein »Lebens-Zentrum« in Newcastle – sind überwiegend freundlich aufgenommen worden. Auch die verrückte Idee, am südlichen Themseufer, schräg gegenüber dem Parlament, ein gigantisches Riesenrad über dem Fluß zu installieren, das der Millenniums-Party etwas zusätzlichen Schwung verleihen soll, ist allgemein auf amüsierte Zustimmung gestoßen. Das Hauptprojekt der Insel zur Jahrtausendwende aber hat eher Verwunderung, teils auch hämische Kommentare ausgelöst. Die Entscheidung der Kommission nämlich, auf dem Gelände eines alten Gaswerks im Londoner Osten eine nationale Millenniums-Kuppel zu erstellen, die als Kern- und Prunkstück der Feiern dienen und Millionen Menschen aus aller Welt anlocken soll, ist von vielen Briten als »reiner Unfug« eingestuft worden und hat auf der politischen Szene Londons schon einen bitteren Streit verursacht. Dabei waren die Urheber des Kuppelbaus sich so sicher, daß ihr Geschenk an die Nation den Geschmack der Massen und das Sentiment der Zeit treffen würde. Als (leicht verspätete) »Antwort auf den Eiffelturm« hatten sie ihre Ausstellungs-Kuppel angepriesen. »Eines der großen Bauwerke der Welt« werde das gute Millenniums-Stück werden, prophezeite, bei der Enthüllung der Pläne im letzten

Winter, Millenniums-Koordinator Barry Hartop. Mit diesem Bauwerk feiere Großbritannien die Jahrtausendwende »in einer Größenordnung wie kein anderes Land der Welt«. Gigantisch ist der geplante Kuppelbau, für den dieser Tage die Greenwich-Themsebiegung östlich der Docklands vom alten Gasgerümpel und Gestank befreit wird, zweifellos. 230 Meter im Durchmesser soll die flache, weitgeschwungene Kuppel messen, die aus einem PVC-ähnlichen Material gefertigt und mit Drahtseilen an einem Dutzend 100 Meter hoher Stahlmasten befestigt werden soll. Dreizehn Royal-Albert-Halls oder zwei Wembley-Stadien würden spielend in diese Konstruktion hineinpassen: Der Bau wäre die mit Abstand größte Kuppel der Welt – größer als alles, was das große Amerika hervorgebracht hat, an dem man sich in London noch immer mit Vorliebe mißt. Im Innern ist ein Ausstellungsgelände, mit zwölf den jeweiligen Masten zugeordneten »Zeitzonen« und »Zeitthemen« geplant, und für fünfzig Mark Eintritt pro Person würde die Millenniums-Kuppel dem zahlungswilligen Publikum ihre Geheimnisse enthüllen. Mit 25 Millionen Besuchern rechnet man in Greenwich in den ein bis zwei Existenzjahren der Kuppel. Eine Hafenanlage, Parks und Parkplätze sollen rund um den Kuppelbau entstehen. Eine Tramlinie aus Greenwich und eine neue U-Bahn-Station der Jubilee Line würden das »Wunderwerk britischer Baukunst« an den Rest der Stadt anschließen.

Noch steht das Projekt freilich nur auf dem Papier. Daß wirklich 25 Millionen Menschen zur Inspektion der Anlage anreisen und für dies Vergnügen fünfzig Mark auf den Tisch blättern werden, ist nämlich noch nicht ausgemacht. Auch nicht, daß britische Firmen den Löwenanteil des Projekts bestreiten werden, wie es sich die Regierung John Majors ausgedacht hatte: Bisher sind die Investitions-Gelöbnisse in dieser Richtung eher spärlich ausgefallen. Auch die ablehnende Reaktion der Kulturkritik und der potentiellen Kuppel-Kundschaft hat einigen Politikern zu denken gegeben. Als »schäbig« und »unschön« ist die Riesenkuppel in den ernstzunehmenden Zeitungen des Landes charakterisiert worden. Wie ein schnöder »Plastik-Igel«, wie eine »aufgespießte Qualle« nehme sich das »Wunderwerk« aus, fanden einige Kommentatoren. Andere sprachen von einem lausigen »Mülleimer-Deckel« oder von einem »Raumschiff mit einer Ladung Pingpongbälle an Bord«. Nichts als »eine riesige Handelsmesse« werde die Millenniums-Kuppel sein, erklärte der Londoner *Independent* entschieden – »ein geschmackloser Themenpark, der sich bloß um Firmenwerbung ranken wird«.

Wie anders, fanden die Kritiker, sei es noch um Londons »Great Exhibition« von 1851 bestellt gewesen, die der Nation *Crystal Palace* bescherte, einen denkwürdigen Ausstellungs-Palast aus Glas und Stahl. Das konservative »Nachäffen der Viktorianer« sei gründlich danebengegangen, meint *Observer*-Chefredakteur Will Hutton: »Crystal Palace markierte den Höhepunkt der britischen Feier von Technologie und Wissenschaft – mit ihm demonstrierten die neuen Industriellen und Ingenieure ihre Modernität und ihre respekteinflößende neue Technologie.« »Die Ausstellung von 1851 feierte den Stolz der Viktorianer auf Britanniens industrielle Vormachtstellung in der Welt«, stimmt der liberale *Guardian* zu. Das sogenannte »Britische Festival«, mit seinen eigenen modernen Bauten und Projekten habe den kargen Jahren der Nachkriegszeit hundert Jahre später, 1951, ein symbolisches Ende setzen wollen. Die Millenniums-Ausstellung dagegen drohe zu einem »Sammelsurium industrieller und kultureller Trödelware« zu werden: »Im Augenblick ist sie ein Großprojekt ohne große Idee.« Selbst der Baustil der Kuppel, findet der Kulturkritiker Jonathan Glancey, sei leider »schon heute Architektur von gestern«. Als Fortentwicklung des Konzepts von Flugzeughangars, Ausstellungshallen und Sportstadien signalisiere er »klar 20. Jahrhundert, und keineswegs künftiges Jahrtausend«.

Als Ausgeburt der Tory-Ideologie totaler Kommerzialisierung, als Übertragung einer nationalen Vision an eine zur Vision unfähige Privatwirtschaft, ist der Plastik-Igel von Greenwich zum Zankapfel der britischen Öffentlichkeit geworden. Britanniens Grüne haben an ihm Anstoß genommen, weil er ein Kurzzeit-Produkt sein und aus Kunststoff gefertigt werden soll. Der höchste Kirchenfürst des Landes, Erzbischof George Carey, hat ihm angekreidet, daß er die christliche Botschaft des Jahres 2000 nicht verdeutliche. Und auch Prinz Charles, der britische Thronfolger, vermißt »spirituelle Werte«: Der Materialismus, der aus der gänzlich kommerziellen Millenniums-Kuppel spricht, scheint dem nachdenklichen Prinzen wahrhaft ungeeignet zur Begrüßung des neuen Jahrtausends. Lieber als den Bau einer gigantomanischen Ausstellungshalle für die wohlhabenden Schichten hätte das alternative Britannien, von Charles bis Greenpeace, eine staatliche Initiative zur Aufforstung der seit Ewigkeiten abgeholzten britischen Wälder gesehen, oder einen massiven Ausbau der Wander- und Fahrradwege im Königreich, oder eine entschlossene Modernisierung des öffentlichen Transportsystems, oder eine gehörige Spritze für die Krebsforschung, oder »Kindergartenplätze für alle Kinder im Lande«. Nun soll es, zur großen Party, aber ein Plastik-Igel in Greenwich werden – so Gott und die neue Regierung mitziehen. Den Mülleimer-Deckel drauf aufs alte Jahrtausend: Das wegwerfbare Raumschiff für die Reise ins nächste muß auf seiner Bahn ohne spirituelle Lichter auskommen.

LICHT AUS!

Nicht daß es uns an richtigem, greifbarem Licht mangelte an dieser Schwelle zum neuen Jahrtausend auf den Britischen Inseln. Zu viel Licht eher als zu wenig sei Britanniens Problem, klagt John Mason von der Gesellschaft britischer Astronomen. Der Plan der Millenniums-Kommission, zur Jahrtausend-Feier historische Gebäude, Brücken, Parks, Hafengebiete und Hunderte von Kirchen zusätzlich in gleißendes Licht zu hüllen, sei eine rechte Verschwendung von Geldern wie von Energie: »Das ganze Land soll offenbar beleuchtet werden wie ein Weihnachtsbaum.«

Auch so schon, vor dem Jahr 2000, zählt das Vereinigte Königreich zu den lichterreichsten Ländern Europas – nur Belgien und die Niederlande, dichter besiedelt als die Insel, kommen auf mehr Licht als Britannien. Mit sechs Millionen Straßenlampen und einer Unzahl neuer Beleuchtungs-Vorrichtungen, etwa für Sportanlagen, Golfplätze, Supermärkte und öffentliche Gebäude, aber auch zur Sicherung oder Verschönerung von Wohnhäusern, müsse man mittlerweile wahrhaftig von einer sich ausbreitenden »Lichtverschmutzung« sprechen, meint der Vorsitzende der nationalen Landschafts-Kommission, Richard Simmonds: »Ich selbst wohne dreißig Meilen von Hyde Park Corner entfernt und kann nachts hinten in meinem Garten das Kleingedruckte auf meiner Kreditkarte lesen.«

Aber nicht nur zunehmende Beschwerden lichtempfindlicher Bürger haben Natur- und Landschaftsschützer im Sinn, wenn sie ob des neuen Übels Alarm schlagen und »mehr Dunkelheit« verlangen. In vielen Teilen Englands sei schon heute der Nachthimmel schlicht nicht mehr zu sehen, sagt Astronom Mason. Das Sternenzelt sei hinter einem Schleier künstlicher Beleuchtung nicht mehr auszumachen: Wenn nicht bald schärfere Kontroll-Maßnahmen eingeführt würden, »werden die Kinder des kommenden Jahrtausends dazu verurteilt sein, ohne alle Ahnung von der Existenz der Gestirne aufzuwachsen«.

PECH FÜR SHERLOCK HOLMES

Was soll man nun von folgender Rechnung halten? In Großbritannien verfügt der reguläre Fernsprech-Teilnehmer über eine elfstellige Nummer – Vorwahl und persönlicher Anschluß zusammengenommen. Die Kombination aller möglichen elfstelligen Nummern ergibt 100 Milliarden Telefonnummern. Das sind rund 20mal so viele Nummern, wie Menschen auf der Erde leben. Oder es kommen, anders gerechnet, auf jeden Briten 2000 mögliche Telefonnummern. Ein solches Angebot muß einem doch recht großzügig vorkommen: Wie kann es da sein, daß den Briten »die Telefonnummern ausgehen«, wie British-Telecom-Boß Don Cruickshank lauthals jammert? Nun, die Nummern-Rechnung geht nicht auf, erklären uns geduldig die Experten. Das Ganze hat mit der Merkbarkeit der Nummern zu tun, mit Vorwahl und regionaler Verteilung, mit den Grenzen der Belastbarkeit einzelner Bereiche des Telefonnetzes. Nicht zig-Milliarden Telefonnummern etwa stehen der Londoner Innenstadt zur Verfügung, sondern nur kümmerliche 10 Millionen. Und das ist, zugegeben, knapp bemessen. Schließlich braucht eine Weltstadt wie London, im Zeitalter der Fax-, Computer-, e-mail-Anschlüsse, der Büros zu Hause und der Büros im Büro, ein Vielfaches dessen, was man vordem für nötig erachtete. Schon in den letzten zwölf Jahren hat sich die Zahl der Telefonanschlüsse auf der Insel glatt verdoppelt. In den nächsten zwölf Jahren soll der Bedarf geradezu durch die Decke gehen. 100 Millionen Anschlüsse werden fürs Jahr 2010 erwartet, dank der »Wettbewerbsfähigkeit und Dynamik« eines Telefonmarktes »an der vordersten Front des Informations-Zeitalters« (Don Cruickshank).

Dummerweise ist den dynamischen Pionieren der British Telecom erst jetzt klargeworden, was das für ihr Telefonsystem bedeutet: Zum dritten Mal binnen neun Jahren wollen sie, um der Nachfrage gerecht zu werden, Britanniens Telefonnummern ändern – keine zwei Jahre ist es her, daß die letzte Änderung, ein neues Vorwahlregister, durchgedrückt wurde. Ein bißchen peinlich ist das schon, zumal Don Cruickshank damals, 1995, versicherte, dies sei »die letzte Neuerung für ein Menschenalter«. Das Menschenalter fiel betrüblich kurz aus. Offenbar hingen Cruickshanks Planer selbst dem Traum von den 100 Milliarden Nummern an, bis die zuständige Abteilung über den wahren Sachverhalt aufklärte. Er sei, mußte der Telecom-Boß einräumen, »nicht sonderlich stolz« auf die prognostischen Fähigkeiten seines Unternehmens.

Die werte Kundschaft knirscht derweil hörbar mit den Zähnen. Vor allem die Betriebe des Landes wird die Umstellung zum Ende des Jahrzehnts wieder Millionenbeträge kosten, nach den enormen Kosten vom vorletzten Jahr. »Ein bißchen enttäuscht« sei man ja schon, »daß die das nicht gleich richtig hingekriegt haben«, meint die Britische Handelskammer. Das ist, gemessen am Zorn der Firmen, die nun neues Briefpapier drucken, neue Telefonlisten anlegen, ihre Lieferwagen neu beschriften müssen, das Understatement des Jahres.

Und die Privatanschlüsse, »the little people«? Nun, diese Kleinkunden des großen Informations-Zeitalters können nur in stummem Staunen dem Fortschritt folgen, der ihnen immer besseren Anschluß an die Kommunikationswunder der Neuzeit verheißt.

Für das Leben in London bedeutet das, in immer kürzeren Abständen umzuschalten, alle paar Jahre komplexe neue Kennziffern in Gehirn und Notizbuch einzuspeichern. Was zum Ende des vorigen Jahrzehnts beispielsweise noch eine schlichte 01-Vorwahl war, teilte sich 1991 in 071 und 081, wurde 1995 zu 0171 oder 0181 und soll nun, zum Jahr 2000, zu 020 werden. Außerdem wird die siebenstellige Londoner Telefonnummer auf acht Ziffern aufgestockt – was, wie die Psychologen von den Dächern pfeifen, kein Mensch mehr memorieren kann, außer jenen Mathe-Genies, die uns schon seinerzeit in der Schule unheimlich waren. Ein bißchen Nostalgie befällt da selbst die nüchterne *Financial Times*, die nunmehr den Zeiten nachtrauert, da englische Detektive anläßlich eines Mordes auf dem Lande zu sagen pflegten: »Vermittlung, geben Sie mir Fambridge 2323.« Jene Nummern, die »wie alte Freunde« anmuteten, seien »in einem Ziffern-Sturm« untergegangen, moniert das Blatt der Londoner City. Für die Verbrechensbekämpfung hat der »Ziffern-Sturm« zweifellos ernste Folgen. Bis es Sherlock Holmes einfällt, daß er für eine Auskunft in der Hauptstadt 020 7384 1652 anrufen muß, ist der Täter mit Sicherheit entkommen.

DER PARADIESGARTEN IN DER LEHMGRUBE

Noch einmal Millennium: noch einmal Lotterie-Gelder. Aber das »Projekt Eden«, das im Jahr 2000 im Südwesten der Insel, in Cornwall, aus der Taufe gehoben werden soll, liegt Welten entfernt vom leeren Geltungsbedürfnis der Kuppel von Greenwich. Hier, in Bodelva bei St. Austell, baut der Zeitgeist eine grüne Oase. Hier reichen sich Umweltinteresse und Technologie, Wissenschaft und architektonische Phantasie die Hand.

Der Paradiesgarten, der hier in einer ausgedienten Lehmgrube entstehen soll, hat es in sich. Auch dieses Eden kann mit Superlativen aufwarten. Es wird das größte Treibhaus der Welt werden, mit einer kühnen Konstruktion, die ganze Wälder und Wüsten überspannen soll. Vor allem aber verdankt es sich einer Idee. Und diese Idee hatte der Garten-Restaurateur Tim Smit. Der hatte als Junge nämlich Sir Arthur Conan Doyles »Verlorene Welt« gelesen – ein Buch, in dem der Schöpfer Sherlock Holmes ein fabelhaftes Land beschrieb, das über Millionen Jahre hinweg von der Außenwelt abgeschnitten war und in dem alle möglichen Pflanzen und Tiere überlebt hatten, die anderswo längst ausgestorben waren. »Dieses Bild ist mir all die Jahre über im Gedächtnis haftengeblieben«, erklärt Smit heute. »Als ich mich später ernsthaft mit Gartenbau beschäftigte und begriff, wie viele Arten schon am Aussterben waren, da beschloß ich, mir etwas auszudenken, um wenigstens einige von ihnen zu retten.«

Die Idee, auf die Smit kam, war eine Replik originärer Urlandschaften, die Versammlung exotischer Baum- und Pflanzenkulturen unter einem einzigen Dach. Entlang der Abhänge der Lehmgrube von Bodelva soll sich nun dieses Treibhaus hinziehen, auf einer Länge von anderthalb Kilometern und mit einer Spannweite von bis zu 120 Metern. In vier weiten Räumen sollen vier verschiedene Klimazonen wiedererschaffen werden, eine subtropische Zone, eine Regenwaldzone, eine Wüstenzone und eine Mittelmeerzone. Auf luftigen Pfaden, durch schmale Pforten und hochgespannte Hallen, unter riesigen Bäumen hindurch und an rauschenden Wasserfällen vorbei, würden Besucher sich, wie durchs Innere eines gewundenen, transparenten Ringelwurms, das Terrain erschließen. Die Größe der Anlage wiederum soll es erlauben, nicht nur einzelne Exemplare bestimmter Baumarten anzupflanzen, wie etwa in den räumlich eng begrenzten Gewächshäusern des Botanischen Gartens von Kew in London, sondern ganze Kulturen nachzubilden und deren Wachstum zu erleben und zu studieren. Mit einem genialen Streich jedenfalls machte Tim Smit aus seiner Idee ein attraktives Projekt: Er gewann für den Plan den Architekten Nicholas Grimshaw und den Baumeister Anthony Hunt, die sich vor wenigen Jahren mit der Konstruktion des Londoner Eurostar-Terminals »Waterloo International« und dessen sensationellem Bahnhofsdach einen Namen machten. Ihre Erfahrungen aus dem Bahnhofsbau wollen Grimshaw und Hunt nun, auf umweltfreundliche Weise, ins »Projekt Eden« einbringen. »Wir werden die Schluchten mit einer Reihe leichtgewichtiger, gebogener Stahlträger überspannen«, erklärt Anthony Hunt, »aber statt Glas werden wir durchsichtige Folie benutzen, die als mehrschichtige Hülle wie ein aufgeblasenes Kissen wirken soll.« Das Aufblasen sollen solargetriebene Luftpumpen besorgen, und die Isolation soll so gut sein, daß die Anlage »nur zu ganz besonders kalten Zeiten« beheizt werden muß. »Das Ganze wird kolossal«, meint Hunt. »Es ist der Traum eines jeden Architekten.« Die maximale Höhe der Anlage, 65 Meter, macht es möglich, auch mächtige Regenwald-Bäume zu voller Größe wachsen zu lassen. Nur Papageien wird man in diesem Wald vergeblich suchen: Tiere sind von der botanischen Arche Noah ausgeschlossen. »Vor allem Schlangen«, sagt Tim Smit, »wollen wir in unserem Garten Eden nicht haben.«

WAS WÄRE, WENN…

Was aber, wenn das Treibhaus von Bodelva gar keine Folie um seine Mittelmeer-Abteilung bräuchte? Meteorologen und Umwelt-Forscher sagen uns ja voraus, daß die »globale Erwärmung« in Kürze ganz Europa verändern wird. Im Süden Englands werde in 25 Jahren ein Klima wie in der Champagne herrschen – mit Sonnenblumen, Mais und Trauben allerorten. In 50 Jahren wäre der englische Süden gar, was heute die Region um Bordeaux ist: ein Land der Pinien, der Schildkröten und des schweren Rotweins. Der Norden der Insel würde dagegen der neue »Garten Englands« werden. Bäume würden wieder wachsen in Schottland, Wildschweine könnten in Yorkshire durch verwunschene Wälder streifen. Wer würde schon der Wachtel nachweinen oder dem scheuen schottischen Berghasen? Die könnten dann ja immer noch für eine Weile in Orkney Zuflucht suchen oder, notfalls, im irischen Westen…

Nicht auszudenken, was für ein Land dies Großbritannien mit ein bißchen Sonne werden könnte! Im Freien könnte man sitzen, in den Gärten strohgedeckter Pubs und sich beim Cidre einen feinen Teint verschaffen. Die Kinder könnten frei herumlaufen zwischen den Tischen, statt »gesittet« drinnen auf ihren Plätzen sitzen und in den grauen Himmel draußen starren zu müssen. Von »Siestas in Swindon« träumen schon manche Briten, von Liegestühlen im Shopping Centre, von spätem Aufstehen und abendlichen Laternenfesten. Das ganze mühsame Gedränge in den Flughäfen könnte man sich ersparen, in den Ferien, das

Warten auf den Charterflug in exotische Gefilde: Wer bräuchte Heathrow oder Gatwick, wenn ihm im Richmond Park statt Kastanien Kokosnüsse auf den Kopf fielen?

Ein Königreich für ein paar Grade mehr – da möchte man nicht fragen nach dem tieferen Grund einer solchen Erwärmung, nach Kohlendioxid und schwindendem Ozon. Morgens vom Zirpen der Grillen geweckt zu werden statt von Wind und Regen: Das wäre es doch. Oder haben wir das falsch verstanden, mit dem Wind und dem Regen? Gleichzeitig prophezeien die Klimatologen nämlich ein nasseres Klima, jedenfalls für einen Teil der Britischen Inseln. Mehr Wirbelstürme werde das ganze Königreich erleben, und mehr Sturmfluten an den Küsten. Forellenfarmen würden verschwinden, in Ermangelung frischen Wassers, und Kakerlaken und Stechmücken würden Einzug halten, mit zunehmender Erhitzung der heimischen Luft und Scholle. Kakerlaken? Stechmücken? Malaria womöglich, und Dünnpfiff nach mexikanischer Art? Da überlegt man es sich doch lieber zweimal, ob das die Richtung ist, in die man diese Insel treiben sehen möchte. Vielleicht sollte man doch besser bei dem bleiben, was man hat? Bei Apfelblüte und Themse-Nebel, bei *Yorkshire Bitter* und Fish and Chips? Vielleicht sollte man die Champagne Champagne sein lassen und den Garten Englands dort, wo er sich gerade befindet, nämlich in Kent?

Labour und Tories hergehört: Die Ozonschicht muß gerettet werden! Nieder mit dem Kohlendioxid! Wir lassen uns doch unsere Hopfenstangen nicht nehmen. Den Bordeaux und die Stechmücken können die Franzosen gern behalten. Schade um die Sonnenblumen, zugegeben. Aber so viel Sonne würde man eh nicht vertragen auf die Dauer. Und Wachtel und Berghase wären auch glücklicher in ihren angestammten Gefilden.